HOOG
Hoog

WÖRTERBUCH · DICTIONNAIRE · DICTIONARY

midi·dic

DEUTSCH · FRANÇAIS · ENGLISH

schulverlag plus

Impressum

Autorin & Autor	Isabelle Lusser und Willi Hermann
Illustrationen	Christoph Frei
Gestaltung & Satz	Christine Blau, grafikwerkstatt upart
Übersetzung & Lektorat	Lionel Felchlin (französisch)
	Tamara Wehrmüller und Keith Hewlett (englisch)

© 2013 Schulverlag plus AG
1. Auflage 2013

Art.-Nr. 86265
ISBN 978-3-292-00701-8

Liebe Schülerin, lieber Schüler

Der midi-dic ist etwas ganz Neues, das es für die Schule so vorher noch nicht gab. Weil die Wörter, die Gleiches bedeuten, schön nebeneinander geschrieben sind, siehst du schnell, wenn zwei davon oder alle drei miteinander verwandt sind. Vergleiche mal die paar Wörter in der Mitte der Seite 85 miteinander. Du siehst, dass sie fast gleich geschrieben sind. Aber oft wirst du die Erfahrung machen, dass Wörter zwar ähnlich geschrieben sind, aber ziemlich anders gesprochen werden.

Wenn du dieses Wörterbuch benutzt, erlernst du höchstwahrscheinlich zwei Fremdsprachen gleichzeitig, sowohl das Englische wie das Französische. Möglicherweise war für dich aber schon das Deutsche eine Zweitsprache. Der midi-dic wird dir dabei helfen, Texte in einer der beiden Sprachen Französisch oder Englisch zu verfassen. Du gehst vom deutschen Begriff aus und findest gleich daneben die übersetzten Wörter – teils mit Beispielsätzen ergänzt. Zahlreiche Illustrationen lockern das Wörterbuch auf, helfen aber auch, gewisse Wörter besser zu verstehen.

Hinten im midi-dic findest du ein alphabetisch geordnetes Wörter-Register in Englisch und Französisch. Falls du das Wörterbuch auch fürs Übersetzen aus den Fremdsprachen benützen möchtest, kannst du dort nachschlagen und im vorderen Teil die Seite mit dem gesuchten Wort finden. Manchmal ist für einen solchen Zweck aber ein gebräuchliches Wörterbuch nützlicher. Du wirst selbst herausfinden, was dir wann besser liegt.

Wir freuen uns, wenn dir der midi-dic beim Bauen eigener Sätze und Texte wie auch beim Erforschen sprachlicher Ähnlichkeiten und Verschiedenheiten nützt. Wenn du uns etwas zurückmelden oder vorschlagen möchtest, dann schreibst du uns am besten eine Mail an info@schulverlag.ch.

Viel Spass und Erfolg!
Isabelle Lusser und Willi Hermann sowie der Schulverlag plus

Liebe Jugendliche

Es hat mir Spass gemacht, für euch den midi-dic mit meinen Illustrationen zu bebildern und aufzulockern. Wenn ihr genau hinschaut, entdeckt ihr da und dort Figuren, die im Wörterbuch mehrfach auftauchen oder die ihr auch sonst wo schon angetroffen haben könntet.

Es würde mich freuen, wenn ihr den Schalk entdeckt, mit dem sie gezeichnet wurden, und einander mit einem Augenzwinkern signalisiert, dass ihr den Witz verstanden habt.

Euer Christoph Frei

Kurze Anleitung zum midi-dic

Der midi-dic ist in erster Linie für die Sprach-Produktion gedacht. Das heisst, du kannst ihn brauchen, wenn du Texte herstellen willst, für den mündlichen oder schriftlichen Gebrauch.

Die farbigen Wörter sind **Stichwörter**. Sie sind nach dem Alphabet geordnet.

WAS DIE FARBEN BEDEUTEN

→ Nomen → Verb
→ Adjektiv → Pronomen
→ Partikeln

Die Wortarten beziehen sich immer auf das deutsche Stichwort. In einigen Fällen gehört das Stichwort in der Fremdsprache einer anderen Wortart an.

WAS DIE ABKÜRZUNGEN BEDEUTEN

CH → Bei Wörtern, die vorwiegend in der Schweiz verwendet werden.
F → Bei Wörtern, die vorwiegend in Frankreich verwendet werden.
UK → Bei Wörtern, die vorwiegend in Grossbritannien verwendet werden. → United Kingdom
US → Bei Wörtern, die vorwiegend in den USA verwendet werden. → United States
m → masculin/männlich
f → féminin/weiblich

Im midi-dic findest du die 3 Sprachen jeweils auf der gleichen Höhe. Manchmal gibt es mehrere Bedeutungen für das gleiche Stichwort. Falls die Bedeutungen gleich oder ähnlich sind, sind sie durch ein Komma getrennt.

die **Kleider** (Plural) | les **vêtements** m, les **habits** m, les **fringues** f | clothing, clothes

Wenn die Bedeutungen unterschiedlich sind, steht ein Strichpunkt. Dann ist die Bedeutung in einer Klammer oder in einem Beispielsatz noch näher erklärt. Das kann dir helfen, die richtige Bedeutung zu wählen.

der **Hof** | la **cour** (bei Gebäuden); la **ferme** (Landwirtschaft) | **yard** (bei Gebäuden); **farm** (Landwirtschaft)

Bei jedem Verb steht mindestens ein Beispielsatz.
Beispielsätze gibt es ab und zu auch zu anderen Wortarten. Da findest du manchmal Redewendungen, die du in deinen Texten verwenden kannst.

Hat ein Nomen oder ein Adjektiv in der französischen oder englischen Bedeutung eine unregelmässige Mehrzahlform, so steht diese Mehrzahlform neben der Bedeutung, abgetrennt durch einen Schrägstrich.

| der Bach | le ruisseau/-x | stream, brook |

s'occuper de

gagner (contre)

Bei den Verben hat es immer einen Beispielsatz.
Folgt dem Verb immer die gleiche Präposition, steht diese hinter dem Verb; verwendet man sie häufig, aber nicht immer, steht sie manchmal in Klammern.

give · gave · given

switch on; take · took · taken off (Flugzeug)

Ist das Verb im Englischen ein starkes Verb, so stehen die drei Stammformen.
Hat ein zusammengesetztes Verb drei Stammformen, so steht der Verbzusatz nur nach der hintersten Form.

inquiet/-ète

Im Französisch stehen bei Adjektiven die männliche und die weibliche Form Einzahl. Hat es nur eine Form, sind die weibliche und männliche Form gleich. Steht -e ist gemeint, dass ein e angehängt wird (petit, petite). Bei -ète, -euse, -ère, -ve usw. wird die Endung teilweise angehängt (heureux, heureuse, particulier, particulière, positif, positive ...).

Hat es eine dritte Form, so wird die mittlere Form in der Regel vor männlichen Nomen Einzahl verwendet, die mit einem Selbstlaut beginnen: z.B. le nouvel appartement.

rare; rarement

Bei einigen Adjektiven steht als zweite Bedeutung das Adverb.
Je nach häufigem Gebrauch auch ausschliesslich das Adverb.

Im Englischen hat das Adjektiv nur eine Form. Je nach häufigerem Gebrauch kann auch das Adverb oder zusätzlich das Adverb stehen.

Auch bei anderen Wörtern kann es eine männliche und eine weibliche Form haben. Beispiele sind Berufe.

| der, die Bäcker/-in | le, la boulanger/-ère | baker |

Auf den hintersten Seiten befindet sich je eine alphabetische Auflistung der französischen und englischen Wörter. Falls du mal ein französisches oder englisches Wort liest und nicht weisst, was es bedeutet, kannst du es hier nachschlagen. Bei rückbezüglichen Verben steht im französischen Index «se» oder «s'» nach dem Verb. Neben dem Wort steht die Seitenzahl, auf welcher du das Wort und damit auch die Bedeutung des Worts in den beiden anderen Sprachen findest.

A

Aargau	Argovie	Aargau
ab	de; à partir de; dès	from; as of
Der Zug fährt ab Bern.	Le train part de Berne.	The train leaves from Bern.
ab nächster Woche	à partir de la semaine prochaine	as of next week
ab sofort	dès maintenant	immediately, as of now, from now on
abbauen	démonter; réduire	take · took · taken down, reduce
Bau das Zelt ab!	Démonte la tente.	Take down the tent.
Wir müssen Kosten abbauen.	Nous devons réduire les coûts.	We have to reduce costs.
abbiegen	tourner	turn
Bieg links ab!	Tourne à gauche.	Turn left!
die **Abbildung**	l'illustration f, l'image f	illustration, picture
abbrechen	interrompre; casser	interrupt; break · broke · broken off; cancel (Computer)
Wir mussten das Gespräch abbrechen.	Nous avons dû interrompre la conversation.	We had to interrupt the discussion.
einen Ast abbrechen	casser une branche	to break off a branch
der **Abend**	le soir, la soirée	evening
Was machst du heute Abend?	Que fais-tu ce soir ?	What are you doing this evening?
Wir haben den ganzen Abend Filme geschaut.	Nous avons regardé des films toute la soirée.	We watched movies all evening long.

das **Abendessen**	le **souper**, le **dîner** (F)	evening meal, dinner, tea (UK)
abends	le **soir**	in the evening
das **Abenteuer**	l'**aventure** f	adventure
aber	mais	but
abfahren Der Zug fährt um 17.10 Uhr ab.	partir Le train part à 17h10.	depart, leave · left · left The train departs at 5.10 p.m.
die **Abfahrt**	le **départ** (Zug); la **descente** (Skiabfahrt)	departure (Zug); descent (Skiabfahrt)
der **Abfall**	les **ordures** f les **déchets** m	waste, rubbish, garbage (US), trash (US)
der **Abfalleimer**	la **poubelle**	waste bin, garbage can (US)
abfliegen Wir fliegen um 15 Uhr ab.	décoller Nous décollons à 15 heures.	take · took · taken off We take off at 3 p.m.
der **Abflug**	le **décollage**	take-off
abfragen Mein Bruder fragt mich ab.	interroger Mon frère m'interroge.	ask questions My brother is asking me questions.
abgeben Sie geben die Hefte ab.	rendre, donner, remettre Ils rendent les cahiers.	hand in They're handing in the workbooks.
abgelaufen	périmé/-e	expired

abgenutzt	usé/-e	worn out
abhalten	empêcher (de) protéger de/contre	prevent; keep · kept · kept from
Sie hat mich von dieser Dummheit abgehalten.	Elle m'a empêché de faire cette bêtise.	She prevented me from making a mistake.
von der Kälte abhalten	protéger du froid	to keep from getting cold
abhängen	dépendre de; décrocher (Bild)	depend on; disconnect (Leitung); take · took · taken down (Lampe)
Das hängt von dir ab.	Cela dépend de toi.	That depends on you.
abhängig	dépendant/-e	dependent
abheben	décoller; retirer	take · took · taken off; withdraw · withdrew · withdrawn
Die Rakete hebt ab.	La fusée décolle.	The rocket is taking off.
Geld abheben	retirer de l'argent	to withdraw money (from an account)
abholen	aller chercher, venir chercher, récupérer	collect, pick up
Ich gehe Mama am Bahnhof abholen.	Je vais chercher maman à la gare.	I'm going to collect my mother at the station.
Kommst du mich abholen?	Tu viens me chercher ?	Will you pick me up?
die **Abkürzung**	le **raccourci** (Weg); l'**abréviation** f (Wort)	**shortcut** (Weg); **abbreviation** (Wort)
der **Ablauf**	le déroulement	procedure; drain (Wasser)
ablaufen	s'écouler; expirer; se dérouler (vonstattengehen)	drain (away, off); expire; proceed (vonstattengehen)
Das Wasser läuft ab.	L'eau s'écoule.	The water is draining away.
Die Frist ist abgelaufen.	Le délai a expiré.	The deadline has expired.

ablegen
Er hat seine Kärtchen abgelegt.
Ich habe eine Prüfung abgelegt.

ranger; passer
Il a rangé ses fiches.
J'ai passé un examen.

file; take · took · taken
He filed his index cards.
I took a test.

---

ablehnen
Hans lehnt es ab zu essen.

refuser (de)
Jean refuse de manger.

refuse; reject (Antrag)
John is refusing to eat.

---

ablenken
Er lenkt sie von ihrer Arbeit ab.

distraire
Il la distrait de son travail.

distract
He's distracting her from her work.

---

ablösen
Caroline löst ihre Kollegin ab.

**relayer;
détacher** (Preisschild)
Caroline relaye sa collègue.

**take · took · taken over;
remove** (Preisschild)
Caroline is taking over for her colleague.

---

abmachen
Tamara hat einen Termin abgemacht.
Wir haben um zwei Uhr abgemacht.

**prendre rendez-vous,
convenir**
Tamara a pris un rendez-vous.

Nous avons convenu de nous voir à 2 heures.

**make · made · made;
agree**
Tamara made an appointment.

We agreed to meet at two o'clock.

---

sich **abmelden**
Sie hat sich aus Facebook abgemeldet.

se déconnecter
Elle s'est déconnectée de Facebook.

sign off
She signed off from Facebook.

abnehmen	décrocher; maigrir; diminuer	answer; lose · lost · lost weight; decrease
Nicole nimmt das Telefon ab.	Nicole décroche le téléphone.	Nicole answers the phone.
Renate hat abgenommen.	Renate a maigri.	Renate has lost weight.
Die Geburtenrate in der Schweiz nimmt ab.	Le taux de natalité diminue en Suisse.	The birthrate in Switzerland is decreasing.
das **Abonnement**	l'**abonnement** m	subscription
abräumen	débarrasser	clear (away)
Räum den Tisch ab, bitte!	Débarrasse la table, s'il te plaît.	Please clear the table.

die **Abrechnung**	les **comptes** m	account; settlement (Begleichung)
die **Abreise**	le **départ**	departure

abreisen	partir	depart, leave · left · left
Sie sind vor einer Stunde abgereist.	Ils sont partis il y a une heure.	They left an hour ago.

abreissen	arracher	tear · tore · torn (down, away)
Leon reisst das Plakat von der Wand ab.	Léon arrache l'affiche du mur.	Leon tears down the poster from the wall.
die **Absage**	l'**annulation** f, la **réponse négative**, le **refus**	**cancellation** (Termin); **refusal** (Verweigerung); **rejection** (Zurückweisung)
absagen	annuler, décommander	cancel; refuse (Einladung)
Sie haben das Konzert abgesagt.	Ils ont annulé le concert.	They cancelled the concert.
der **Absatz**	le **talon**; le **paragraphe** (Text)	**heel**; **paragraph** (Text)
abschalten	**éteindre**; **arrêter** (Motor); se **relaxer** (sich ausruhen)	**turn off**; **stop** (Motor); **relax** (ausruhen)
Schalt den Fernseher aus!	Eteins la télé.	Turn off the TV.
der **Abschied**	l'**adieu**/-x m	farewell
abschliessen	**fermer à clé**; **terminer** (aufhören); **conclure** (Abkommen)	**lock (up)**; **finish** (aufhören); **conclude** (Abkommen)
Tim hat die Tür nicht abgeschlossen.	Tim n'a pas fermé la porte à clé.	Tim didn't lock the door.
der **Abschluss**	le **diplôme**; la **fin** (Ende)	**diploma**; **end** (Ende); **conclusion** (Vertrag)
das **Abschlussfest**	la **cérémonie de clôture**	school-leaving party

abschneiden	**couper;** s'**en tirer**	**cut (off); perform, do · did · done well/poorly**
Sina schneidet die Etikette des T-Shirts ab.	Sina coupe l'étiquette du tee-shirt.	Sina cuts the label off the T-shirt.
Wir haben gut abgeschnitten.	Nous nous en sommes bien tirés.	We did well.
der **Abschnitt**	la **partie,** le **passage,** le **paragraphe**	**part, section, paragraph**
Wir haben den Text in 3 Abschnitte aufgeteilt.	Nous avons divisé le texte en 3 parties.	We split the text into 3 parts.
abschreiben	**recopier, copier**	**copy (down)**
Schreib dieses Gedicht ab!	Recopie ce poème.	Copy down this poem.
Sie hat abgeschrieben.	Elle a copié.	She copied the answers.
der, die **Absender/-in**	l'**expéditeur**/**-trice** m/f	**sender**
die **Absicht**	l'**intention** f	**intention**
Das war nicht meine Absicht.	Ce n'était pas mon intention.	That was not my intention.
absichtlich	**exprès**	**intentional**
absolut	**absolu**/**-e, total**/**-e**	**absolute, total**
abspielen	**passer**	**play**
eine CD abspielen	passer un CD	to play a CD
absprechen	**convenir de,** s'**entendre sur**	**arrange, agree**
einen Treffpunkt absprechen	convenir d'un lieu de rendez-vous	to arrange a place to meet
der **Abstand**	la **distance,** le **recul**	**distance**

absteigen	descendre; être relégué/-e	get · got · got off; to be relegated
Elena ist vom Pferd abgestiegen.	Elena est descendue de cheval.	Elena got off the horse.
Die Mannschaft stieg in die zweite Liga ab.	L'équipe a été reléguée en deuxième division.	The team was relegated to the second division.
abstellen	poser; arrêter	put · put · put something down; turn off, stop
Sarah stellt ihre Tasche in der Küche ab.	Sarah pose son sac à la cuisine.	Sarah puts her bag down in the kitchen.
Er stellt den Motor ab.	Il arrête le moteur.	He turns off the motor.
der **Abstieg**	la **descente** (Berg); la **relégation** (Sport)	**descent** (Berg); **relegation** (Sport)
abstimmen	voter; assortir	vote; coordinate
Wir haben abgestimmt.	Nous avons voté.	We voted.
Farben abstimmen	assortir des couleurs	to coordinate colours
die **Abstimmung**	le vote	vote
abstürzen	s'**écraser**; se **planter**; faire une chute	crash; fall · fell · fallen
Das Flugzeug stürzt ab.	L'avion s'écrase.	The plane crashes.
Der Computer ist abgestürzt.	L'ordinateur s'est planté.	The computer crashed.
Beim Bergsteigen stürzte sie ab.	Elle a fait une chute en montagne.	She fell while mountain climbing.
die **Abteilung** (Geschäft)	le rayon	department

abtrocknen	essuyer, sécher	dry
Trocknet die Teller ab!	Essuyez les assiettes.	Dry the dishes.
abwarten	attendre	wait
Wir warten noch ab.	Nous attendons encore.	We're still waiting.
abwaschen	faire la vaisselle	wash (up)
Patrick wäscht nicht gerne ab.	Patrick n'aime pas faire la vaisselle.	Patrick doesn't like washing up.
die **Abwaschmaschine**	le lave-vaisselle	dishwasher
abwechselnd	à tour de rôle, tour à tour	alternately, in turns
die **Abwechslung**	le **changement**; la **distraction** (Zerstreuung)	**change**; **diversion** (Zerstreuung), **variety**
Es war eine willkommene Abwechslung.	C'était un changement bienvenu.	It was a welcome change.
abwechslungsreich	varié/-e	varied
abwesend	absent/-e	absent
Maria ist abwesend.	Marie est absente.	Maria is absent.
die **Abwesenheit**	l'**absence** f	absence
abziehen	déduire, enlever	deduct
Mein Vater hat 10 Franken von meinem Taschengeld abgezogen.	Mon père a déduit 10 francs de mon argent de poche.	My father deducted 10 francs from my pocket money.
die **Achse**	l'**essieu**/-x m; l'**axe** m (Mathematik)	**axel**; **axis** (Mathematik)

acht	huit	eight
der Achtel	le huitième	one-eighth
achten	faire attention; estimer (wertschätzen); respecter (respektieren)	pay · paid · paid attention; respect (respektieren)
Achte darauf, wo du hintrittst.	Fais attention où tu marches.	Pay attention to where you're going.
achter, achte, achtes	huitième	eighth
Achtung!	Attention!	Watch out!
Achtung, Gefahr!	Attention, danger!	Watch out, it's dangerous!
die Addition	l'addition f	addition
das Adjektiv	l'adjectif m	adjective
der Adler	l'aigle m	eagle
die Adresse	l'adresse f	address
der Advent	l'avent m	Advent
das Adverb	l'adverbe m	adverb
der Affe	le singe	monkey, ape
Afrika	l'Afrique f	Africa
der, die Afrikaner/-in	l'Africain/-e m/f	African
afrikanisch	africain/-e	African

die **Agenda**	l'**agenda** m	**agenda** (Programm); **diary** (Terminkalender)
der, die **Agent/-in**	l'**agent** m/f	**agent**
aggressiv	**agressif/-ve**	**aggressive**
ahnen	se **douter de, pressentir**	**guess**
Ich habe es geahnt, dass sie absagen würde.	Je me suis douté qu'elle annulerait.	I guessed she would cancel.
ähnlich	**semblable**	**similar**
Wir haben ähnliche Handys.	Nous avons des portables semblables.	We have similar mobile phones.
die **Ahnung**	l'**idée** f; le **pressentiment** (Vorahnung)	**idea**; **premonition** (Vorahnung)
Keine Ahnung.	Aucune idée.	I have no idea.
das **Akkordeon**	l'**accordéon** m	**accordion**
der, die **Akrobat/-in**	l'**acrobate** m/f	**acrobat**
die **Aktion**	l'**action** f; l'**offre spéciale** f (Sonderangebot)	**action**; **special offer** (Sonderangebot)
aktiv	**actif/-ve**	**active**
die **Aktivität**	l'**activité** f	**activity**
aktuell	**actuel/-le**	**current, up to date**
Dieser Fahrplan ist alt, er ist nicht mehr aktuell.	Cet horaire n'est plus actuel.	This timetable is not up to date.

der **Akzent**	l'**accent** m	**accent**
akzeptieren	**accepter**	**tolerate; accept**
Die Lehrerin akzeptiert keine Verspätungen.	L'institutrice n'accepte aucun retard.	The teacher does not tolerate tardiness.
Wir akzeptieren keine Fremdwährungen.	Nous n'acceptons pas les devises étrangères.	We do not accept foreign currencies.
der **Alarm**	l'**alarme** f	**alarm**
der **Albtraum**	le **cauchemar**	**nightmare, bad dream**
das **Album**	l'**album** m	**album**
der **Alkohol**	l'**alcool** m	**alcohol**
das **All**	l'**univers** m	**outer space**
alle	**tous, toutes**	**all**
Sie sind alle zu meinem Geburtstag gekommen.	Ils sont tous venus pour mon anniversaire.	They all came to my birthday party.
allein	**seul/-e**	**alone**

allerdings	mais, toutefois, en effet	**however** (aber); **certainly** (sicherlich)
alles	tout	everything, all
Der Hund hat alles gefressen.	Le chien a tout mangé.	The dog ate everything up.
allgemein	général/-e, généralement	general
der **Alltag**	le quotidien	everyday life, daily routine
alltäglich	quotidien/-ne	everyday, ordinary, routine
die **Alpen**	les **Alpes**	Alps
das **Alphabet**	l'**alphabet** m	alphabet
als	quand, comme, que	when; as; than
Als ich klein war, …	Quand j'étais petit, …	When I was a child …
als Beweis	comme preuve	as proof
Er ist grösser als ich.	Il est plus grand que moi.	He's bigger than I am.
also	alors, donc, ainsi	so, thus, therefore
alt	vieux/vieil/vieille, âgé/-e; ancien/-ne (aus früheren Zeiten)	old
das **Alter**	l'**âge** m, la **vieillesse**	age
die **Alternative**	l'**alternative** f	alternative
das **Altersheim**	le **home pour personnes âgées**, la **maison de retraite** (F)	old people's home, retirement home, nursing home
das **Aluminium**	l'**aluminium** m	aluminium (UK) aluminum (US)
die **Ambulanz**	l'**ambulance** f	ambulance
die **Ameise**	la **fourmi**	ant

Amerika	l'**Amérique** f	America
der, die **Amerikaner/-in**	l'**Américain/-e** m/f	American
amerikanisch	**américain/-e**	American
die **Ampel**	le **feu**/-x	traffic light
eine rote Ampel	un feu rouge	a red traffic light
sich **amüsieren**	s'**amuser**	enjoy oneself have · had · had fun
Amüsierst du dich gut?	Tu t'amuses bien ?	Are you enjoying yourself?
an	**à, au bord de**	at; on; to
Er klopft an die Türe.	Il frappe à la porte.	He's knocking at the door.
am See	au bord du lac	on the lake
an jemanden schreiben	écrire à quelqu'un	write to someone
die **Ananas**	l'**ananas** m	pineapple
anbauen	**cultiver**	grow · grew · grown, cultivate
Der Bauer baut Kartoffeln an.	Le paysan cultive des pommes de terre.	The farmer grows potatoes.
anbieten	**offrir, proposer**	offer, provide
Sie haben uns ein Glas Wasser angeboten.	Ils nous ont offert un verre d'eau.	They offered us a glass of water.

	German	French	English
	anderer, andere, anderes	autre	other
	andererseits	d'autre part	on the other hand, otherwise
	ändern	changer, modifier	change
	Der Fahrplan ändert am 1. Dezember.	L'horaire change le 1er décembre.	The timetable changes on 1 December.
	anders	autrement, différemment	different
	anderswo	ailleurs	somewhere else, elsewhere
die	**Änderung**	le **changement**, la **modification**	change, modification
	andeuten	laisser entendre quelque chose	imply
	Hat er das angedeutet?	Est-ce qu'il l'a laissé entendre ?	Did he imply that?
	anerkennen	reconnaître, apprécier	recognise, acknowledge
	Maria hat meine Anstrengungen anerkannt.	Marie a reconnu mes efforts.	Maria acknowledged my efforts.
	anfallen	s'accumuler	accumulate
	Es fällt viel Arbeit an.	Le travail s'accumule.	A lot of work accumulates.
der	**Anfang**	le **début**	start, beginning
	anfangen	commencer	start, begin · began · begun
	Fangt jetzt mit eurer Arbeit an!	Commencez votre travail maintenant.	Start your work now.
der, die	**Anfänger/-in**	le, la **débutant/-e**	beginner

anfassen	**toucher**	**touch**
Fass das nicht an!	Ne touche pas ça.	Don't touch that!
die **Anforderung**	l'**exigence** f	**requirement**
angeben	**indiquer**; se **vanter** (prahlen)	**indicate**; **boast** (prahlen)
die Richtung angeben	indiquer la direction	to indicate the direction
angeblich	soi-disant	supposedly
das **Angebot**	l'**offre** f; le **choix**	**offer**; **range**
Das ist ein gutes Angebot.	C'est une bonne offre.	That's a good offer.
Es hat ein grosses Angebot an Spielen.	Il y a un grand choix de jeux.	There is a wide range of games available.
angehören	**faire partie de**	**belong, be · was · been (a member of)**
Julie gehört dieser Bande an.	Julie fait partie de cette bande.	Julie belongs to this group.
der, die **Angehörige**	le, la **proche parent**/-e, la **famille**	**relative, family member**
die **Angelegenheit**	l'**affaire** f	**matter, business**
angenehm	agréable	pleasant
der, die **Angestellte**	l'**employé**/-e m/f	**employee**

angreifen	attaquer	attack
Die Spieler haben den Schiedsrichter angegriffen.	Les joueurs ont attaqué l'arbitre.	The players attacked the referee.

der **Angriff**	l'**attaque** f	attack

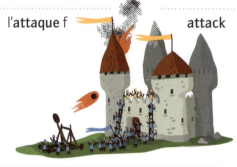

die **Angst**	la **peur**	fear, anxiety
ängstlich	**peureux**/-euse, **craintif**/-ve	afraid, anxious
anhalten	s'**arrêter**, **arrêter**, **stopper**	stop
Die Ampel war rot, ich hielt an.	Le feu était rouge, je me suis arrêté.	The traffic light was red, so I stopped.
der **Anhang**	la **pièce jointe**	attachment
Kannst du den Anhang dieser Mail öffnen?	Est-ce que tu arrives à ouvrir la pièce jointe de cet e-mail ?	Can you open the attachment to this mail?
anhängen	**joindre**; **accrocher** (Anhänger); **ajouter** (hinzufügen)	**attach**; **add** (hinzufügen)
Ich hänge ein Dokument an.	Je joins un document en annexe.	I am attaching a document.
der, die **Anhänger/-in**	le, la **supporter**	supporter

anhören	écouter	listen
Ich habe seine Geschichte angehört.	J'ai écouté son histoire.	I listened to his story.
der **Anker**	l'**ancre** f	anchor
ankommen	arriver	arrive
Wann kommen sie an?	Quand arrivent-ils?	When are they arriving?
ankündigen	annoncer	announce
Meyers haben ihren Besuch angekündigt.	Les Meyer ont annoncé leur visite.	The Meyers announced they would be visiting.
die **Ankunft**	l'**arrivée** f	arrival
die **Anleitung**	la **consigne** (Anweisung); le **mode d'emploi** (Bedienungsanleitung)	instructions
anmelden	inscrire, annoncer	register
Henry meldet seine Tochter für den Kurs an.	Henri inscrit sa fille au cours.	Henry registers his daughter for the course.
die **Annahme**	la **supposition**, l'**hypothèse** f	assumption
annehmen	**supposer**; **accepter** (Einladung)	**assume**; **accept** (Einladung)
Ich nehme an, dass er kommen wird.	Je suppose qu'il va venir.	I am assuming he will come.
anpassen	adapter, ajuster	modify, adapt, adjust
ein Dokument anpassen	adapter un document	to modify a document
Sie hat das Foto an die Grösse des Rahmens angepasst.	Elle a ajusté la photo à la taille du cadre.	She adjusted the photo to fit the frame.

	anrichten	causer	cause
	Der Sturm hat grosse Schäden angerichtet.	La tempête a causé des dégâts importants.	The storm caused a lot of damage.
der	**Anruf**	l'appel (téléphonique) m	call, phone call
der	**Anrufbeantworter**	le répondeur	answering machine
	anrufen	téléphoner	phone (up), call (up)
	Peter ruft Sabine an.	Pierre téléphone à Sabine.	Peter will phone Sabine.
der, die	**Anrufer/-in**	le, la correspondant/-e	caller
	anschauen	regarder	watch, look at
	Sie schauen den neuen Film an.	Ils regardent le nouveau film.	They are watching the new movie.
	anscheinend	apparemment, il semble que	apparently
der	**Anschlag**	l'**affiche** f (Plakat); l'**attentat** m (Attentat)	**notice** (Plakat); **attack** (Attentat)
	anschliessen	connecter, raccorder	connect
	Die Knaben schliessen den Drucker an.	Les garçons connectent l'imprimante.	The boys are connecting the printer.
der	**Anschluss**	la **correspondance** (Zug); le **raccordement** (Wasser); le **contact** (zu Personen)	connection
	anschwellen	gonfler, enfler	swell · swelled · swelled/ swollen (up)
	Sein Auge schwillt an.	Son œil gonfle.	His eye is swelling up.

ansehen	regarder, voir quelque chose	watch, look at
Ich habe mir gestern einen Film angesehen.	Hier, j'ai regardé un film.	Yesterday I watched a movie.
die **Ansicht**	l'**avis** m (Meinung); la **vue** (Abbildung)	**opinion** (Meinung); **view** (Abbildung)
anständig	convenable, honnête	**polite** (höflich); **honest** (ehrlich); **fair**
anstatt	au lieu de, à la place de	rather than, in place of, instead of
Anstatt Aufgaben zu machen, ging ich ins Kino.	Au lieu de faire les devoirs, je suis allé au cinéma.	Rather than doing my homework, I went to the cinema.
anstehen	faire la queue; être en suspens (noch zu erledigen)	**queue** (UK), **line up** (US); **to be pending** (noch zu erledigen)
Wir müssen an der Kasse anstehen.	Nous devons faire la queue à la caisse.	We have to queue at the cash register.
ansteigen	monter, grimper	rise · rose · risen, climb
Die Temperatur steigt an.	La température monte.	The temperature is rising.
anstellen	allumer; engager quelqu'un, embaucher	turn on; hire, employ
Wer stellt das Licht an?	Qui allume la lumière ?	Who is turning on the light?
Das Restaurant stellt einen neuen Koch an.	Le restaurant engage un nouveau cuisinier.	The restaurant is hiring a new cook.
die **Anstellung**	l'**emploi** m	**job, employment**

sich **anstrengen**	se **donner du mal**, **faire des efforts**	**try hard, make · made · made an effort**
Sie hat sich angestrengt nicht aufzufallen.	Elle s'est donné du mal pour ne pas se faire remarquer.	She tried hard not to stand out.
anstrengend	**fatigant/-e, pénible**	**tiring** (ermüdend); **difficult** (schwer)
die **Anstrengung**	l'**effort** m	**effort, exertion**
der **Anteil**	la **part**	**part, share**
die **Antwort**	la **réponse**	**answer, reply**
antworten	**répondre**	**answer, reply (to)**
Judith antwortet auf meine Frage.	Judith répond à ma question.	Judith answers my question.
anwenden	**utiliser, employer, appliquer**, se servir de	**use, apply**
Michael weiss, wie man das Putzmittel anwendet.	Michel sait utiliser le produit d'entretien.	Michael knows how this cleaning agent is supposed to be used.
die **Anwendung**	l'**utilisation** f, l'**emploi** m, l'**application** f	**use**; **application** (Software)
anwesend	**présent/-e**	**present**
die **Anwesenheit**	la **présence**	**presence**
die **Anzahl**	le **nombre**	**number, quantity**
anzeigen	**signaler, indiquer**; **porter plainte** (Gericht)	**show, indicate**; **report** (Gericht)
Der Bildschirm zeigt die Resultate an.	L'écran indique les résultats.	The screen shows the results.

anziehen	**serrer; attirer** (anlocken)	**tighten**
Zieh die Schraube nicht zu fest an!	Ne serre pas trop la vis.	Don't tighten the screw too much.
sich **anziehen**	s'**habiller**; s'**attirer**	**get · got · got dressed; attract**
Ich ziehe mich in meinem Zimmer an.	Je m'habille dans ma chambre.	I'm getting dressed in my room.
Die Magnete ziehen sich an.	Les aimants s'attirent.	The magnets attract each other.
der **Anzug**	le **costume**	**suit**
anzünden	**allumer; mettre le feu**	**turn on; light (up); ignite**
Zünde bitte das Licht an!	Allume la lumière, s'il te plaît.	Please turn on the light.
Sie wollte eine Kerze anzünden.	Elle voulait allumer une bougie.	She wanted to light a candle.
Er hat das Benzin angezündet.	Il a mis le feu à l'essence.	He ignited the petrol.
der **Apfel**	la **pomme**	**apple**
die **Apotheke**	la **pharmacie**	**chemist** (UK), **pharmacy** (US), **drugstore** (US)
der, die **Apotheker/-in**	le, la **pharmacien/-ne**	**chemist** (UK), **pharmacist** (US), **druggist** (US)
der **Apparat**	l'**appareil** m	**apparatus, appliance, device, machine**
Appenzell Ausserrhoden	**Appenzell Rhodes-Extérieures**	**Appenzell Ausserrhoden**
Appenzell Innerrhoden	**Appenzell Rhodes-Intérieures**	**Appenzell Innerrhoden**
der **Appetit**	l'**appétit** m	**appetite**
Guten Appetit.	Bon appétit.	Enjoy your meal.
Sie hatte keinen Appetit.	Elle n'avait pas d'appétit.	She had no appetite.

applaudieren Nach der Vorstellung haben alle applaudiert.	**applaudir** Tout le monde a applaudi à la fin de la représentation.	**applaud, clap** Everyone applauded at the end of the performance.
der **Applaus**	les **applaudissements** m	**applause**
die **Aprikose**	l'**abricot** m	**apricot**
der **April** im **April**	**avril** m en avril, au mois d'avril	**April** in April
die **Arbeit**	le **travail**/-aux, le **boulot**	**work, job**
arbeiten Er arbeitet zu viel.	**travailler** Il travaille trop.	**work** He works too much.
der, die **Arbeiter**/-in	l'**ouvrier**/-ère m/f le, la **travailleur**/-euse	**worker, labourer, employee**
der, die **Arbeitgeber**/-in	l'**employeur**/-euse m/f	**employer**
der, die **Arbeitnehmer**/-in	l'**employé**/-e m/f le, la **salarié**/-e	**employee**
die **Arbeitsgruppe**	le **groupe de travail**	**workgroup**
arbeitslos Mein Bruder ist immer noch arbeitslos.	**au chômage, sans travail** Mon frère est encore au chômage.	**unemployed, out of work** My brother is still unemployed.
die **Arbeitslosigkeit**	le **chômage**	**unemployment**
der **Arbeitsplatz**	le **lieu**/-x **de travail**	**work place** (Ort); **job** (Stelle)
die **Arbeitszeit**	les **heures de travail** f, le **temps de travail**	**working time, working hours**

der, die **Architekt/-in**	l'**architecte** m/f	architect
der **Ärger**	la **colère** (Unmut); les **ennuis** m (Unannehmlichkeiten)	**anger** (Unmut); **annoyance** (Unannehmlichkeit)
ärgerlich	**fâcheux/-euse**, **embêtant/-e**, **fâché/-e**	**annoying** (Unmut); **upsetting** (Unannehmlichkeiten)
ärgern Der kleine Bruder hat ihn geärgert.	**embêter, énerver** Le petit frère l'a embêté.	**annoy, upset** His little brother annoyed him.
das **Argument**	l'**argument** m	argument
der **Arm**	le **bras**	arm
arm	**pauvre**	poor
das **Armband**	le **bracelet**	wristband, bracelet
die **Armee**	l'**armée** f	army
der **Ärmel**	la **manche**	sleeve
die **Art**	la **façon**, la **manière**	**type** (Typ); **way, manner** (Stil)
der **Artikel** In der Zeitung hat es einen interessanten Artikel.	l'**article** m Il y a un article intéressant dans le journal.	article There's an interesting article in the newspaper.
der **Arzt** die **Ärztin**	le **docteur**, le **médecin**	doctor, physician
die **Asche**	la **cendre**	ash

der, die	Asiat/-in	l'Asiatique m/f	Asian
	asiatisch	asiatique	Asian
	Asien	l'Asie f	Asia
der	Ast	la branche	branch
der, die	Astronaut/-in	l'astronaute m/f	astronaut
der, die	Asylbewerber/-in	le, la requérant/-e d'asile	asylum seeker
das	Atelier	l'atelier m	atelier, studio
der	Atem	le souffle	breath
der	Atlantik	l'Atlantique m	Atlantic
	atmen	respirer	breathe
	Sie atmet durch die Nase.	Elle respire par le nez.	She breathes through her nose.
das	Atom	l'atome m	atom
die	Atombombe	la bombe atomique	atom bomb
die	Atomenergie	l'énergie nucléaire f	atomic energy
die	Attraktion	l'attraction f, l'attrait m	attraction
	attraktiv	attirant/-e, séduisant/-e	attractive

auch	**aussi**	**also, too**
Ich bin auch gross!	Moi aussi, je suis grande !	I'm grown up too.

auf	**à; sur**	**at; in; on; to**
auf meine Kosten	à mes frais	at my cost
auf dem Land	à la campagne	in the country
Was haben Sie auf dem Herzen?	Qu'avez-vous sur le cœur?	What's on your mind?
Ich gehe aufs WC.	Je vais aux toilettes.	I'm going to the toilet.
auf Wiedersehen	au revoir	Good-bye

aufbauen	**monter; reconstruire** (wieder aufbauen)	**assemble, construct; build · built · built (up)**
Sebastian baut das Regal auf.	Sébastien monte l'étagère.	Sebastian is assembling the bookshelf.

aufbewahren	**conserver, garder**	**store, keep · kept · kept**
Kühl/trocken aufbewahren!	A conserver au frais/sec !	Store in a cool/dry place.

aufblasen	**gonfler**	**blow · blew · blown up, inflate**
Man muss noch die Ballone aufblasen.	Il faut encore gonfler les ballons.	Somebody still has to blow up the balloons.

aufbrechen	**forcer; se mettre en route**	**break · broke · broken open leave · left · left**
Die Türe wurde aufgebrochen.	La porte a été forcée.	The door was broken open.
Am Mittag brechen wir auf.	A midi, nous nous mettons en route.	We're leaving at noon.

aufeinander	l'un/-e sur l'autre	on top of each other; in succession
Stellt die Bücher aufeinander!	Mettez les livres les uns sur les autres.	Put the books on top of each other.
der **Aufenthalt**	le **séjour**	stay
auffallen	**remarquer**; se **faire remarquer** (auffällig sein)	notice; attract attention (auffällig sein)
Mir fällt auf, dass du nichts gegessen hast.	J'ai remarqué que tu n'as rien mangé.	I notice that you haven't eaten anything.
die **Aufführung**	la représentation	performance
die **Aufgabe**	le **devoir**, la **tâche**	assignment, task, job
aufgeben	abandonner	give · gave · given up; quit · quit · quit
Gib auf!	Abandonne !	Give up!
aufhängen	accrocher	hang · hung · hung up
Hängt euer Plakat auf!	Accrochez votre affiche.	Hang up your poster.
aufheben	**ramasser**; **supprimer** (vernichten, löschen)	**pick up**; **cancel** (löschen)
Heb diese Flasche auf!	Ramasse cette bouteille.	Pick up this bottle.
aufholen	rattraper	catch · caught · caught up
Achtung, sie holen uns auf.	Attention, ils nous rattrapent.	Watch out, they're catching up.

aufhören	**arrêter (de)**	**stop**
Hör auf zu essen!	Arrête de manger.	Stop eating.
die **Aufklärung**	l'**explication** f; l'**éducation sexuelle** f (Sexualkunde)	**clarification; explanation; education**
auflegen	**raccrocher**	**hang · hung · hung up** (Telefon)
Er hat das Telefon aufgelegt.	Il a raccroché le téléphone.	He hung up the phone.
auflösen	**dissoudre; disperser; fermer; liquider**	**dissolve; break · broke · broken up; close; clear out**
den Zucker in Wasser auflösen	faire dissoudre le sucre dans de l'eau	to dissolve sugar in water
eine Demonstration auflösen	disperser une manifestation	to break up a demonstration
ein Konto auflösen	fermer un compte	to close an account
eine Wohnung auflösen	liquider un appartement	to clear out an apartment
die **Auflösung**	la **solution**; la **résolution** (Bildschirm)	**dissolution; resolution** (Bildschirm)
aufmachen	**ouvrir, défaire**	**open**
Mach sofort die Türe auf!	Ouvre tout de suite la porte.	Open the door right now!
aufmerksam	**attentif/-ve**	**attentive, alert, vigilant**
die **Aufmerksamkeit**	l'**attention** f	**attention**
die **Aufnahme**	l'**enregistrement** m (Aufzeichnung); la **photo**; l'**admission** f (Spital); la **réception** (Gäste)	**recording** (Aufzeichnung); **photograph; admission** (Spital); **reception** (Gäste)
aufnehmen	**enregistrer; admettre** (Klub)	**record; admit** (Klub)
Unsere Lieblingssängerin hat eine neue CD aufgenommen.	Notre chanteuse préférée a enregistré un nouveau CD.	Our favourite singer has recorded a new CD.

	aufpassen	faire attention	watch out, be · was · been careful, pay · paid · paid attention
	Passt auf!	Faites attention.	Watch out!
	aufräumen	ranger	tidy (up), clean (up)
	Er räumt sein Zimmer nie auf.	Il ne range jamais sa chambre.	He never tidies his room.
sich	**aufregen**	s'énerver	get · got · got upset; get · got · got excited
	Sie regt sich dauernd auf.	Elle s'énerve toujours.	She's constantly getting upset.
die	**Aufregung**	l'agitation f, l'excitation f	agitation, excitement
	aufrichtig	sincère, franc/franche, honnête	sincere, candid, honest
der	**Aufsatz**	la rédaction, la dissertation	essay
	aufschlagen	ouvrir; se **heurter** (Kopf); **servir** (Tennis)	open; hit · hit · hit (Kopf); serve (Tennis)
	Schlagt eure Bücher auf Seite 2 auf!	Ouvrez vos livres à la page 2.	Open your books to page 2.
der	**Aufschnitt**	la **charcuterie**	sliced cold meat, cold cuts (US)
	aufschreiben	noter, écrire	note (down), write · wrote · written down
	Schreibt das auf!	Notez ça.	Write that down.

aufstehen	se lever	get · got · got up; stand · stood · stood up
Wir stehen um sechs Uhr auf.	Nous nous levons à six heures.	We get up at 6 a.m.

aufstellen	installer, placer	put · put · put up, set · set · set up, install
Die Polizei hat neue Schilder aufgestellt.	La police a installé de nouveaux panneaux.	The police put up new signs.

der **Aufstieg**	l'**ascension** f	ascent, rise
der **Auftrag**	la **commande**, l'**ordre** m	order, job

aufwachen	se réveiller	wake · woke · woken up
Ich wache spät auf.	Je me réveille tard.	I wake up late.

aufwachsen	grandir	grow · grew · grown up
Alois ist in Graubünden aufgewachsen.	Aloïs a grandi dans les Grisons.	Alois grew up in Grisons.

der **Aufwand**	l'**investissement** m	cost, effort, investment
aufwändig	coûteux/-euse (teuer); qui prend beaucoup de temps	costly (teuer); time-consuming; complex

der **Aufzug**	l'**ascenseur** m	lift (UK), elevator (US)
das **Auge**	l'**œil**/yeux m	eye
Öffne die Augen!	Ouvre les yeux.	Open your eyes.

| der **Augenblick** | l'**instant** m | moment |

der **August**	**août** m	**August**
im August	en août, au mois d'août	in August
aus	**de, par, en**	**out**
aus dem Zimmer gehen	sortir de la chambre	to go out of the room
aus dem Fenster sehen	regarder par la fenêtre	to look out the window
aus Wolle	en laine	to be made out of wool
ausbilden	**former, entraîner**	**educate, train**
jemanden zum Verkäufer ausbilden	former quelqu'un à la vente	to train someone as a salesperson
die **Ausbildung**	la **formation**	**training, education, schooling**
sich **ausdenken**	**imaginer**	**think · thought · thought up**
Denk dir eine Geschichte aus!	Imagine une histoire.	Think up a story.
der **Ausdruck**	l'**expression** f	**expression**
ausdrucken	**imprimer**	**print (out)**
Ihr müsst eure Bewerbung ausdrucken.	Vous devez imprimer votre lettre de candidature.	You have to print out your application.
ausdrücken	**exprimer**	**express**
seine Dankbarkeit ausdrücken	exprimer sa reconnaissance	to express his thanks
die **Auseinandersetzung**	la **dispute** (Streit), le **conflit**; l'**étude** f (studieren)	**dispute** (Streit), **conflict, fight**; **examination** (studieren)

die **Ausfahrt**	la **sortie**	exit (Autobahn)
der **Ausflug**	l'**excursion** f	excursion
ausführlich	détaillé/-e	detailed, comprehensive
ausfüllen	remplir	complete, fill in, fill out (US)
Man muss dieses Formular ausfüllen.	Il faut remplir ce formulaire.	You have to complete this form.
die **Ausgaben** (Plural)	les **dépenses** f	expenses, costs
der **Ausgang**	la **sortie** (Tür), l'**issue** f	exit (Tür); outcome
ausgeben	dépenser	spend · spent · spent
Er hat schon sein ganzes Taschengeld ausgegeben.	Il a déjà dépensé tout son argent de poche.	He's already spent all of his pocket money.
ausgehen	sortir	go · went · gone out
Wir gehen heute Abend aus.	Nous sortons ce soir.	We're going out tonight.
ausgerechnet	justement	precisely
ausgezeichnet	excellent/-e; remarquable	excellent, outstanding
Dieses Schnitzel ist ausgezeichnet.	Cette escalope est excellente.	This schnitzel is excellent.
der **Ausgleich**	l'**égalisation** f (Sport); la **compensation** (Kompensierung)	balance (Sport); compensation (Kompensierung)
aushalten	supporter	bear · bore · borne, tolerate
Das wird er nicht aushalten.	Il ne va pas supporter ça.	He's not going to tolerate that.
die **Auskunft**	l'**information** f, le **renseignement**	information

auslachen	se **moquer** de	**laugh** at, mock, make · made · made fun of
Wir haben ihn ausgelacht.	Nous nous sommes moqués de lui.	We laughed at him.
das **Ausland**	l'**étranger** m	**abroad**, overseas, foreign country
Meine Grosseltern wohnen im Ausland.	Mes grands-parents habitent à l'étranger.	My grandparents live abroad.
der, die **Ausländer/-in**	l'**étranger**/-**ère** m/f	**foreign** national, foreigner
ausländisch	**étranger**/-**ère**	**foreign**
ausleeren	**vider**	**empty** (out)
Leert den Eimer nicht hier aus!	Ne videz pas le seau ici.	Don't empty out the bucket here.
ausleihen	**emprunter**; **prêter** (verleihen)	**borrow**; lend · lent · lent
Ich leihe zwei Bücher in der Bibliothek aus.	J'emprunte deux livres à la bibliothèque.	I am borrowing two books from the library.
der **Auslöser**	le **déclencheur** (Fotoapparat); le **motif**, la **raison** (Grund)	**shutter** (Fotoapparat); trigger, cause (Grund)
ausmachen	**éteindre**; **faire**	**turn** off; matter
Mach das Licht aus!	Eteins la lumière.	Turn off the light!
Das macht nichts aus.	Ça ne fait rien.	That doesn't matter.
die **Ausnahme**	l'**exception** f	**exception**
ausnahmsweise	**exceptionnellement**	**by way of exception**; just once

auspacken — déballer; défaire — unwrap; unpack
Lukas packt seine Geschenke aus. Luc déballe ses cadeaux. Lukas is unwrapping his gifts.
Sandra packt ihren Koffer aus. Sandra défait sa valise. Sandra is unpacking her suitcase.

auspressen — presser — squeeze
Er presst die Orangen aus. Il presse les oranges. He's squeezing the oranges to make juice.

ausprobieren — essayer — try out, test
Wir probieren die neue Maschine aus. Nous essayons la nouvelle machine. We're trying out the new machine.

der **Auspuff** — le **pot d'échappement** — exhaust

ausrechnen — calculer — calculate, figure out
Ich kann das nicht ausrechnen. Je ne peux pas calculer ça. I'm not able to calculate that.

die **Ausrede** — l'**excuse** f, le **prétexte** — excuse

sich **ausruhen** — se **reposer** — rest, relax
Wir ruhen uns etwas aus. Nous nous reposons un peu. We're going to rest a little.

die **Ausrüstung** — l'**équipement** m — equipment

ausrutschen — glisser — slip
Beat ist auf dem Eis ausgerutscht. Beat a glissé sur la glace. Beat slipped on the ice.

die **Aussage**	la **déclaration**, le **message**; le **témoignage** (Zeugenaussage)	**statement**, **message**; **testimony** (Zeugenaussage)
ausschalten	éteindre	switch off, turn off
Schaltet den Fernseher aus!	Eteignez la télé.	Switch off the television.
ausscheiden	être éliminé/-e	eliminate, to be eliminated
Meine Mannschaft ist schon ausgeschieden.	Mon équipe a déjà été éliminée.	My team has already been eliminated from the competition.
ausschliessen	exclure	rule out, exclude
Wir schliessen diese Möglichkeit aus.	Nous excluons cette possibilité.	We are ruling out this possibility.
ausschneiden	découper	cut out
Schneidet die Form aus!	Découpez la forme.	Cut out the shape.
aussehen	avoir l'air	look, appear
Sie sieht krank aus.	Elle a l'air malade.	She looks sick.
aussen	à l'extérieur	outside
ausser	sauf	except, but
Alle sind gekommen ausser Theodor.	Tout le monde est venu, sauf Théodore.	Everyone came except Theodore.
ausserdem	en plus, en outre	in addition, furthermore
aussergewöhnlich	extraordinaire	extraordinary, unusual
ausserhalb	en dehors de	beyond, outside

der, die	**Ausserirdische**	l'**extraterrestre** m/f	alien, extraterrestrial
die	**Aussicht**	la **vue**	view, outlook
die	**Aussprache**	la **prononciation**	pronunciation
	Du hast im Französisch eine gute Aussprache.	Tu as une bonne prononciation en français.	Your French pronunciation is good.
	aussprechen	**prononcer**	pronounce
	Ihr sprecht die französischen Wörter sehr gut aus.	Vous prononcez très bien les mots français.	You pronounce French words very well.
	aussteigen	descendre	get · got · got off (Zug); get · got · got out (Auto)
die	**Ausstellung**	l'**exposition** f	exhibition
	aussuchen	choisir	choose · chose · chosen
	Sucht euch die Farbe des Stoffs aus!	Choisissez la couleur du tissu.	Choose the colour of the fabric.
	austauschen	**remplacer**; **échanger** (Erfahrungen)	substitute, replace, exchange
	einen Spieler austauschen	remplacer un joueur	to substitute a player
	Australien	l'**Australie** f	Australia

der	**Ausverkauf**	les **soldes** f	sale, clearance sale
	ausverkauft	épuisé/-e, à guichets fermés	sold out
die	**Auswahl**	le **choix**	choice, selection

auswählen	choisir	choose · chose · chosen, select, pick
Sie wählen aus.	Ils choisissent.	They are choosing.
der **Ausweg**	l'**issue** f	way out
der **Ausweis**	les **papiers** m, la **carte d'identité**	identification papers, ID
auswendig	par cœur	by heart, from memory
die **Auswirkung**	la **conséquence**, l'**effet** m	effect, impact
ausziehen	enlever; déménager	take · took · taken off; move out
Zieh deine Schuhe aus!	Enlève tes chaussures.	Take off your shoes.
Ich ziehe aus.	Je déménage.	I'm moving out.
sich **ausziehen**	se **déshabiller**	undress
Gestern ging ich ins Bett, ohne mich auszuziehen.	Hier, je me suis couché sans me déshabiller.	Last night I went to bed without undressing first.
das **Auto**	l'**auto** f, la **voiture**	car
die **Autobahn**	l'**autoroute** f	motorway (UK), highway (US)
der, die **Autofahrer/-in**	l'**automobiliste** m/f	driver

der **Automat**	le **distributeur**	**machine**
der Geldautomat, Bancomat, Postomat	le distributeur de billets, le bancomat, le postomat	cash machine, automated teller machine, ATM
der Billettautomat	le distributeur de billets	ticket machine

automatisch	automatique	automatic
der, die **Autor/-in**	l'**auteur** m/f	author
Autsch!	Aïe !	Ouch!

B

das **Baby**	le **bébé**	baby
der, die **Babysitter/-in**	le, la **baby-sitter**	babysitter
der **Bach**	le **ruisseau/-x**	stream, brook
die **Backe**	la **joue**	cheek, jaw

backen	**cuire**	bake
den Kuchen 30 Minuten bei 200 Grad backen	faire cuire le gâteau pendant 30 minutes à 200 degrés	Bake the cake for 30 minutes at 200 degrees.
der, die **Bäcker/-in**	le, la **boulanger/-ère**	baker
die **Bäckerei**	la **boulangerie**	bakery
Ich kaufe einen Kuchen in der Bäckerei.	J'achète un gâteau à la boulangerie.	I'll buy a cake at the bakery.
der **Backofen**	le **four**	oven
Der Backofen ist sehr heiss.	Le four est très chaud.	The oven is very hot.
das **Bad**	le **bain**	bath
der **Badeanzug**	le **maillot de bain**	swimsuit
Hast du einen neuen Badeanzug?	Tu as un nouveau maillot de bain?	Have you got a new swimsuit?
die **Badehose**	le **caleçon de bain**	swimming trunks
baden	se **baigner; nager**	take · took · taken a bath; swim · swam · swum
Ich nehme ein Bad. Wir baden im See.	Je me baigne. Nous nageons dans le lac.	I'm taking a bath. We're swimming in the lake.

die **Badewanne**	la **baignoire**	bath tub
das **Badezimmer**	la **salle de bains**	bathroom
der **Bagger**	l'**excavatrice** f	excavator
das **Baguette**	la **baguette**	baguette
die **Bahn**	le **train**, le **chemin de fer**	**railway** (UK), **railroad** (US), **train** (US)
der **Bahnhof**	la **gare**	**railway station**, **train station** (US)
der **Bahnsteig**	le **quai**	**platform**, **track** (US)
bald	**bientôt**	**soon**
Bis bald.	A bientôt.	See you soon!
der **Balkon**	le **balcon**	balcony
der **Ball**	la **balle**	ball
Vergiss die Tennisbälle nicht!	N'oublie pas les balles de tennis.	Don't forget the tennis balls.
der **Ballon**	le **ballon**	balloon
die **Banane**	la **banane**	banana
das **Band**	le **ruban**	tape, ribbon

die **Band**	le **groupe**, l'**orchestre** m	**group**, **band** (Orchester)
die **Bande**	la **bande**	**group**, **gang**
Christian ist nicht in unserer Bande.	Christian ne fait pas partie de notre bande.	Christian is not part of our group.
die **Bank**	le **banc**	**bench**
die **Bank** (Geldinstitut)	la **banque**	**bank**
die **Bar**	le **bar**	**bar**
bar	**en espèces, comptant**	**cash**
Er zahlt bar.	Il paye en espèces.	He'll pay in cash.
der **Bär**	l'**ours** m	**bear**
das **Bargeld**	l'**argent liquide** m	**cash**
der **Bart**	la **barbe**	**beard**
Basel	**Bâle**	**Basel**
die **Bastelarbeit**	le **travail**/**-aux manuel**/**-s**	**handicraft**
basteln	**bricoler**	**make · made · made things**
Ich bastle gerne.	J'aime bricoler.	I like making things myself.
die **Batterie**	la **pile**; la **batterie** (Auto)	**battery**
der **Bau**	le **bâtiment**, la **construction**	**building, construction**
der, die **Bauarbeiter/-in**	l'**ouvrier**/**-ère du bâtiment** m/f	**construction worker**
der **Bauch**	le **ventre**	**stomach**
die **Bauchschmerzen** (Plural)	le **mal de ventre**	**stomach ache**

bauen	construire	build · built · built
Sie bauen ein neues Stadion in der Stadt.	Ils construisent un nouveau stade dans la ville.	They are building a new stadium in town.
der **Bauer** die **Bäuerin**	le, la **paysan**/**-ne**	farmer
Der Bauer hat viele Tiere.	Le paysan a beaucoup de bêtes.	The farmer has a lot of animals.
der **Bauernhof**	la **ferme**	farm
der **Baum**	l'**arbre** m	tree
die **Baumwolle**	le **coton**	cotton
die **Baustelle**	le **chantier**	building site, construction site
beabsichtigen	envisager, avoir l'intention de	intend
Roger und Tom beabsichtigen nach Paris zu fahren.	Roger et Tom envisagent d'aller à Paris.	Roger and Tom intend to go to Paris.
beachten	**suivre, respecter** (Vorschrift); **tenir compte de** (berücksichtigen)	**observe** (Vorschrift); **take · took · taken into consideration** (berücksichtigen)
Beachte die Regel!	Suis la règle.	Observe the rule.
der **Beamer** (aus dem Englischen)	le **projecteur**	beamer

beantworten	répondre	answer, reply (to)
Sie beantwortet alle Fragen.	Elle répond à toutes les questions.	She is answering all the questions.
bearbeiten	traiter; travailler; adapter	process; work; edit
Das Formular muss zuerst bearbeitet werden.	Le formulaire doit d'abord être traité.	The form has to be processed first.
Holz bearbeiten	travailler le bois	to work wood
Wir bearbeiteten den Text in der Datei.	Nous avons adapté le texte dans le fichier.	We edited the text in the file.
beaufsichtigen	surveiller	watch (over); supervise
Lea beaufsichtigt ihre kleine Schwester.	Léa surveille sa petite sœur.	Lea is watching her little sister.
Der Lehrer beaufsichtigt die Klasse.	L'enseignant surveille la classe.	The teacher is supervising the class.
sich **bedanken**	remercier	thank
Er bedankt sich bei Kurt.	Il remercie Kurt.	He thanks Kurt.
bedauern	regretter	regret
Sie bedauert es sehr.	Elle le regrette beaucoup.	She deeply regrets it.
bedeuten	signifier, vouloir dire	mean · meant · meant
Was bedeutet das?	Qu'est-ce que ça signifie ?	What does that mean?
bedeutend	important/-e, considérable	important, significant
die **Bedeutung**	le **sens** (Sinn); l'**importance** f (Wichtigkeit)	**meaning** (Sinn); **importance** (Wichtigkeit)
bedienen	servir	serve
Hier wird man freundlich bedient.	Ici, on est bien servi.	The service is good here.
Sie werden im Speisesaal bedient.	Vous serez servi dans la salle à manger.	You will be served in the dining room.

sich **bedienen**	se **servir**	**serve (oneself)**
Bedienen Sie sich!	Servez-vous !	Help yourself!
Bedienen Sie sich am Salatbuffet.	Servez-vous au buffet de salades.	Serve yourself at the salad bar.
die **Bedienung**	le **service**	service
die **Bedingung**	la **condition**	condition, requirement
bedrohen	**menacer**	**threaten**
Er hat mich bedroht.	Il m'a menacé.	He threatened me.
das **Bedürfnis**	le **besoin**	need
sich **beeilen**	se **dépêcher**	**hurry**
Beeilt euch, der Zug wird bald abfahren!	Dépêchez-vous, le train va bientôt partir.	Hurry up, the train's about to depart!
beeindrucken	**impressionner**	**impress**
Seine Rede hat uns sehr beeindruckt.	Son discours nous a beaucoup impressionnés.	We were very impressed by his lecture.
beeinflussen	**influencer**	**influence**
Rita lässt sich leicht beeinflussen.	Rita se laisse influencer facilement.	Rita is easily influenced.
beenden	**finir, terminer**	**finish, end**
Sie beenden die Übung.	Ils finissent l'exercice.	They are finishing the exercise.
beerdigen	**enterrer**	**bury**
Unsere Tante wurde gestern beerdigt.	Notre tante a été enterrée hier.	Our aunt was buried yesterday.

die **Beerdigung**	l'**enterrement** m	funeral

der **Befehl**	l'**ordre** m	order, command
befehlen Hör auf zu befehlen!	commander Arrête de commander !	order, command Stop ordering me around!
befestigen Befestige das Seil am Baum!	attacher, fixer Attache la corde à l'arbre.	attach, affix Attach the rope to the tree.
sich **befinden** Unser Hotel befindet sich in der Nähe des Bahnhofs.	se trouver Notre hôtel se trouve près de la gare.	be · was · been located Our hotel is located near the railway station.
befragen Ich befrage den Zeugen.	poser des questions, interroger J'interroge le témoin.	question, interrogate; survey (Umfrage) I'm questioning the witness.
die **Befragung**	l'**interrogation** f, le **sondage**, l'**enquête** f	questioning, interrogation; survey (Umfrage)
befreien Die Gefangenen wurden befreit.	libérer Les prisonniers ont été libérés.	release, free The prisoners were freed.

befreundet Sie waren lang miteinander befreundet.	ami/-e Ils étaient amis pendant longtemps.	be friends, friendly They were friends for a long time.

befürchten	**craindre**	**fear**
Ich befürchte, dass sie krank wird.	Je crains qu'elle tombe malade.	I fear she's getting sick.
die **Begabung**	le **talent**, le **don**	**talent**
sich **begegnen**	se **rencontrer**	**meet · met · met**
Wir sind uns im Kino begegnet.	Nous nous sommes rencontrés au cinéma.	We met in the cinema.
die **Begegnung**	la **rencontre**	**encounter, meeting**
begehen	**commettre, faire**	**commit**
Er beging einen Mord.	Il a commis un meurtre.	He committed a murder.
begeistern	**enthousiasmer**	**inspire**
Die Musik dieser Gruppe begeistert mich.	La musique de ce groupe m'enthousiasme.	This group's music inspires me.
begeistert	**ravi/-e, enthousiaste**	**enthusiastic**
die **Begeisterung**	l'**enthousiasme** m, la **passion**	**enthusiasm**
der **Beginn**	le **début**, le **commencement**	**beginning, start**
beginnen	**commencer**	**begin · began · begun, start**
Beginnt mit eurer Arbeit.	Commencez votre travail.	Please begin your work.
begleiten	**accompagner**	**accompany**
Ich kann dich zum Bahnhof begleiten.	Je peux t'accompagner à la gare.	I can accompany you to the station.

der, die **Begleiter/-in**	l'**accompagnateur**/-**trice** m/f	companion, escort	
beglückwünschen	**féliciter**	congratulate	
Marianne beglückwünscht sie zu ihrer Prüfung.	Marianne la félicite pour son examen.	Marianne congratulates her on passing her exam.	
begraben	**enterrer**	bury	
Darf man Haustiere im Garten begraben?	A-t-on le droit d'enterrer des animaux domestiques dans le jardin?	Are you allowed to bury a dead pet in your garden?	
begreifen	**comprendre**	understand, comprehend	
Begreifen sie diese Regel?	Est-ce qu'ils comprennent cette règle?	Do they understand this rule?	
der **Begriff**	le **terme**, la **notion**	term, concept	
begründen	**justifier**	justify	
Ich muss nichts begründen.	Je ne dois rien justifier.	I don't have to justify anything.	
die **Begründung**	la **justification**	justification	
begrüssen	**saluer**	greet, welcome	
Der Lehrer begrüsst uns am Morgen.	L'enseignant nous salue le matin.	Our teacher greets us every morning.	
die **Begrüssung**	la **salutation** (Gruss); l'**accueil** m (Empfang)	**greeting** (Gruss); **welcome** (Empfang)	
behalten	**garder**	keep · kept · kept	
Wir konnten nicht alle Katzen behalten.	Nous n'avons pas pu garder tous les chats.	We couldn't keep all the kittens.	
behandeln	**traiter**	treat, handle	
Herr Hauser behandelt die Tiere gut.	M. Hauser traite bien les animaux.	Mr Hauser treats the animals well.	

die **Behandlung**	le **traitement**	treatment
beharren	**persister**, s'**obstiner**, **insister**	insist
Er beharrt auf sein Recht.	Il persiste dans son droit.	He insists on his rights.
behaupten	**prétendre**	claim
Philip behauptet, ich hätte die Pizza ganz alleine gegessen.	Philippe prétend que j'ai mangé la pizza toute seule.	Philip claims I ate the whole pizza myself.
die **Behauptung**	l'**affirmation** f	claim
beherrschen	**maîtriser**, **dominer**	be · was · been in command of
Susanne beherrscht zwei Fremdsprachen.	Suzanne maîtrise deux langues étrangères.	Susanne is in command of two foreign languages.
behindert	**handicapé**/-e	handicapped, disabled
der, die **Behinderte**	le, la **handicapé**/-e	disabled person
die **Behinderung**	le **handicap**	handicap, disability
bei	**chez**; **près de**; **lors**	with; near; on; at
Julian ist bei mir.	Julien est chez moi.	Julian is with me.
bei der Kirche	près de l'église	near the church
bei der Besichtigung	lors de la visite	on the tour
beim Zahnarzt	chez le dentiste	at the dentist
beibringen	**apprendre**	teach · taught · taught
Melanie bringt uns das Schwimmen bei.	Mélanie nous apprend à nager.	Melanie is teaching us to swim.
beide	les **deux**	both

das **Bein**	la **jambe**	leg
beinahe	presque	almost, nearly
beinhalten	contenir, comporter	contain
Das Paket beinhaltet vier verschiedene Sorten Käse.	L'emballage contient quatre sortes de fromages différents.	The package contains four different types of cheese.
das **Beispiel**	l'**exemple** m	example
Können Sie mir ein Beispiel geben?	Pouvez-vous me donner un exemple ?	Can you give me an example?
beispielsweise	par exemple	for example, for instance
beissen	mordre	bite · bit · bitten
Die Katze beisst nicht.	Le chat ne mord pas.	The cat doesn't bite.
der **Beitrag**	la **contribution**; l'**article** m (Medien)	contribution; article (Medien)
beitragen	contribuer à	contribute
Alle haben etwas zur Lösung beigetragen.	Tout le monde a contribué à la solution.	Everyone contributed something towards the solution.
bekämpfen	lutter contre, combattre	fight · fought · fought (against), combat
Wir bekämpfen die Umweltverschmutzung.	Nous luttons contre la pollution de l'environnement.	We're fighting against environmental pollution.
bekannt	connu/-e	known
der, die **Bekannte**	la **connaissance**	acquaintance
die **Bekanntschaft**	la **connaissance**	acquaintanceship

sich **beklagen**	se **plaindre**	**complain**
Mama hat sich bei unseren Nachbarn beklagt.	Maman s'est plainte auprès de nos voisins.	My mother complained to our neighbours.

bekloppt	**dingue, cinglé/-e**	**crazy**
Das ist doch total bekloppt.	C'est complètement dingue.	That's completely crazy.

bekommen	**recevoir**	**receive, get · got · got**
Ich habe ein Geschenk bekommen.	J'ai reçu un cadeau.	I received a gift.

belasten	**peser; polluer; charger** (Gewicht)	**trouble; pollute; load** (mit Gewicht); **charge** (Konto); **burden** (aufbürden)
Diese Probleme belasten mich sehr.	Ces problèmes me pèsent beaucoup.	These problems are troubling me greatly.
die Umwelt belasten	polluer l'environnement	to pollute the environment

die **Belastung**	le **poids** (psychisch); la **charge** (Gewicht); le **débit** (Konto)	**burden** (psychisch); **charge** (Konto); **pollution** (Umwelt)

beleidigen	**offenser, blesser**	**offend, insult**
Diese Bemerkung hat mich beleidigt.	Cette remarque m'a offensé.	You insulted me with that remark.

die **Beleidigung**	l'**offense** f, l'**insulte** f	**offence, insult**
die **Beleuchtung**	l'**éclairage** m	**lighting**
Belgien	la **Belgique**	**Belgium**
der, die **Belgier/-in**	le, la **Belge**	**Belgian**

belgisch	belge	Belgian
beliebig	n'importe quel, à volonté	any, optional
beliebt	apprécié/-e, populaire	well-liked, popular, favourite
bellen	aboyer	bark
Der Hund bellt die ganze Nacht.	Le chien aboie toute la nuit.	The dog barks all night long.
die **Belohnung**	la récompense	reward
bemerken	remarquer	notice
Hast du meine neuen Schuhe bemerkt?	As-tu remarqué mes nouvelles chaussures ?	Did you notice my new shoes?
die **Bemerkung**	la remarque	comment, remark
sich **bemühen**	**faire un effort**, se **donner de la peine**, se **donner du mal**	**make · made · made an effort**
Claire hat sich sehr bemüht.	Claire a fait un grand effort.	Claire made a big effort.
benachrichtigen	informer	notify
Sie haben den Rettungsdienst benachrichtigt.	Ils ont informé les secours.	They notified the rescue service.
sich **benehmen**	se **conduire**, se **comporter**	behave
Sie benehmen sich gut.	Ils se conduisent bien.	They are behaving themselves.
benötigen	**avoir besoin de**	need, require
Wir benötigen etwas zu essen.	Nous avons besoin de manger quelque chose.	We need something to eat.
benutzen	utiliser	use
Wir benutzen den Computer für die Aufgaben.	Nous utilisons l'ordinateur pour les devoirs.	We use the computer to do our homework.

der, die **Benutzer/-in**	l'**utilisateur**/-**trice** m/f, l'**usager**/-**ère** m/f, l'**internaute** m/f (Internet)	**user**
das **Benzin**	l'**essence** f	**petrol** (UK), **gasoline** (US)

beobachten — observer — **observe, watch**
Warum beobachten die uns dauernd? — Pourquoi nous observent-ils toujours ? — Why are they watching us all the time?

die **Beobachtung** — l'**observation** f — **observation**

bequem — confortable — **comfortable, convenient**

beraten — conseiller — **advise**
Wir beraten Sie gerne. — Nous vous conseillons volontiers. — We are happy to advise you.

der, die **Berater/-in** — le, la **conseiller**/-**ère** — **consultant, adviser**

die **Beratung** — la **consultation** (Arzt); le **conseil** (Ratschlag) — **consultation** (Arzt); **advice** (Ratschlag)

berechnen — calculer — **calculate**
die Distanz berechnen — calculer la distance — to calculate the distance

der **Bereich** — le **secteur**, le **domaine** — **area**

bereit — prêt/-e — **ready**

bereits — déjà — **already**

bereuen — regretter — **regret**
Sie bereut es sehr. — Elle le regrette beaucoup. — She very much regrets it.

der **Berg** — la **montagne** — **mountain**

der **Bericht**	le **reportage** (Zeitung), le **compte rendu**	report
berichten Norbert berichtet seinem Chef über das Ereignis.	**informer; raconter** (erzählen) Norbert informe son chef de l'événement.	**report; tell** (erzählen) Norbert is telling the incident to his boss.
Bern	Berne	Bern
berücksichtigen Man muss ihr Alter berücksichtigen.	**tenir compte de, considérer** Il faut tenir compte de son âge.	**take · took · taken into consideration, consider** You have to take her age into consideration.
der **Beruf**	le **métier**, la **profession**	profession, vocation
beruflich	**professionnel/-le, professionnellement**	professional, vocational
die **Berufsberatung**	l'**orientation professionnelle** f	career advice
die **Berufsschule**	l'**école professionnelle** f, le **centre de formation**	vocational school
berufstätig	**exercer une activité professionnelle**	employed, working
beruhigen Sie beruhigen die Situation.	**calmer** Ils calment la situation.	**calm (down)** They are calming the situation down.

sich **beruhigen**	se **calmer**	**calm (down)**
Beruhigt euch!	Calmez-vous.	Please calm down!
berühmt	**célèbre, réputé/-e**	**famous, well-known**
Dieser Künstler ist sehr berühmt.	Cet artiste est très célèbre.	This artist is very famous.
berühren	**toucher**	**touch**
Frisch gestrichen. Nicht berühren!	Peinture fraîche. Ne pas toucher !	Wet paint – do not touch!
die **Berührung**	le **contact**	**contact, touch**
beschädigen	**abîmer, endommager**	**damage**
Sie haben ihre Velos beschädigt.	Ils ont abîmé leurs vélos.	They damaged their bikes.
beschäftigen	**préoccuper;** **employer** (anstellen)	**concern; occupy, busy** (zu tun geben); **employ** (anstellen)
Das Problem beschäftigt mich schon lange.	Ce problème me préoccupe depuis longtemps.	This problem has concerned me for some time.
sich **beschäftigen**	s'**occuper de**	**concern oneself with; busy oneself with** (Arbeit)
Ich beschäftige mich nicht mit deinen Angelegenheiten.	Je ne m'occupe pas de tes affaires.	I don't concern myself with your affairs.
die **Beschäftigung**	l'**occupation** f, l'**activité** f	**employment, activity**
bescheiden	**modeste**	**modest**

beschleunigen — accélérer — accelerate
Das Auto hat beschleunigt. — La voiture a accéléré. — The car has accelerated.

beschliessen — décider — decide
Was habt ihr beschlossen? — Qu'est-ce que vous avez décidé ? — What have you decided?

der **Beschluss** — la décision — decision, resolution

beschränken — limiter — limit, restrict
Sie haben den Schaden beschränken können. — Ils ont pu limiter les dégâts. — They were able to limit the damage.

beschreiben — décrire — describe
Beschreibt eure Schule! — Décrivez votre école. — Please describe your school.

die **Beschreibung** — la description — description

beschuldigen — accuser — accuse
Viktor hat ihn beschuldigt, er habe betrogen. — Victor l'a accusé d'avoir triché. — Victor accused him of cheating.

beschützen — protéger — protect
Er beschützt seine kleine Schwester. — Il protège sa petite sœur. — He protects his younger sister.

sich **beschweren**	se **plaindre de**	**complain**
Wir beschweren uns über alles.	Nous nous plaignons de tout.	We're complaining about everything.
beseitigen	**faire disparaître, enlever; supprimer** (vernichten)	**remove; eliminate** (vernichten)
Sie hat die Flecken beseitigt.	Elle a fait disparaître les taches.	She removed the stains.
der **Besen**	le **balai**	**broom**
besetzt	**occupé**/-e	**occupied**
Die Toiletten sind besetzt.	Les toilettes sont occupées.	The toilets are occupied.
besichtigen	**visiter**	**tour, visit**
Wir besichtigen das Verkehrshaus.	Nous visitons le Musée des transports.	We're going to tour the transport museum.
die **Besichtigung**	la **visite**	**tour, visit**
besiegen	**gagner (contre), vaincre, battre**	**defeat**
Wir besiegen all unsere Gegner.	Nous gagnons contre tous nos adversaires.	We defeat all our opponents.
der **Besitz**	la **possession;** les **biens** m (Eigentum), la **propriété** (Liegenschaft)	**ownership; possession, property** (Figentum)

besitzen	**posséder**	**own**
Chantal besitzt viele DVDs.	Chantal possède beaucoup de DVD.	Chantal owns a lot of DVDs.
der, die **Besitzer/-in**	le, la **propriétaire**	**owner**
besonderer, besondere, besonderes	**particulier/-ère**	**special**
die **Besonderheit**	la **particularité**	**speciality** (UK), **specialty** (US)
besorgen	**procurer; acheter** (kaufen)	**obtain, get · got · got**
Wer kann ihm einen Fernseher besorgen?	Qui peut lui procurer une télé ?	Who can get a TV set for him?
besorgt	**inquiet/-ète**	**concerned, worried**
besprechen	**discuter**	**discuss, talk about**
Besprecht eure Resultate!	Discutez de vos résultats.	Discuss your results.
die **Besprechung**	la **discussion;** la **réunion** (Konferenz)	**discussion; meeting** (Konferenz)
besser	**meilleur/-e, mieux**	**better**
Dunkle Schokolade ist besser als weisse Schokolade.	Le chocolat noir est meilleur que le chocolat blanc.	Dark chocolate is better than white chocolate.
bestätigen	**confirmer, attester**	**confirm**
Hat sie bestätigt, was er gesagt hat?	A-t-elle confirmé ce qu'il a dit ?	Did she confirm what he said?

bestehen	**insister; réussir**	**insist; pass**
darauf bestehen, etwas zu tun	insister pour faire quelque chose	to insist on doing something
eine Prüfung bestehen	réussir un examen	to pass an exam
bestellen	**commander**	**order**
Bestell mir ein Sandwich!	Commande un sandwich pour moi.	Please order me a sandwich.
die **Bestellung**	la **commande**	**order**
bestimmen	**fixer, déterminer**	**decide; identify; determine** (ermitteln)
Wir bestimmen den Preis.	Nous fixons le prix.	We decide the price.
Wir bestimmen die Verben.	Nous déterminons les catégories grammaticales.	We are identifying the verb forms.
bestimmt	**certainement, certain, décidé**	**definitely, certainly**
bestrafen	**punir**	**punish**
Du musst den Hund nicht bestrafen.	Tu ne dois pas punir le chien.	You shouldn't punish the dog.
bestreiten	**nier, contester**	**deny, contest, dispute**
Xaver bestreitet, das Geld gestohlen zu haben.	Xavier nie avoir volé l'argent.	Xavier denies stealing the money.
der **Besuch**	la **visite**	**visit**
besuchen	**visiter, rendre visite**	**visit**
Wir besuchen unsere Cousine.	Nous visitons notre cousine.	We're going to visit our cousin.
der, die **Besucher/-in**	le, la **visiteur/-euse**	**visitor**

sich **beteiligen**	participer	participate
Beteilige dich mehr am Unterricht.	Participe plus aux cours.	Please participate more in the lessons.
beten	prier	pray
Wir beten in der Kirche.	Nous prions à l'église.	We go to church to pray.
betonen	accentuer, souligner (hervorheben); insister (sur) (mit Nachdruck)	emphasise, underscore (hervorheben); stress (mit Nachdruck)
Dieses Wort musst du anders betonen.	Tu dois accentuer ce mot différemment.	You should emphasise this word differently.
betrachten	contempler, regarder	consider; look at
Er betrachtet die Landschaft.	Il contemple le paysage.	He's looking at the landscape.
der **Betrag**	le montant, la somme	amount, sum
betreffen	concerner	concern
Das betrifft uns zum Glück nicht.	Cela ne nous concerne pas, heureusement.	Fortunately that doesn't concern us.
betreten	entrer dans; monter sur; entrer en	enter; step on/onto, walk on/onto
Wir betreten das Zimmer.	Nous entrons dans la chambre.	We are entering the room.
das Podium betreten	monter sur le podium	to step onto the podium
die Bühne betreten	entrer en scène	to walk onto the stage
betreuen	prendre en charge, s'occuper de, être responsable de	look after, care for
Die Patienten werden gut betreut.	Les patients sont bien pris en charge.	The patients are well looked after.

der, die	**Betreuer/-in**	le, la **responsable** m/f	carer; adviser (Berater)
der	**Betrieb**	l'**entreprise** f (Unternehmen); l'**exploitation** f (Bahnlinie)	company (Unternehmen); operation (Bahnlinie)
das	**Betriebssystem**	le **système d'exploitation**	operating system
	betrügen	**escroquer, tricher**	cheat, trick
	Sie hat ihn um mehrere tausend Franken betrogen.	Elle l'a escroqué pour plusieurs milliers de francs.	She cheated him out of several thousand Swiss francs.
der, die	**Betrüger/-in**	l'**escroc** m/f, le, la **tricheur/-euse**	cheat
	betrunken	**ivre**	drunk, intoxicated
	Der Täter war betrunken.	Le coupable était ivre.	The perpetrator was drunk.
das	**Bett**	le **lit**	bed
der, die	**Bettler/-in**	le, la **mendiant/-e**	beggar
das	**Betttuch**	le **drap**	bed sheet
	beugen	**pencher, fléchir**	bow; bend · bent · bent (Knie)
	Er beugt den Kopf über seine Arbeit.	Il penche la tête sur son travail.	He bows his head over his work.
die	**Beule**	la **bosse**	bump; dent (in Blech)
	beunruhigt	**inquiet/-ète**	worried
	Meine Eltern sind immer beunruhigt, wenn ich zu spät nach Hause komme.	Mes parents sont toujours inquiets quand je rentre trop tard.	My parents are always worried when I come home late.
	beurteilen	**évaluer**	evaluate, assess, judge
	Beurteilt eure Arbeit!	Evaluez votre travail.	Evaluate your own work.

die **Beurteilung**	l'**évaluation** f, l'**appréciation** f, le **jugement**	evaluation, assessment, judgement
die **Beute**	la **prise**, la **proie**	loot (Dieb); prey (Raubtier)
der **Beutel**	le **sac**, la **poche**, le **sachet**	bag, pouch
die **Bevölkerung**	la **population**	population
bevor	avant que, avant de	before
bevorzugen Ich bevorzuge Tee.	**préférer, favoriser** Je préfère le thé.	**prefer, favour** I prefer tea.
bewachen Der Soldat bewacht die Botschaft.	**garder, surveiller** Le soldat garde l'ambassade.	**guard, watch** The soldier is guarding the embassy.
bewaffnet	armé/-e	armed
sich **bewähren** Ferdinand bewährt sich als Torhüter.	**faire ses preuves** Ferdinand fait ses preuves dans les buts.	**prove to be** Ferdinand has proved to be a good goalkeeper.
sich **bewegen** Bewegen Sie sich nicht!	**bouger** Ne bougez pas !	**move;** **exercise** (Sport treiben) Don't move!
die **Bewegung**	le **mouvement** (Körperteil, politisch); l'**activité physique** f (Sport)	**movement** (Körperteil, politisch); **exercise** (Sport)
der **Beweis**	la **preuve**	proof, evidence
beweisen Sie hat ihre Unschuld bewiesen.	**prouver, démontrer** Elle a prouvé son innocence.	**prove, demonstrate, show** She proved her innocence.

bewerben	poser sa candidature	apply (for, to)
Regula hat sich auf die Lehrstelle beworben.	Regula a posé sa candidature pour la place d'apprentissage.	Regula applied for the apprenticeship.
der, die **Bewerber/-in**	le, la **candidat/-e**	applicant
die **Bewerbung**	la **candidature**	application
der, die **Bewohner/-in**	l'**habitant**/-e m/f	inhabitant, resident
bewölkt	**nuageux**/-euse	cloudy, overcast
bewundern	admirer	admire, look up to
Er bewundert die Profifussballer.	Il admire les footballeurs professionnels.	He admires professional footballers.
bewusst	délibéré/-e, conscient/-e	aware, conscious; deliberate (absichtlich)
bezahlen	payer, régler	pay · paid · paid
Brigitte und ich bezahlen die Glacen.	Brigitte et moi, nous payons les glaces.	Brigitte and I will pay for the ice creams.
die **Bezahlung**	le **paiement**	payment
bezeichnen	désigner, indiquer	name, designate
Wir konnten die Werkzeuge nicht richtig bezeichnen.	Nous n'avons pas réussi à désigner les outils.	We could not name the tools correctly.
die **Bezeichnung**	la **désignation** (Name); l'**indication** f (Kennzeichnung)	**name** (Name); **designation** (Kennzeichnung)
die **Beziehung**	la **relation**, le **rapport**, le **lien**	relationship
beziehungsweise	respectivement, ou, et	respectively
der **Bezug**	le **rapport**; la **housse** (Bett, Sofa)	relationship, reference (Verbindung); cover (Bett, Sofa)

bezweifeln	douter, mettre en doute	doubt
Ich bezweifle, dass das stimmt.	Je doute que ce soit correct.	I doubt if that's true.
die **Bibel**	la **Bible**	bible
die **Bibliothek**	la **bibliothèque**	library
biegen	tordre, plier	bend · bent · bent
Der Polizist hat den Arm des Verbrechers nach hinten gebogen.	Le policier a tordu le bras du criminel.	The policeman bent the suspect's arm back.
biegsam	souple, flexible	bendable, flexible
die **Biene**	l'**abeille** f	bee
das **Bier**	la **bière**	beer
bieten	offrir	offer; give · gave · given
Wir bieten zwanzig Franken für dieses Spiel.	Nous offrons vingt francs pour ce jeu.	We're offering twenty francs for this game.
das **Bikini**	le **bikini**	bikini
das **Bild**	l'**image** f; le **tableau**/-x (Gemälde)	illustration; **picture** (Gemälde)
bilden	former, constituer	form, constitute
Bildet eine Reihe!	Formez un rang.	Please form a queue!
der **Bildschirm**	l'**écran** m	screen
die **Bildung**	la **formation** (Ausbildung); la **culture** (Kenntnisse); l'**instruction** f (Schulwesen)	**education** (Ausbildung, Schulwesen); **culture** (Kenntnisse)
das **Billett**	le **billet**	ticket

billig	**bon marché**	**cheap**
binden	**attacher, lier, nouer**	**attach, tie, bind · bound · bound**
Bindet das Seil an den Baum!	Attachez la corde à l'arbre.	Tie this rope to the tree.
die **Bindung**	l'**attachement** m, les **liens** m; la **fixation** (Ski)	**attachment, bond; binding** (Ski)
die **Biologie**	la **biologie**	**biology**
biologisch	**biologique**	**biological; organic**
der **Birnbaum**	le **poirier**	**pear tree**
die **Birne**	la **poire** (Frucht); l'**ampoule** f (Glühbirne)	**pear** (Frucht); **bulb** (Glühbirne)
bis	**jusque, jusqu'à**	**until, till**
bis gleich	à bientôt	till later
bisher	**jusqu'à présent, jusqu'ici**	**previously** (vorher); **to date** (bis jetzt)
bisschen	**peu**	**a little**
Ich bin ein bisschen müde.	Je suis un peu fatigué.	I'm a little tired.
die **Bitte**	la **demande**	**request**
bitte	**s'il te plaît, s'il vous plaît**	**please**
Gib mir bitte das Glas!	Donne-moi le verre, s'il te plaît.	Give me that glass please.
Herr Rickenbach, könnten Sie mir bitte die Butter reichen?	M. Rickenbach, pourriez-vous me passer le beurre, s'il vous plaît?	Mr Rickenbach, could you please pass me the butter?
bitten	**prier; demander** (fragen); **inviter** (auffordern)	**ask, request** (anfragen); **beg** (betteln); **invite** (auffordern)
Er bittet uns ruhig zu sein.	Il nous prie d'être tranquilles.	He is asking us to be quiet.

	bitter	amer/-ère	bitter
die	**Blase**	la **vessie** (anatomisch); la **bulle** (Luftblase)	**bladder** (anatomisch); **bubble** (Luftblase)
	blasen Der Wind bläst stark.	souffler Le vent souffle fort.	blow · blew · blown A strong wind is blowing.
	blass	pâle	pale
das	**Blatt**	la feuille	sheet (Papier); leaf (Pflanze)
	blau	bleu/-e	blue
	bleiben Bleib hier!	rester Reste ici !	stay, remain Stay here!
der	**Bleistift**	le crayon	pencil
der	**Blick**	le regard, le coup d'œil	look, glance (kurzer Blick)
	blind	aveugle	blind
der	**Blitz**	l'éclair m	lightning
der	**Blitzableiter**	le paratonnerre	lightning conductor, lightning rod
das	**Blitzlicht**	le flash	flash
der	**Block**	le bloc-note; le bloc (Haus)	pad of paper; apartment block (Haus)
	blöd	bête, stupide, idiot/-e	dumb, stupid, idiotic
	blond	blond/-e	blonde

blühen	être en fleur, fleurir	blossom, flower
Die Rosen blühen schon.	Les roses sont déjà en fleur.	The roses are already blossoming.
die **Blume**	la fleur	flower
der **Blumenstrauss**	le bouquet	bouquet
die **Bluse**	le chemisier	blouse
das **Blut**	le sang	blood
bluten	saigner	bleed · bled · bled
Die Wunde hat stark geblutet.	La blessure a beaucoup saigné.	The wound bled profusely.
der **Bob**	le bob	bobsled
der **Boden**	le sol; le fond (See)	floor; ground (Natur)
Der Boden ist aus Holz.	Le sol est en bois.	The floor is made of wood.
der **Bogen**	l'**arc** m, la **feuille** (Papier); l'**archet** (Instrument)	arch (Architektur); sheet (Papier); bow (Violine, Sportgerät)
die **Bohne**	le haricot	bean
bohren	percer, creuser	drill
Wer bohrt die Löcher?	Qui perce les trous ?	Who will drill the holes?
die **Bombe**	la bombe	bomb
das **Bonbon**	le bonbon	sweet (UK), candy (US)
das **Boot**	le bateau/-x, la barque	boat

böse	méchant/-e	**mean; angry** (wütend); **naughty, bad** (ungezogen)
Sie ist böse zu mir.	Elle est méchante avec moi.	She's mean to me.
das **Böse**	le mal	evil, bad
die **Botschaft**	l'ambassade f; le message (Mitteilung)	embassy; message (Mitteilung)
die **Branche**	la branche, le secteur	line of business, sector, industry
der **Brand**	l'incendie m	fire
Brasilien	le Brésil	Brazil
der **Braten**	le rôti	roast
braten	rôtir	roast
Ich brate das Fleisch im Backofen.	Je rôtis la viande au four.	I'm going to roast the meat in the oven.
der **Brauch**	la coutume, l'usage m	custom, tradition
brauchen	avoir besoin de	need
Brauchst du Hilfe?	Tu as besoin d'aide ?	Do you need help?
braun	brun/-e, marron	brown
die **Braut** der **Bräutigam**	la mariée; le marié	bride; (bride)groom
brav	sage, brave	well-behaved
brechen	casser, briser, rompre	break · broke · broken, destroy
Er bricht den Bleistift entzwei.	Il casse le crayon.	He is breaking the pencil in two.

breit	large	broad, wide
die **Breite**	la largeur	width
die **Bremse**	le frein	brake
bremsen	freiner	brake
Er bremst, um beim Stopp anzuhalten.	Il freine pour s'arrêter au stop.	He brakes in order to stop at the halt sign.
brennen	brûler	burn · burned/burnt · burned/burnt; be · was · been on fire
Das Holz brennt.	Le bois brûle.	The wood is burning.
das **Brett**	la planche	board
der **Brief**	la lettre	letter
der **Briefkasten**	la boîte aux lettres	letterbox (UK), mailbox (US)
die **Briefmarke**	le timbre	postage stamp
der, die **Briefträger/-in**	le, la facteur/-trice	postman
der **Briefumschlag**	l'enveloppe f	envelope
die **Brille**	les lunettes f	glasses
Bring mir meine Brille!	Apporte-moi mes lunettes.	Please bring me my glasses.
bringen	apporter	bring · brought · brought
britisch	britannique	British
das **Brot**	le pain	bread, loaf
das **Brötchen**	le petit pain	bread roll
die **Brücke**	le pont	bridge

der **Bruder**	le **frère**	brother
brüllen	**rugir, crier, hurler**	**roar, howl, scream**
Welches Tier brüllt?	Quel animal rugit ?	Which animal roars?
der **Brunnen**	la **fontaine**, le **puits**	fountain; well
Man kann das Wasser vom Brunnen nicht trinken.	On ne peut pas boire l'eau de la fontaine.	You can't drink the water from that fountain.
die **Brust**	la **poitrine**, le **sein**	chest, breast
brutal	**violent/-e, cruel/-le**	brutal
Dieser Film hat sehr brutale Szenen.	Ce film comporte des scènes très violentes.	This film contains some very brutal scenes.
das **Buch**	le **livre**	book
Claudia hat mir ein Buch geschenkt.	Claudia m'a offert un livre.	Claudia gave me a book.
buchen	**réserver**, s'**inscrire à**	**reserve, book**
ein Zimmer buchen	réserver une chambre	to reserve a room
eine Exkursion buchen	s'inscrire à une excursion	to book an excursion
das **Bücherregal**	l'**étagère** f	bookshelf
die **Buchhandlung**	la **librairie**	bookshop (UK), bookstore (US)
der **Büchsenöffner**	l'**ouvre-boîte** m	tin opener (UK), can opener (US)
der **Buchstabe**	la **lettre**	letter (of the alphabet)
buchstabieren	épeler	spell
Buchstabiere das Wort «charger»!	Epelle le mot « charger ».	Please spell the word "charger".

das **Buffet**	le **buffet**	buffet
das **Bügeleisen**	le **fer à repasser**	clothes iron (UK), iron (US)
bügeln	**repasser**	iron, press
Papa bügelt sein Hemd.	Papa repasse sa chemise.	Father is ironing his shirt.
die **Bühne**	la **scène**	stage
der **Bundesrat**	le **Conseil fédéral**	Federal Council
der **Bundesrat** / die **Bundesrätin**	le **conseiller**/-s **fédéral**/-aux, la **conseillère**/-s **fédérale**/-s	Federal Councillor
bunt	**multicolore**	colourful
Dieses T-Shirt hat mehrere Farben, es ist bunt.	Ce tee-shirt a plusieurs couleurs, il est multicolore.	This T-shirt is very colourful.
die **Burg**	le **château**/-x **fort**/-s	castle, fortress
der, die **Bürger**/-in	le, la **citoyen**/-ne	citizen
das **Büro**	le **bureau**/-x	office
die **Bürste**	la **brosse**	brush
der **Bus**	le **bus**	bus
der **Busch**	le **buisson**; la **brousse** (Pampa)	bush
Der Ball ist in die Büsche gerollt.	Le ballon a roulé dans les buissons.	The ball rolled into the bushes.
die **Busse**	l'**amende** f	fine, penalty
der **Büstenhalter**	le **soutien-gorge**	bra, brassiere
die **Butter**	le **beurre**	butter
das **Butterbrot**	la **tartine**	buttered bread

C

das **Café**	le **café**	café
das **Camping**	le **camping**	camping
der **Campingplatz**	le **(terrain de) camping**	camp site
der **CD-Player**	le **lecteur CD**	CD player
Habt ihr einen neuen CD-Player?	Vous avez un nouveau lecteur CD ?	Have you got a new CD player?
die **CD-ROM (CD)**	le **CD-ROM (CD)**	CD-ROM (CD)
der **Cent**	le **centime d'euro**	cent
das **Chalet** (CH)	le **chalet**	chalet
der **Champion**	le, la **champion/-ne**	champion
die **Chance**	la **chance**	chance, opportunity
der **Charakter**	le **caractère**	character
chatten	**chatter, bavarder en ligne**	**talk, chat online**
Wir chatten jeden Abend zusammen.	Nous chattons ensemble tous les soirs.	We chat every evening.
der, die **Chef/-in**	le, la **chef/-fe,** le, la **patron/-ne**	boss
Der Chef ist in den Ferien.	Le chef est en vacances.	The boss is on holiday.
die **Chemie**	la **chimie**	chemistry
chemisch	chimique	chemical
China	la **Chine**	China

der **Chinese** / die **Chinesin**	le, la **Chinois**/-e	Chinese
chinesisch	**chinois**/-e	Chinese
der **Chip**	la **puce**	chip
der, die **Chirurg**/-in	le, la **chirurgien**/-ne	surgeon
der **Chor**	le **chœur**, la **chorale**	choir, chorus
der, die **Clown**/-in	le **clown**	clown
der **Coiffeur** / die **Coiffeuse**	le, la **coiffeur**/-euse	hairdresser
die **Cola**	le **coca**	cola
das **Comic**	la **B.D.** (**bande dessinée**), la **bédé**	comic
die **Compactdisc (CD)** Wir hören uns eine CD an.	le **disque compact (CD)** Nous écoutons un CD.	compact disc (CD) We're listening to a CD.
der **Computer** Lea hat einen Computer in ihrem Zimmer.	l'**ordinateur** m Léa a un ordinateur dans sa chambre.	computer Lea has a computer in her room.
die **Computerausrüstung**	le **matériel informatique**	computer equipment
der, die **Cousin**/-e	le, la **cousin**/-e	cousin
die **Creme**	la **crème**	cream
die **Crêpe**	la **crêpe**	crêpe
der **Cursor**	le **curseur**	cursor

D

da	là; comme	there; since
Ist Regula da?	Est-ce que Regula est là ?	Is Regula there?
da ist / da sind	voilà	there is / there are
Da ich krank bin …	Comme je suis malade …	Since I'm ill …

dabei	y (être); avec (cela); pourtant	there; with; although
Ich war dabei.	J'y étais.	I was there.
Hast du deine Kopfhörer dabei?	Tu as tes écouteurs avec toi ?	Have you got your headphones with you?
Ich habe sie nicht gehört, dabei war ich wach.	Je ne l'ai pas entendue, pourtant j'étais réveillé.	I didn't hear her although I was awake.

das **Dach**	le toit	roof

dafür	pour ça, en échange, par contre	for it/them; instead; in return; but, on the other hand
Dafür bin ich da.	Je suis là pour ça.	I'm here instead.
Dafür gebe ich dir meine Uhr.	En échange, je te donne ma montre.	I'll give you my watch in return.
Du bist gross, dafür bist du dumm.	Tu es grand ; par contre, tu es bête.	You're big, but you're stupid.

dagegen	contre, par contre, en revanche	against it (räumlich); by comparison (Vergleich)

dahinter	derrière	behind

damals	alors, à cette époque	then, at that time

die **Dame**	la dame	lady

damit	avec, pour, afin que	with it/them; so that
Man kann auch telefonieren damit.	On peut aussi téléphoner avec.	You can also make phone calls with it.
Konzentriere dich, damit du keine Fehler machst.	Concentre-toi pour ne pas faire de fautes.	Concentrate so that you don't make mistakes.

der **Dampf**	la **vapeur**	steam
Nach einer heissen Dusche hat es Dampf im Badezimmer.	Après une douche chaude, il y a de la vapeur dans la salle de bains.	After a hot shower there is steam in the bathroom.
danach	ensuite	afterwards
der **Däne** / die **Dänin**	le, la **Danois/-e**	Dane, Danish
daneben	à côté de	alongside
Dänemark	le **Danemark**	Denmark
dänisch	danois/-e	Danish
der **Dank**	le **remerciement**	thank you, thanks
dank	grâce à	thanks to
Dank dir habe ich mein Buch wiedergefunden.	Grâce à toi, j'ai retrouvé mon livre.	Thanks to you I found my book again.
dankbar	reconnaissant/-e	thankful
danke	merci	thank you
danken	remercier	thank
Wir danken ihm für die Einladung.	Nous le remercions pour l'invitation.	We wish to thank him for the invitation.
dann	puis, alors	then
daran	y, en	to it/them
Daran kann man nichts befestigen.	On ne peut rien y fixer.	You can't attach anything to it.

darauf	**dessus, puis**	**on, on top of it/them; afterwards**
Nichts darauf legen!	Ne rien mettre dessus ! / Ne posez rien dessus !	Don't put anything on top of it!
Darauf hörte er auf.	Puis il a arrêté.	Afterwards he stopped.
darin	**dedans**	**in it/them**
darstellen	**représenter**	**depict, represent**
Was stellt es dar?	Qu'est-ce que ça représente ?	What does that represent?
die **Darstellung**	la **représentation**; l'**affichage (sur l'écran)** m	**depiction, representation**
darüber	**dessus**	**above it/them; about it** (reden)
darunter	**dessous**	**under it/them**
das	**le; la; cela/ça; qui; que**	**the; that; it**
das Portemonnaie, das Haus	le porte-monnaie, la maison	the wallet, the house
Das gefällt mir nicht.	Cela/Ça ne me plaît pas.	I don't like that.
dass	**que**	**that**
die **Datei**	le **fichier**	**file**
die **Daten** (Plural)	les **données** f / les **informations** f	**data**
die **Datenverarbeitung**	le **traitement des données**	**data processing**
die **Dattel**	la **datte**	**date** (Frucht)
das **Datum**	la **date**	**date** (Kalender)
die **Dauer**	la **durée**	**duration**

dauern Dieser Film dauert zu lange.	**durer** Ce film dure trop longtemps.	**last** This film lasts much too long.
dauernd	**tout le temps**	**permanently, all the time**
der **Daumen**	le **pouce**	**thumb**
davon Er isst davon.	**en, de là** Il en mange.	**of it/them, of which** He's eating some of it.
davor	**devant, avant, en**	**in front of, before**
dazu Was wünschen Sie dazu?	**avec cela, pour ça** Que désirez-vous avec cela ?	**in addition** What would you like in addition to that?
dazwischen	**entre les deux, y, entre-temps**	**in between**
die **Decke**	le **plafond** (Zimmerdecke); la **couverture** (Bettdecke)	**ceiling** (Zimmerdecke); **cover** (Bettdecke)
der **Deckel**	le **couvercle**	**lid**
decken Die Mutter deckt das Bébé.	**couvrir** La mère couvre le bébé.	**cover** The mother covers her baby with a blanket.
definieren Wie definieren Sie das?	**définir** Comment le définissez-vous ?	**define** How do you define that?
die **Definition**	la **définition**	**definition**
definitiv	**définitif/-ve**	**definitive**
dein, deine	**ton, ta**	**your**

die **Demokratie**	la **démocratie**	democracy
demokratisch	**démocratique**	democratic
die **Demonstration**	la **manifestation** (politische Kundgebung); la **démonstration** (Vorführung)	protest, demonstration
demonstrieren Muriel demonstriert für gerechte Löhne.	**manifester**; **démontrer** (zeigen) Muriel manifeste pour des salaires justes.	protest; demonstrate (zeigen) Muriel is protesting for equal pay.
denken Ich denke an dich.	**penser à** Je pense à toi.	think · thought · thought I'm thinking of you.
das **Denkmal**	le **monument**	monument
denn	car, donc, alors	because; than (nach Komparativ)
der der Held, der Apfel	le, la, que le héros, la pomme	the, that the hero, the apple
derjenige, diejenige, dasjenige Diejenige, die zuletzt ankommt, hat verloren!	celui, celle Celle qui arrive en dernier a perdu !	he (she, those) who, that (those) which The girl who arrives last is the loser!
deshalb	pour cela, parce que	therefore
das **Design** (aus dem Englischen)	le **design**	design

das Dessert	le dessert	dessert
das Detail	le détail	detail
deutlich	nettement, clairement, clair	clearly
deutsch	allemand/-e	German
Das ist ein deutsches Auto.	C'est une voiture allemande.	That is a German car.
der, die Deutsche	l'Allemand/-e m/f	German
Deutschland	l'Allemagne f	Germany
der Dezember	décembre m	December
im Dezember	en décembre, au mois de décembre	In December
der Dialog	le dialogue	dialogue
dich	te	you
Ich sehe dich.	Je te vois.	I see you.
dicht	épais/-se (Haar, Nebel), dense (Verkehr); serré/-e (Stoff)	thick (Haar, Nebel); dense (Verkehr, Wald); watertight (Dach, Schuhe)
der, die Dichter/-in	le poète, la poétesse	poet
dick	gros/-se, épais/-se	fat, thick (Pullover)
Hast du diese dicken Bären gesehen?	Tu as vu ces gros ours?	Have you seen those fat bears?

die	le; la; les; que; qui	the, that
die Lampe, die Sonne, die Häuser	la lampe, le soleil, les maisons	the lamp, the sun, the houses
Das sind die Tomaten, die Thomas am liebsten hat.	Ce sont les tomates que Thomas préfère.	Those are the tomatoes that Thomas likes best.
der, die **Dieb/-in**	le, la **voleur/-euse**	thief
der **Diebstahl**	le **vol**	theft
dienen	servir	serve
Wozu dient dieses Werkzeug?	A quoi cet outil sert-il?	What purpose does this tool serve?
der **Dienst**	le **service**	service
der **Dienstag**	le **mardi**	Tuesday
dienstags	le **mardi**	on Tuesdays
dieser, diese, dieses	ce, cet, cette	this
diesmal	cette fois-ci	this time, this once
für diesmal	pour cette fois	for this once
die **Differenz**	la **différence**	difference
digital	digital/-e, numérique	digital, numeric
das **Diktat**	la **dictée**	dictation
das **Ding**	le **truc**, la **chose**	thing, object
Ich suche das Ding zum Büchsen-Öffnen.	Je cherche le truc pour ouvrir la boîte.	I'm looking for the thing that opens cans.
das **Diplom**	le **diplôme**	diploma

dir	te	you
Sie gibt dir den Ring.	Elle te donne la bague.	She gives you the ring.
direkt	directement	direct
der, die **Direktor/-in**	le, la **directeur/-trice**	director
der, die **Dirigent/-in**	le, la **chef/-fe d'orchestre**	conductor
die **Disco**	la **disco**, la **boîte**	disco
die **Diskussion**	la **discussion**	discussion, debate
diskutieren	discuter	discuss, debate, talk (about)
Diese Mädchen diskutieren den ganzen Tag.	Ces filles discutent toute la journée.	These girls are talking all day.
die **Distanz**	la **distance**	distance
doch	mais, si	but; yes
das **Dokument**	le **document**	document
dominieren	dominer	dominate
Es ist der Kleinste, der diese Gruppe dominiert.	C'est le plus petit qui domine ce groupe.	It is the smallest one who dominates this group.
der **Donner**	le **tonnerre**	thunder
der **Donnerstag**	le **jeudi**	Thursday
Am Donnerstag habe ich Geburtstag.	Jeudi, j'ai mon anniversaire.	My birthday is on Thursday.

donnerstags	le jeudi	on Thursdays
doppelt	double, deux fois	double, twice
das doppelte Gehalt	le double salaire	double salary
Sie hat doppelt so viele Freunde wie ich auf Facebook.	Elle a deux fois plus d'amis que moi sur Facebook.	She has twice as many friends on Facebook as I have.
das Doppelte	le double	double, twice
das Doppelzimmer	la chambre double	double room
das Dorf	le village	village
dort	là-bas	there
die Dose	la boîte; la prise (de courant) (Elektrizität)	tin (UK), can (US); socket (Elektrizität)
der Draht	le fil métallique	wire
das Drama	le drame	drama
dramatisch	dramatique	dramatic
drängen	pousser, se bousculer; insister (fordern)	push, rush (fordern)
Sie drängen zum Ausgang.	Ils poussent vers la sortie.	They're pushing towards the exit.
drastisch	radical/-e	drastic
draussen	dehors	outside
drehen	tourner	turn
Dreh den Kopf nach links!	Tourne la tête à gauche.	Turn to the left.
drei	trois	three
das Dreieck	le triangle	triangle

dreissig	trente	thirty
dreizehn	treize	thirteen
dringend	urgent/-e	urgent
das **Drittel**	le **tiers**	one-third
dritter, dritte, drittes	troisième	third
die **Droge**	la **drogue**	drug
drohen	menacer	threaten
Der Verbrecher hat gedroht, die Bank zu sprengen.	Le bandit a menacé de faire sauter la banque.	The robber threatened to blow up the bank.
der **Druck**	la **pression**; l'**impression** f (Papier)	**pressure; print** (Papier)
Wir stehen alle unter Druck.	Nous sommes tous sous pression.	We are all under pressure.
drucken	imprimer	print
Kannst du dieses Dokument drucken?	Tu peux imprimer ce document?	Can you print this document?
drücken	appuyer	push
Drück auf den Knopf!	Appuie sur le bouton.	Push this button.
der **Drucker** (Gerät)	l'**imprimante** f	printer
du	tu, toi	you
Kommst du?	Tu viens?	Are you coming?
der **Duft**	l'**odeur** f	scent

dumm	bête, stupide	stupid
die **Dummheit**	la bêtise	stupidity
der **Dünger**	l'engrais m	fertiliser
dunkel	sombre, foncé/-e, obscur/-e	dark
Es ist dunkel.	Il fait sombre.	It's dark.
dunkelblau	bleu foncé	dark blue
die **Dunkelheit**	l'obscurité f	darkness
dünn	mince	thin
durch	par, à travers	by; through
6 dividiert durch 2 gleich 3.	6 divisé par 2, ça fait 3.	6 divided by 2 equals 3.
Er sieht seinen Vater durch das Fenster.	Il voit son père à travers la fenêtre.	He sees his father through the window.
das **Durcheinander**	le désordre, la confusion, le pêle-mêle	disorder, confusion, mess
durchführen	organiser, réaliser (Projekt), effectuer (Arbeit)	organise, implement (Projekt); carry out, complete (Arbeit)
Wir führen eine Sportveranstaltung durch.	Nous organisons une manifestation sportive.	We are organising a sporting event.
der **Durchgang**	le passage	passage
der **Durchmesser**	le diamètre	diameter
die **Durchsage**	le communiqué	announcement

der **Durchschnitt**	la **moyenne**	average
durchsetzen	**imposer**	assert, enforce
Charlotte konnte ihre Idee durchsetzen.	Charlotte a pu imposer son idée.	Charlotte was able to assert her idea.
durchstreichen	**barrer, biffer**	cross out
Streicht die Wörter durch, die ihr bereits verwendet habt.	Barrez les mots que vous avez déjà utilisés.	Cross out the words you have already used.
Streicht die Fehler durch.	Biffez les fautes.	Cross out the mistakes.
dürfen	**pouvoir**	be · was · been allowed
Darf ich fernsehen?	Est-ce que je peux regarder la télé ?	Am I allowed to watch television?
der **Durst**	la **soif**	thirst
durstig	**assoiffé/-e**	thirsty
die **Dusche**	la **douche**	shower
duschen	se **doucher**, **prendre une douche**	shower
Mein Vater duscht jeden Morgen.	Mon père se douche tous les matins.	My father showers every morning.
düster	**sombre; sinistre**	gloomy, dark, shady
ein düsterer Himmel	un ciel sombre	a gloomy sky
düstere Gestalten	des créatures sinistres	shady figures
das **Dutzend**	la **douzaine**	dozen
die **DVD**	le **DVD**	DVD
der **DVD-Player**	le **lecteur DVD**	DVD player

E

die **Ebbe**	la **marée basse**	low tide, ebb
eben	**plat**/-e (Gelände); **justement**	level, flat (Gelände); exactly
Eben!	Justement !	Exactly!
die **Ebene**	le **niveau**/-x; la **plaine** (Gelände)	level (Stufe); plain (Geografie); plane (Mathematik)
ebenfalls	aussi, également, pareillement	also, too, as well, likewise
Ich komme ebenfalls.	Je viens aussi/également.	I'm also coming.
Danke, ebenfalls.	Merci, pareillement.	Thanks, you too!
echt	véritable, naturel/-le, authentique, vrai/-e	genuine, real, authentic
die **Ecke**	le **coin**	corner
der **Effekt**	l'**effet** m, le **résultat**	effect, impact
effektiv	efficace, effectif/-ve, efficacement	effective
effizient	performant/-e, avec efficacité	efficient
egal	peu importe, égal/-e	unimportant; the same
egal welche Farbe	peu importe la couleur	The colour is unimportant.
Das ist mir egal.	Ça m'est égal.	It's all the same to me.
die **Ehe**	le **mariage**	marriage
die **Ehefrau**	la **femme**, l'**épouse**	wife
der **Ehemann**	le **mari**, l'**époux**	husband
das **Ehepaar**	le **couple**	couple

eher	plutôt	**rather** (lieber); **earlier** (früher); **more likely** (wahrscheinlicher)
die **Ehre**	l'**honneur** m	honour
ehrlich	sincère, honnête, franchement	honest, sincere
Seid ehrlich!	Soyez sincère.	Be honest!
das **Ei**	l'**œuf** m	egg
eifersüchtig	jaloux/-ouse	jealous
das **Eigelb**	le **jaune d'œuf**	egg yolk, yolk
eigener, eigene, eigenes	propre, personnel/-le, particulier/-ère	own, personal, particular
die **Eigenschaft**	le (**trait de**) **caractère**, la **qualité**, la **propriété**	trait, quality, property
eigentlich	véritable, réel/-le, en principe, en fait	actually, really, basically
das **Eigentum**	la **propriété**, les **biens** m	property, possessions
sich **eignen**	convenir, être apte à, se prêter à	be · was · been suited, be · was · been suitable
Das eignet sich nicht.	Ça ne convient pas.	It is not suitable.
eilen	se **dépêcher**	hurry
Ihr habt euch nicht beeilt.	Vous ne vous êtes pas dépêchés.	You didn't hurry.
eilig	pressé/-e	**rushed, in a hurry**; **urgent** (wichtig)
Sie hat es eilig.	Elle est pressée.	She's rushed.
der **Eimer**	le **seau**/-x	bucket

ein, eine	un, une	a, an, one
einander	se, nous, vous, l'un l'autre	one another
Sie gleichen einander.	Ils se ressemblent.	They look like one another.
einbauen	installer, monter, insérer, intégrer	install; integrate, fit (in einen Plan)
Mein Vater hat einen neuen Herd eingebaut.	Mon père a installé une nouvelle cuisinière.	My father installed a new cooker.
der, die **Einbrecher/-in**	le, la **cambrioleur/-euse**	burglar
der **Einbruch**	le **cambriolage**; l'**effondrement** m (Einsturz)	break-in
eindeutig	**clair**/-e, **explicite**, **indiscutable**	clear, explicit, certain
der **Eindruck**	l'**impression** f	impression
Ich habe den Eindruck, dass du lügst.	J'ai l'impression que tu mens.	I have the impression you're lying.
einer, eine, eines	un, une, quelqu'un/-e	a, an, one
einerseits	d'un côté	on the one hand
einfach	simple	simple, basic, one-way (Billett)
einfallen	venir à l'esprit	remember, realise, notice
Jetzt fällt es mir ein.	Maintenant, cela me vient à l'esprit.	Now I remember.
das **Einfamilienhaus**	la **maison individuelle**	single-family dwelling
der **Einfluss**	l'**influence** f, l'**effet** m	influence, effect

einfügen	insérer, rajouter	insert, add
Hast den Satz schon eingefügt?	As-tu déjà inséré la phrase ?	Have you already added the sentence?
einführen	introduire, initier	introduce, initiate
Das Jugendzentrum führt neue Regeln ein.	La maison des jeunes introduit de nouvelles règles.	The youth centre is introducing new rules.
die **Einführung**	l'**introduction** f, l'**initiation** f	introduction, initiation
der **Eingang**	l'**entrée** f	entrance
Wo ist der Eingang?	Où est l'entrée ?	Where is the entrance?
eingebildet	prétentieux/-euse (überheblich); imaginaire (vorgestellt)	conceited (überheblich); imagined (vorgestellt)
eingreifen	intervenir	intervene
Die Lehrerin hat sofort eingegriffen.	La prof est intervenue tout de suite.	The teacher intervened immediately.
der **Eingriff**	l'**intervention** f	intervention
einhalten	respecter, garder, maintenir	observe, abide by, keep · kept · kept
Alle haben unsere Regeln eingehalten.	Tout le monde a respecté nos règles.	Everyone observed our rules.
einheimisch	local/-e, indigène	local, indigenous
einheitlich	uniforme, homogène	uniform, homogeneous

einholen	rattraper	catch · caught · caught up
Ihr habt uns eingeholt.	Vous nous avez rattrapés.	You caught up with us.
einig	d'accord	in agreement
einig sein	être d'accord	to be in agreement
einige	quelques	some
die **Einigung**	l'accord m, l'arrangement m	agreement, arrangement
der **Einkauf**	l'achat m	purchase
einkaufen	faire les courses	buy · bought · bought, shop
Wir kaufen ein.	Nous faisons les courses.	We're going shopping.
der **Einkaufswagen**	le chariot	shopping cart
das **Einkaufszentrum**	le centre/-s commercial/-aux	shopping centre
das **Einkommen**	le revenu	income
einladen	inviter	invite
Petra und Simon laden alle ihre Freunde ein.	Petra et Simon invitent tous leurs amis.	Petra and Simon are inviting all their friends.
die **Einladung**	l'invitation f	invitation
einlegen	mettre	put in, insert, place in
Kannst du den Film einlegen?	Peux-tu mettre le film ?	Can you put in the film?
die **Einleitung**	l'introduction f; la **préface** (Buch)	introduction, preface (Buch)
einmal	une fois	once
einmalig	unique	unique

einnehmen	**encaisser; prendre; occuper**	**earn; take · took · taken; occupy**
Geld einnehmen	encaisser de l'argent	to earn money
ein Medikament einnehmen	prendre un médicament	to take medicine
den ersten Platz einnehmen	occuper la première place	to occupy the first seat
einordnen	**classer**	**arrange, order, file, classify**
Wir haben alle Dokumente eingeordnet.	Nous avons classé tous les documents.	We filed all the documents.
einpacken	**mettre; emballer**	**pack; wrap**
Pack deine Sachen in deine Tasche ein!	Mets tes affaires dans ton sac.	Pack your things in your bag.
Mutter packt das Geschenk für Grossmutter ein.	Ma mère emballe le cadeau pour grand-maman.	Mother is wrapping the present for Grandma.
einräumen	**ranger; accorder** (Frist); **admettre** (zugeben)	**put away, arrange; admit** (zugeben)
Ludwig hat alle Bücher in den Schrank eingeräumt.	Louis a rangé tous les livres dans l'armoire.	Louis put away all the books in the bookcase.
einrichten	**aménager**	**furnish** (Möbel); **set up, arrange**
Ich richte mein neues Zimmer ein.	J'aménage ma nouvelle chambre.	I'm setting up my new room.
die **Einrichtung**	l'**aménagement** m (Wohnung); le **mobilier** (Mobiliar)	**furnishings** (Wohnung, Möbel); **installation**, **equipment** (Ausstattung)
eins	**un/-e**	**one**
einsam	**seul/-e, solitaire, isolé/-e**	**lonely, solitary, isolated**
sich einsam fühlen	se sentir seul	to feel lonely
ein einsames Leben	une vie solitaire	a solitary life
ein einsames Dorf	un village isolé	an isolated village

der **Einsatz**	l'**engagement** m; la **mise** (Wette)	**effort** (Anstrengung); **stakes** (Wette)
einschalten	**allumer**	**switch on**
Sie schaltet den Radio ein.	Elle allume la radio.	She is switching on the radio.
einschätzen	**estimer, juger**	**judge** (beurteilen); **estimate** (Wert)
jemanden richtig einschätzen	estimer quelqu'un correctement	to judge someone correctly
einschenken	**verser**	**pour**
Soll ich dir Milch einschenken?	Je te verse du lait ?	Shall I pour you some milk?
einschlafen	**s'endormir**	**fall · fell · fallen asleep**
Gestern konnte ich schlecht einschlafen.	Hier, j'ai eu du mal à m'endormir.	Last night I had trouble falling asleep.
einschlagen	**enfoncer**	**hammer; break · broke · broken (in)** (Tür, Fenster)
Er hat den Nagel in die Wand eingeschlagen.	Il a enfoncé le clou dans le mur.	He hammered the nail into the wall.
einschränken	**limiter, restreindre**	**limit, restrict**
Wir schränken die Ausgaben ein.	Nous limitons les dépenses.	We are limiting our spending.
sich **einschreiben**	**s'inscrire**	**register**
Liselotte schreibt sich für den Sportkurs ein.	Liselotte s'inscrit au cours de sport.	Liselotte is registering for the sports course.
einsehen	**comprendre**	**realise, understand**
Sie hat nun doch eingesehen, dass sie lernen muss.	Elle a enfin compris qu'elle devait apprendre.	She now realises that she has to study.

einsetzen	**mettre, placer**	**enter, put in, insert**
Setze das richtige Wort ein.	Mettez le bon mot.	Enter the correct word.
sich **einsetzen**	s'**investir, soutenir, défendre**	be · was · been committed, work for something
Gabi hat sich sehr für das Projekt eingesetzt.	Gabi s'est beaucoup investie dans le projet.	Gabi was strongly committed to the project.
einstecken	**brancher**	**plug in**
Endlich kann Urs seinen Computer einstecken.	Urs peut enfin brancher son ordinateur.	At last Urs can plug in his computer.
einsteigen	**monter**	**get · got · got in, board**
Sie steigen in den Zug ein.	Ils montent dans le train.	They are boarding the train.
einstellen	**régler**	**set, adjust**
Man muss die Heizung einstellen.	Il faut régler le chauffage.	The heating has to be adjusted.
die **Einstellung**	le **point de vue**, l'**attitude** f; le **réglage** (Technik)	**viewpoint, attitude; setting, adjustment** (Technik)
einstimmig	**unanime**	**unanimous**
eintragen	**inscrire**	**register, put on a list**
Die Lehrerin hat mich in die Liste eingetragen.	La prof m'a inscrit sur la liste.	The teacher put me on the list.
eintreffen	**arriver;** se **réaliser** (Voraussage)	**arrive; happen** (passieren)
Sie sind schon gestern eingetroffen.	Ils sont déjà arrivés hier.	They arrived yesterday.
eintreten	**entrer**	**enter, come · came · come in**
Treten Sie bitte ein!	Entrez, s'il vous plaît.	Come in, please!

der **Eintritt**	l'**entrée** f	admission
die **Eintrittskarte**	le **billet (d'entrée)**	ticket
einverstanden	d'accord	in agreement, agreed
Na gut, einverstanden!	Bon, d'accord !	Ok, agreed!
der **Einwanderer** / die **Einwanderin**	l'**immigré**/-e m/f	immigrant
der, die **Einwohner**/-in	l'**habitant**/-e m/f	inhabitant
die **Einzelheit**	le **détail**	detail
das **Einzelkind**	l'**enfant unique** m	only child
einzeln	un à un, seul/-e	individual, single
das **Einzelzimmer**	la **chambre individuelle**	single room
einziehen	emménager; rentrer	move in; retract
Wir sind vor drei Tagen in die Wohnung eingezogen.	Nous avons emménagé dans l'appartement il y trois jours.	We moved into the apartment three days ago.
Die Katze zieht die Krallen ein.	Le chat rentre ses griffes.	The cat is retracting its claws.
einzig	seul/-e	only
einzigartig	unique	unique
das **Eis**	la **glace**	ice; ice cream (Dessert)
die **Eisbahn**	la **patinoire**	ice rink
das **Eisen**	le **fer**	iron

die Eisenbahn	le train	railway (UK), railroad (US)
das Eishockey	le hockey sur glace	ice hockey
der Eiswürfel	le glaçon	ice cube
das Eiweiss	le blanc d'œuf (Ei); la protéine (Lebensmittel)	egg white (Ei); protein (Lebensmittel)
der Elefant	l'éléphant m	elephant
elegant	élégant/-e, chic	elegant
elektrisch	électrique	electric
das elektrische Kabel	le fil électrique	electric cable
die Elektrizität	l'électricité f	electricity
elektronisch	électronique	electronic
das Element	l'élément m	element
elf	onze	eleven
der Ellbogen	le coude	elbow
die Eltern (Plural)	les parents m	parents
die E-Mail	l'e-mail m, le courriel	e-mail
die E-Mail-Adresse	l'adresse électronique f	e-mail address
der Empfang	la réception	reception

empfangen	accueillir	receive, welcome
Sie haben uns gut empfangen.	Ils nous ont bien accueillis.	We were warmly received.
der, die **Empfänger/-in**	le, la **destinataire**	recipient
empfehlen	recommander	recommend
Sie empfehlen uns dieses Restaurant.	Ils nous recommandent ce restaurant.	They recommend this restaurant.
die **Empfehlung**	la **recommandation**	recommendation
empfinden	éprouver, ressentir	feel · felt · felt
Ich empfinde nichts für diese Person.	Je n'éprouve rien pour cette personne.	I feel nothing for this person.
empfindlich	sensible, susceptible (leicht zu beleidigen)	sensitive
das **Ende**	la **fin**, le **bout**	end
Die Ferien sind schon zu Ende.	C'est déjà la fin des vacances.	The holiday is already at an end.
enden	finir, cesser, se **terminer**	end, finish, terminate
Wie wird das enden?	Comment ça va finir ?	How will it end?
endgültig	définitif/-ve	definitive, final
endlich	enfin	at last, finally
die **Endstation**	le **terminus**	terminal, final station

die **Energie**	l'**énergie** f	**energy**
eng	**étroit**/-e; **moulant**/-e (Kleider)	**narrow** (Gassen); **close** (Beziehung); **tight** (Kleider)
sich **engagieren**	s'**engager**	**engage, commit, involve** (oneself)
Er engagiert sich für unser Projekt.	Il s'engage pour notre projet.	He's engaged himself in our project.
der **Engel**	l'**ange** m	**angel**
England	l'**Angleterre** f	**England**
der, die **Engländer**/-in	l'**Anglais**/-e m/f	**English, Englishman/Englishmen, English woman/women**
englisch	**anglais**/-e	**English**
der, die **Enkel**/-in	le **petit-fils**, la **petite-fille**	**grandchild/grandchildren**
enorm	**énorme**	**enormous**
entdecken	**découvrir**	**discover, find · found · found**
Auf dem Estrich habe ich die Zeugnisse von Papa entdeckt.	Au grenier, j'ai découvert les bulletins scolaires de papa.	I found Dad's old school report cards in the attic.
die **Entdeckung**	la **découverte**	**discovery, find**
die **Ente**	le **canard**	**duck**
sich **entfernen**	s'**éloigner**	**leave · left · left**
Entfernt euch nicht von der Gruppe!	Ne vous éloignez pas du groupe.	Don't leave the group.

die **Entfernung**	la **distance**	**distance**
Felix misst die Entfernung zwischen den Kugeln.	Félix mesure la distance entre les boules.	Felix is measuring the distance between the spheres.
entführen	**enlever, kidnapper**	**kidnap**
Das Kind wurde entführt.	L'enfant a été enlevé.	The child has been kidnapped.
entgegen	**vers** (in Richtung); **contrairement à** (im Gegensatz)	**towards** (in Richtung); **contrary, against** (im Gegensatz)
enthalten	**contenir**; s'**abstenir**	**contain; abstain**
Dieses Getränk enthält keinen Alkohol.	Cette boisson ne contient pas d'alcool.	This drink contains no alcohol.
Ich habe mich der Stimme enthalten.	Je me suis abstenu.	I abstained from voting.
entkommen	s'**échapper,** se **sauver**	**escape**
Der Dieb konnte entkommen.	Le voleur a pu s'échapper.	The thief was able to escape.
entlang	le **long de**	**along**
Der Weg führt entlang des Flusses.	Le chemin mène le long de la rivière.	The path runs along the river.
entlassen	**licencier, libérer**	**fire, let · let · let go**
Sie haben ihn entlassen.	Ils l'ont licencié.	They fired him.
entscheiden	**décider**	**decide**
Entscheide, mit wem du arbeiten willst!	Décide avec qui tu veux travailler.	Decide with whom you want to work.
sich **entscheiden**	se **décider**	**decide**
Die Klasse hat sich für die Reise entschieden.	La classe s'est décidée pour le voyage.	The class decided for the trip.

die **Entscheidung**	la **décision**	decision
entschieden	résolu/-e, catégorique, décidé/-e	resolute, categoric, decided
entschuldigen Entschuldigen Sie bitte!	excuser Excusez-moi.	excuse Excuse me.
sich **entschuldigen** Entschuldige dich sofort!	s'excuser, présenter ses excuses Excuse-toi tout de suite.	apologise Apologise right now!
Entschuldigung!	Excusez-moi !	Sorry! Excuse me!
sich **entspannen** Heute Abend entspannen wir uns.	se détendre, se relaxer Ce soir, nous nous détendons.	relax Tonight we're going to relax.
entsprechend	correspondant/-e, approprié/-e	corresponding
enttäuschen Du enttäuschst mich.	décevoir Tu me déçois.	disappoint You disappoint me.
enttäuscht	déçu/-e	disappointed
die **Enttäuschung**	la déception	disappointment
entweder … oder	ou (bien) … ou (bien), soit … soit	either … or
entwerten Ich entwerte mein Bahnbillett.	composter; dévaloriser (Währung) Je composte mon billet de train.	cancel, validate I'm validating my train ticket.
entwickeln Er hat seine Ideen am Bildschirm entwickelt.	développer Il a développé ses idées à l'écran.	develop He developed his ideas on the computer screen.

die **Entwicklung**	le **développement**, l'**évolution** f	development
das **Entwicklungsland**	le **pays en voie de développement**	developing country
der **Entwurf**	le **projet**, l'**ébauche** f	draft
er	il, lui	he
Er tritt ein.	Il entre.	He came in.
erbrechen	vomir	vomit, throw · threw · thrown up
Das Monster erbricht alle Wörter.	Le monstre vomit tous les mots.	The monster vomits all the words.
die **Erbse**	le **petit pois**	pea
das **Erdbeben**	le **tremblement de terre**	earthquake
die **Erdbeere**	la **fraise**	strawberry
die **Erde**	la **terre**	earth
das **Erdgeschoss**	le **rez-de-chaussée**	ground floor
die **Erdkugel**	le **globe (terrestre)**	globe
das **Ereignis**	l'**événement** m	event, incident
erfahren	**apprendre**; **découvrir** (entdecken)	learn, hear · heard · heard, find · found · found out
Ich habe erfahren, dass ihr umziehen werdet.	J'ai appris que vous allez déménager.	I heard you will be moving away.
die **Erfahrung**	l'**expérience** f	experience

erfinden	inventer	invent
Wir erfinden eine neue Maschine.	Nous inventons une nouvelle machine.	We are inventing a new machine.

die **Erfindung**	l'**invention** f	**invention**

der **Erfolg**	le **succès**	**success**
Was für ein Erfolg! Unsere Klasse hat den Wettbewerb gewonnen.	Quel succès ! Notre classe a gagné le concours.	What a success! Our class won the competition.

erfolgreich	couronné/-e de succès, réussi	**successful**

erfreulich	réjouissant/-e	**pleasing**

erfreut	enchanté/-e, réjoui/-e	**pleased**

erfrischend	rafraîchissant/-e	**refreshing**

erfüllen	remplir; exaucer; satisfaire	**fulfil, meet · met · met**
Das Gerät erfüllt seinen Zweck.	L'appareil remplit sa fonction.	The device fulfils its purpose.
jemandem einen Wunsch erfüllen	exaucer le vœu de quelqu'un	to fulfil someone's wish
die Anforderungen erfüllen	satisfaire les exigences	to meet the requirements

ergänzen	compléter	**complete**
Ergänzt den Satz!	Complétez la phrase.	Complete the sentence.

sich **ergeben**	se **rendre**	**surrender**
Der Feind hat sich ergeben.	L'ennemi s'est rendu.	The enemy surrendered.

das **Ergebnis**	le **résultat**	result
ergreifen	saisir	take · took · taken, grasp
Wir haben die Gelegenheit ergriffen.	Nous avons saisi l'occasion.	He took the opportunity.
erhalten	recevoir	receive
Ich habe eine gute Nachricht erhalten.	J'ai reçu une bonne nouvelle.	I received good news.
erhältlich	en vente, disponible	available
erheblich	considérable, important/-e, substantiel/-le	considerable, substantial
erhitzen	(faire) chauffer	heat up
Wir erhitzen die Milch.	Nous faisons chauffer le lait.	We're heating up the milk.
erhoffen	attendre, espérer	expect something from, hope for
Alice erhofft sich viel von dieser Reise.	Alice attend beaucoup de ce voyage.	Alice is expecting a lot from this trip.
erhöhen	rehausser; augmenter	raise, increase
Sie haben die Bühne erhöht.	Ils ont rehaussé la scène.	They raised the stage.
Sie haben die Preise erhöht.	Ils ont augmenté les prix.	They increased the prices.
die **Erhöhung**	l'**augmentation** f, la **hausse**	increase
sich **erholen**	se **reposer**, **récupérer**	recover, recuperate
Sie hat sich erholt.	Elle s'est reposée.	She recovered.

erinnern	**rappeler**	**remind**
Erinnerst du mich daran, meine Jacke zu nehmen?	Tu me rappelles de prendre ma veste ?	Will you remind me to take my jacket?
sich **erinnern**	se **rappeler**, se **souvenir**	**remember, recall**
Ich erinnere mich nicht.	Je ne me rappelle pas.	I do not remember.
die **Erinnerung**	le **souvenir**	**memory; reminder** (Mahnung); **souvenir** (Andenken)
erkältet	**enrhumé/-e**	**have · had · had a cold**
die **Erkältung**	le **refroidissement**, le **rhume**	**cold**
erkennbar	**visible**	**recognisable, visible**
Das Signal ist nicht erkennbar.	Le signal n'est pas visible.	The signal is not visible.
erkennen	**reconnaître, identifier**	**recognise; identify** (identifizieren)
Priska erkennt Herrn Walcher, ihren Lehrer der 1. Klasse.	Prisca reconnaît M. Walcher, son instituteur en première année.	Priska recognises Mr Walcher, her first-grade teacher.
die **Erkenntnis**	la **connaissance**, la **découverte**	**realisation; finding** (Studie)
erklären	**expliquer**	**explain**
Selina erklärt das Projekt gut.	Selina explique bien le projet.	Selina is explaining the project well.
die **Erklärung**	l'**explication** f	**explanation**
sich **erkundigen**	se **renseigner**	**enquire, ask**
Wir haben uns beim Lehrer erkundigt.	Nous nous sommes renseignés chez le professeur.	We asked the teacher.

erlauben	permettre, autoriser	permit, allow
Sie erlaubt mir zu kommen.	Elle me permet de venir.	She permits me to come along.
die **Erlaubnis**	la permission, l'autorisation f	permission, authorisation
erläutern	expliquer	explain, describe
Laurent hat uns die Regeln erläutert.	Laurent nous a expliqué les règles.	Laurent explained the rules to us.
erleben	passer, vivre	experience, have · had · had
Wir haben schöne Ferien erlebt.	Nous avons passé de belles vacances.	We had a nice holiday.
das **Erlebnis**	l'expérience f	experience
erledigen	accomplir	finish, accomplish, do · did · done
Wir haben unsere Aufgabe erledigt.	Nous avons accompli notre devoir.	We finished our assignment.
erleiden	subir, endurer	suffer, endure
Sie musste grosse Schmerzen erleiden.	Elle a dû subir de grandes douleurs.	She had to endure great pain.
die **Ermässigung**	la réduction	reduction
ermitteln	identifier; calculer (Summe); déterminer (feststellen)	identify; determine (bestimmen)
Der Kommissar hat den Täter ermittelt.	Le commissaire a identifié le coupable.	The superintendent identified the perpetrator.
die **Ermittlungen**	l'enquête f	investigation, enquiry

ermorden	assassiner	murder, assassinate
Er wurde ermordet.	Il a été assassiné.	He was murdered.
ermüdend	fatigant/-e	tiring
die **Ernährung**	l'alimentation f, la nourriture	food, diet, nutrition
ernst	grave, sérieux/-euse	serious
ernsthaft	sérieusement	serious
die **Ernte**	la récolte	harvest
ernten	récolter	harvest
Der Bauer erntete viele Äpfel.	Le paysan a récolté beaucoup de pommes.	The farmer harvested a lot of apples.
erobern	conquérir	capture, conquer
Sie eroberten die Burg.	Ils ont conquis le château fort.	They captured the castle.
die **Eröffnung**	l'ouverture f, l'inauguration f	opening, inauguration
erraten	deviner	guess
Das wirst du nie erraten.	Tu ne le devineras jamais.	You will never guess.
erreichen	atteindre	reach, achieve
Wir erreichten endlich den Gipfel.	Nous avons enfin atteint le sommet.	We finally reached the peak.
das **Ersatzteil**	la pièce de rechange	spare part, replacement

erscheinen	**apparaître, paraître**	**appear; seem** (scheinen)
Der Mond erscheint hinter den Wolken.	La lune apparaît derrière les nuages.	The moon appears from behind the clouds.
erschrecken	**faire peur à; avoir peur**	**frighten, scare**
Sie hat mich erschreckt.	Elle m'a fait peur.	She frightened me.
Ich bin erschrocken.	J'ai eu peur.	I was scared.
ersetzen	**remplacer**	**replace**
Wir ersetzen die Scheibe.	Nous remplaçons la vitre.	We're replacing the window pane.
die **Ersparnisse** (Plural)	les **économies** f	**savings**
erst	**d'abord** (zuerst); **seulement** (nur)	**first** (zuerst); **only, just** (nur)
erstaunlich	**étonnant/-e, surprenant/-e**	**surprising, amazing**
erstaunt	**étonné/-e**	**surprised, amazed**
erster, erste, erstes	**premier/-ère**	**first**
ertragen	**supporter**	**tolerate, stand · stood · stood**
Ich ertrage diesen Lärm nicht mehr.	Je ne supporte plus ce bruit.	I can't tolerate this noise any longer.
ertrinken	se **noyer**	**drown**
Das Mädchen ertrank im Fluss.	La petite fille s'est noyée dans la rivière.	The girl drowned in the river.

erwachen Luca ist erwacht.	se **réveiller** Lucas s'est réveillé.	**wake · woke · woken up** Lucas woke up.
erwachsen der, die **Erwachsene** Eintritt nur für Erwachsene.	**adulte** l'**adulte** m/f Entrée réservée aux adultes.	**adult** **adult** Admission for adults only.
erwähnen Sie hat deinen Namen nie erwähnt.	**mentionner, citer** Elle n'a jamais mentionné ton nom.	**mention** She never mentioned your name.
erwarten Wir erwarten das von dir!	**attendre** Nous attendons ça de toi.	**expect** We expect that from you.
erweitern Die Gemeinde erweitert die Strasse.	**élargir, étendre, agrandir** La commune élargit la rue.	**widen, enlarge, extend, expand** The municipality is widening the street.
die **Erweiterung**	l'**élargissement** m, l'**extension** f	**expansion, extension**
erwischen Die Polizei hat den Dieb erwischt.	**attraper** La police a attrapé le voleur.	**catch · caught · caught** The police caught the thief.
erzählen Erzähl mir eine Geschichte!	**raconter** Raconte-moi une histoire.	**tell · told · told** Tell me a story.

der, die	**Erzähler/-in**	le, la **conteur/-euse**, le, la **narrateur/-trice**	narrator
die	**Erzählung**	le **conte**, le **récit**	story
die	**Erziehung**	l'**éducation** f	education
	es	**il, elle, le, la, ça**	it
	Es ist warm.	Il fait chaud.	It's warm.
	Er sieht es.	Il le/la voit.	He sees it.
	Es gefällt mir.	Ça me plaît.	I like it.
der	**Esel**	l'**âne** m	donkey
das	**Essen**	le **repas**, la **nourriture**	meal, food
	essen	**manger**	eat · ate · eaten, have · had · had a meal
	Wir essen viel Käse.	Nous mangeons beaucoup de fromage.	We eat a lot of cheese.
der	**Essig**	le **vinaigre**	vinegar
das	**Esszimmer**	la **salle à manger**	dining room
	Meine Familie isst im Esszimmer.	Ma famille dîne dans la salle à manger.	My family eats in the dining room.
der	**Estrich** (CH)	le **grenier**	attic
das	**Etui**	l'**étui** m	case
	etwa	**environ**	approximately, roughly, about, around
	etwas	**quelque chose**	something

die **EU**	l'UE	EU
euch	vous	you
Ich freue mich, euch zu sehen.	Je suis contente de vous voir.	I'm happy to see you.
euer, eure	votre	your
Das ist euer Koffer.	C'est votre valise.	That is your suitcase.
die **Eule**	la **chouette**, le **hibou**/-x	owl
der **Euro**	l'**euro** m	euro
Europa	l'Europe f	Europe

der, die **Europäer/-in**	l'Européen/-ne m/f	European
europäisch	européen/-ne	European
eventuell	éventuellement	possibly
ewig	éternel/-le	eternal, forever
exakt	exact/-e, précis/-e	exact, precise
die **Existenz**	l'existence f	existance
existieren	exister	exist
Das existiert ja gar nicht.	Cela n'existe pas.	That doesn't exist.
die **Exkursion**	l'excursion f	excursion
das **Experiment**	l'expérience f	experiment
der **Experte** die **ExpertIn**	l'expert/-e m/f	expert
die **Explosion**	l'explosion f	explosion
extrem	extrême	extreme

F

die **Fabel**	la **fable**	fable
die **Fabrik**	l'**usine** f	factory

das **Fach** — la **matière**; le **casier**; le **compartiment** (Schrank, Koffer) — subject; box; compartment (Schrank, Koffer)

Französisch ist ein Fach in der Schule. — Le français est une matière à l'école. — French is a subject at school.

Leg dein Heft in mein Fach! — Mets ton cahier dans mon casier. — Put your exercise book in my box.

die **Fachhochschule**	la **haute école spécialisée**	university of applied sciences
der **Fachmann** / die **Fachfrau**	le, la **spécialiste**	specialist
Faden	le **fil**	thread
fähig	capable	capable

Er ist fähig, dies alleine zu tun. — Il est capable de faire ça tout seul. — He is capable of doing this alone.

die **Fähigkeit**	la **capacité**, la **faculté**	ability, skill
die **Fahne**	le **drapeau**/-x	flag
die **Fähre**	le **bac**, le **ferry-boat**	ferry
fahren	conduire	drive · drove · driven; ride · rode · ridden

Frau Fankhauser fährt einen Autobus. — Mme Fankhauser conduit un autobus. — Mrs Fankhauser drives a bus.

Zug fahren — prendre le train — to ride on the train

der, die	**Fahrer/-in**	le, la **conducteur/-trice**	driver, chauffeur
	Fahrgast	le, la **passager/-ère**	passenger
der	**Fahrplan**	l'**horaire** m	timetable (UK), schedule (US)
	Wo ist der Fahrplan?	Où est l'horaire ?	Where's the timetable?
das	**Fahrrad**	la **bicyclette**	bicycle, bike
die	**Fahrt**	le **trajet**	journey, trip
das	**Fahrzeug**	le **véhicule**	vehicle
	fair	**correct/-e, équitable, juste**	fair
der	**Faktor**	le **facteur**	factor
der	**Fall**	le **cas** (Angelegenheit; Grammatik); la **chute** (Sturz)	**case** (Angelegenheit, Grammatik); **fall** (Sturz)
die	**Falle**	le **piège**	trap
	fallen	**tomber**	fall · fell · fallen
	Bist du aus dem Bett gefallen?	Tu es tombé du lit ?	Did you fall out of bed?
	falls	**si, au cas où**	**if**
	falls nötig	si nécessaire	if necessary
	falls möglich	si possible	if possible
	falsch	**faux/fausse**	wrong, incorrect, false
	falschspielen	**tricher**	cheat
	Heiner spielt falsch.	Heiner triche.	Heiner cheats.
das	**Faltblatt**	le **dépliant**	leaflet, brochure, flyer
	falten	**plier**	fold
	Faltet jetzt das Blatt!	Maintenant, pliez la feuille.	Now fold the sheet of paper.

die **Familie**	la **famille**	family
der **Familienname**	le **nom de famille**	**surname** (UK), **last name** (US)
fangen	attraper	catch · caught · caught
Fang den Ball!	Attrape le ballon.	Catch the ball!
die **Fantasie**	l'**imagination** f	imagination, fantasy
fantastisch	fantastique	fantastic
die **Farbe**	la **couleur**; la **peinture** (zum Streichen)	**colour**; **paint** (zum Streichen)
der **Farbstift**	le **crayon de couleur**	coloured pencil
fassen	prendre, saisir	**grab, grasp, take** · **took** · **taken hold of**; **make** · **made** · **made** (Beschluss)
Wir haben einen Beschluss gefasst.	Nous avons pris une décision.	We've made a resolution.
die **Fassung**	le **sang-froid**; la **version** (Text); la **monture** (Brille)	**composure** (Ruhe); **version** (Text); **frame** (Brille)
die Fassung bewahren	garder son sang-froid	to maintain composure
fast	presque	almost
faul	paresseux/-euse	lazy
die **Faust**	le **poing**	fist
der, die **Favorit/-in**	le, la **favori/-te**	favourite
der **Februar**	**février** m	February
die **Feder**	la **plume**; le **ressort** (technisch)	**feather**; **spring** (technisch)

fehlen	manquer	miss; be · was · been missing (or absent); lack
Mein Bruder fehlt mir.	Mon frère me manque.	I miss my brother.
Es fehlte ihm der Mut.	Il a manqué de courage.	He lacked the courage.
der **Fehler**	la faute	mistake, error, fault
die **Feier**	la fête	party, celebration, festivities
der **Feierabend**	la fin de la journée de travail, l'heure de fermeture f	evening, end of work day, closing time
feiern	fêter	celebrate, party (US)
Wir feiern Lucas Geburtstag.	Nous fêtons l'anniversaire de Luca.	We're celebrating Luca's birthday.
der **Feiertag**	le jour férié	public holiday
feige	lâche	cowardly
Ihr seid feige.	Vous êtes lâches.	You're cowardly.
fein	fin/-e	fine
der, die **Feind/-in**	l'ennemi/-e m/f	enemy
das **Feld**	le champ; la case (Spielbrett); le cadre (Formular)	field
der **Fels**	le rocher	cliff
das **Fenster**	la fenêtre	window
der **Fensterladen**	le volet	shutter

die **Fensterscheibe**	la **vitre**	window pane
die **Ferien** (Plural)	les **vacances** f	**holiday(s)** (UK), **vacation** (US)
Schöne Ferien.	Bonnes vacances.	Have a good holiday.
das **Ferienlager**	la **colonie de vacances**	holiday camp
fernsehen	**regarder la télé**	watch television
Ich kann in meinem Zimmer fernsehen.	Je peux regarder la télé dans ma chambre.	I can watch television in my room.
der **Fernseher**	la **télévision**	TV set, TV, television
die **Ferse**	le **talon**	heel
fertig	**fini/-e, terminé/-e**	**finished, completed**
Wir sind fertig.	Nous avons fini.	We are finished.
das **Fest**	la **fête**	celebration, party
fest	**solide, ferme, fixe**	**solid** (nicht flüssig); **firm** (nicht weich); **fixed** (unverrückbar); **permanent** (ständig)
festhalten	**retenir**	hold · held · held
Sie hielt mich am Arm fest.	Elle me retenait le bras.	She held me by the arm.
das **Festival**	le **festival**	festival
festlegen	**fixer, définir**	**fix, specify**
Er legt das Datum fest.	Il fixe la date.	He's fixing a date.

festnehmen	**arrêter**	**arrest**
Die Polizei hat den Dieb festgenommen.	La police a arrêté le voleur.	The police arrested the thief.
feststellen	**constater, établir**	**notice, ascertain, establish**
Wir haben festgestellt, dass viele Bücher fehlen.	Nous avons constaté qu'il manque beaucoup de livres.	We have noticed that a lot of books are missing.
das **Fett**	la **graisse**	**fat, grease**
fett	**gras/-se**	**fatty; bold** (Schrift)
Das ist sehr fettes Fleisch.	C'est une viande très grasse.	This is very fatty meat.
feucht	**humide**	**damp; humid** (Luft)
Dieses Handtuch ist noch feucht.	Cette serviette est encore humide.	This towel is still damp.
das **Feuer**	le **feu/-x**	**fire; light** (Zigarette)
die **Feuerwehr**	les **pompiers**	**fire brigade** (UK), **fire department** (US)

das **Feuerwerk**	le **feu/-x d'artifice**	**fireworks**
das **Feuerzeug**	le **briquet**	**cigarette lighter**
das **Fieber**	la **fièvre**	**fever**
Hat Charlotte Fieber?	Est-ce que Charlotte a de la fièvre ?	Has Charlotte got a fever?
die **Figur**	la **silhouette**; la **pièce** (Schach); le **personnage** (Roman)	**figure**; **piece** (Schach); **character** (Roman)
die **Filiale**	la **succursale**, l'**agence** f	**subsidiary, branch**

der **Film**	le **film**	film, movie
das **Finale**	la **finale**	finale
finanzieren	**financer**	**finance**
Wir finanzieren unsere Reise selbst.	Nous finançons notre voyage nous-mêmes.	We are financing the trip ourselves.
finden	**trouver**	**find · found · found**
Hast du etwas zu essen gefunden?	As-tu trouvé quelque chose à manger ?	Have you found something to eat?
der **Finger**	le **doigt**	finger
der **Fingernagel**	l'**ongle** m	fingernail
Deine Fingernägel sind zu lang.	Tes ongles sont trop longs.	Your fingernails are too long.
die **Firma**	l'**entreprise** f	company, firm
der **Fisch**	le **poisson**	fish
fischen	**pêcher**	**fish**
Bei meinem Onkel habe ich fischen gelernt.	J'ai appris à pêcher avec mon oncle.	My uncle taught me how to fish.
das **Fischen**	la **pêche**	fishing
fit	**en forme**	**fit, healthy, in good shape**
flach	**plat**/-e	**flat**
die **Fläche**	la **surface**, la **superficie**	surface, area
das **Flachland**	la **plaine**	plain, lowland

die **Flagge**	le **drapeau**/-x	flag
die **Flamme**	la **flamme**	flame
die **Flasche**	la **bouteille**	bottle
der **Flaschenöffner**	l'**ouvre-bouteille** m, le **décapsuleur**	bottle opener
der **Fleck**	la **tache**	spot, stain
Es hat einen grossen Saucenfleck auf dem Tischtuch.	Il y a une grande tache de sauce sur la nappe.	There's a big sauce stain on the tablecloth.
das **Fleisch**	la **viande**	meat
das Hackfleisch	la viande hachée	minced meat
fleissig	travailleur/-euse, studieux/-euse, appliqué/-e	hard-working
flexibel	flexible, souple	flexible
flicken	réparer	mend, repair
Er flickt sein Velo.	Il répare son vélo.	He is repairing his bicycle.
die **Fliege**	la **mouche**	fly
fliegen	voler	fly · flew · flown
Der Vogel fliegt.	L'oiseau vole.	The bird is flying.
fliehen	s'enfuir	flee · fled · fled, escape
Der Fuchs flieht.	Le renard s'enfuit.	The fox is fleeing.
fliessen	couler	flow
Das Wasser fliesst.	L'eau coule.	The water is flowing.
der **Floh**	la **puce**	flea

der **Flohmarkt**	le **marché aux puces**	flea market
die **Flöte**	la **flûte**	flute
fluchen	jurer	curse, swear · swore · sworn
Hört auf zu fluchen!	Arrêtez de jurer.	Stop swearing!
die **Flucht**	la **fuite**, l'**évasion** f (aus Gefängnis)	flight, escape (aus Gefängnis)
flüchten	fuir	flee · fled · fled, escape, run · ran · run away
Wir flüchten vor den Touristen.	Nous fuyons les touristes.	We're escaping from the tourists.
der **Flüchtling**	le, la **réfugié/-e**	refugee
der **Flug**	le **vol**	flight
der **Flügel**	l'**aile** f; le **piano à queue** (Klavier)	wing; grand piano (Klavier)
Der Vogel hat einen gebrochenen Flügel.	L'oiseau a une aile cassée.	The bird has a broken wing.
der **Flughafen**	l'**aéroport** m	airport
das **Flugzeug**	l'**avion** m	aircraft, plane
der **Fluss**	la **rivière**, le **fleuve**	river
flüssig	liquide	liquid
die **Flüssigkeit**	le **liquide**	liquid
flüstern	chuchoter	whisper
Wer flüstert?	Qui chuchote ?	Who is whispering?
die **Flut**	la **marée haute** (Gezeiten); les **flots** (Wassermassen) m	tide (Gezeiten); flood (Wassermassen)

der **Föhn**	le **sèche-cheveux**, le **foehn** (CH; auch Wind)	**hairdryer**; **warm wind** (Wind)
die **Folge**	la **conséquence**; l'**épisode** (TV) m	**consequence**; **episode** (TV)
folgen Folgt dem Reiseführer!	**suivre**; **obéir** (gehorchen) Suivez le guide.	**follow**; **obey** (gehorchen) Just follow the guide.
fordern Wir fordern eine Erklärung!	**exiger, revendiquer, demander** Nous exigeons une explication.	**demand, ask for; require** We demand an explanation!
die **Forderung**	l'**exigence** f, la **revendication**, la **demande**	**demand, requirement**
die **Forelle**	la **truite**	**trout**
die **Form**	la **forme**	**form**
formatieren Ich habe diese Seite noch nicht formatiert.	**formater** Je n'ai pas encore formaté cette page.	**format** I haven't formatted this page yet.
die **Formel**	la **formule**	**formula**
formen Der Bäcker formt ein Brot.	**former** Le boulanger forme un pain.	**form, shape** The baker is forming a loaf.
das **Formular**	le **formulaire**	**form**
formulieren Wie formuliert man das?	**formuler** Comment formule-t-on ça ?	**formulate** How do you formulate that?

$E = mc^2$

	German	French	English
der, die	**Forscher/-in**	le, la **chercheur/-euse**	researcher
die	**Forschung**	la **recherche (scientifique)**	research
	fortfahren	**continuer;** **partir** (wegfahren)	continue; leave · left · left (wegfahren)
	Fahrt mit der Übung fort!	Continuez l'exercice.	Continue with the exercise.
der	**Fortschritt**	le **progrès**	progress
	fortsetzen	**poursuivre, continuer**	continue
	Hat er die Reise fortgesetzt?	Est-ce qu'il a poursuivi son voyage ?	Has he continued his journey?
die	**Fortsetzung**	la **suite**	continuation
das	**Foto**	la **photo**	photograph, picture
	Klara macht schöne Fotos.	Clara fait de belles photos.	Clara takes excellent photographs.
der	**Fotoapparat**	l'**appareil photo** m	camera
der, die	**Fotograf/-in**	le, la **photographe**	photographer
	fotografieren	**photographier, prendre une photo**	photograph, take · took · taken a picture
	Fotografiere dieses Haus!	Photographie cette maison.	Take a picture of this house.
der	**Fotokopierer**	la **photocopieuse**	photocopier

die **Frage**	la **question**	question
Ich habe eine Frage.	J'ai une question.	I have a question.
Kommt nicht in Frage!	Pas question !	That doesn't come into question!
der **Fragebogen**	le **questionnaire**	questionnaire
Peter zwingt uns, den Fragebogen auszufüllen.	Pierre nous force à remplir le questionnaire.	Peter made us complete the questionnaire.
fragen	**demander,** **poser une question**	ask
Ich frage die Lehrerin, ob Franziska krank ist.	Je demande à la maîtresse si Françoise est malade.	I will ask the teacher if Franziska is ill.
der **Franken**	le **franc**	franc
Frankreich	la **France**	France
der **Franzose** die **Französin**	le, la **Français/-e**	French, Frenchman/Frenchmen, French woman/women
das **Französisch**	le **français**	French
französisch	**français/-e**	French
die **Frau**	la **femme;** Madame, Mme	woman; wife/wives; Mrs
Da ist eine Frau.	Voilà une femme.	There is a woman.
Frau Schmidt	Mme Schmidt	Mrs Schmidt
frei	libre	free
frei haben	avoir congé	have · had · had off
Freiburg	Fribourg	Fribourg

die **Freiheit**	la **liberté**	**freedom**
Der Adler ist wieder in Freiheit.	L'aigle est de nouveau en liberté.	The eagle was given back its freedom when it was released into the wild.
der **Freitag**	le **vendredi**	**Friday**
freitags	le **vendredi**	**on Fridays**
freiwillig	**bénévole**, **facultatif**/-ve, de plein gré	**voluntary** (aus freien Stücken); **optional** (nicht obligatorisch)
der, die **Freiwillige**	le, la **volontaire**, le, la **bénévole**	**volunteer**
die **Freizeit**	les **loisirs**, le **temps libre**	**free time**, **leisure time**
die **Freizeitbeschäftigung**	le **passe-temps**	**leisure time activity**
fremd	**étranger**/-ère	**foreign** (ausländisch); **strange** (unbekannt)
der, die **Fremde**	l'**étranger**/-ère m/f	**foreigner** (Ausländer); **stranger** (Unbekannte)
die **Fremdsprache**	la **langue étrangère**	**foreign language**
fressen	**dévorer**, **manger**	**eat · ate · eaten**
Der Löwe frisst viel Fleisch.	Le lion dévore beaucoup de viande.	The lion eats a lot of meat.
die **Freude**	la **joie**	**joy**, **pleasure**, **happiness**

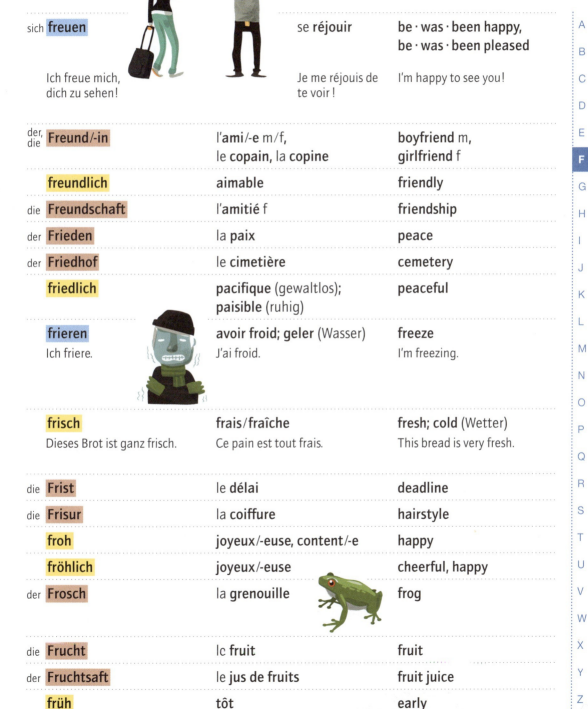

sich **freuen**		se **réjouir**	be · was · been happy, be · was · been pleased
Ich freue mich, dich zu sehen!		Je me réjouis de te voir!	I'm happy to see you!
der, die **Freund/-in**		l'**ami**/-e m/f, le **copain**, la **copine**	boyfriend m, girlfriend f
freundlich		aimable	friendly
die **Freundschaft**		l'**amitié** f	friendship
der **Frieden**		la **paix**	peace
der **Friedhof**		le **cimetière**	cemetery
friedlich		**pacifique** (gewaltlos); **paisible** (ruhig)	peaceful
frieren		avoir **froid**; **geler** (Wasser)	freeze
Ich friere.		J'ai froid.	I'm freezing.
frisch		**frais**/**fraîche**	**fresh**; **cold** (Wetter)
Dieses Brot ist ganz frisch.		Ce pain est tout frais.	This bread is very fresh.
die **Frist**		le **délai**	deadline
die **Frisur**		la **coiffure**	hairstyle
froh		**joyeux**/-euse, **content**/-e	happy
fröhlich		**joyeux**/-euse	cheerful, happy
der **Frosch**		la **grenouille**	frog
die **Frucht**		le **fruit**	fruit
der **Fruchtsaft**		le **jus de fruits**	fruit juice
früh		tôt	early

früher	**plus tôt; autrefois**	**earlier, in the past**
Morgen werde ich früher aufstehen.	Demain, je vais me lever plus tôt.	Tomorrow I will get up earlier.
Früher hatten die Leute mehr Zeit.	Autrefois, les gens avaient plus de temps.	In the past, people had more time.
der **Frühling**	le **printemps**	spring
das **Frühstück**	le **petit-déjeuner**	breakfast
der **Fuchs**	le **renard**	fox
sich **fühlen**	se **sentir**	feel · felt · felt
Sie fühlt sich nicht gut.	Elle ne se sent pas bien.	She doesn't feel well.
führen	**diriger, mener**	**manage; lead · led · led**
Frau Pfister führt eine Firma.	Mme Pfister dirige une entreprise.	Mrs Pfister manages a company.
Dieser Weg führt zur Schule.	Ce chemin mène à l'école.	This road leads to the school.
der **Führerschein**	le **permis (de conduire)**	**driving licence** (UK), **driver's license** (US)
die **Führung**	la **visite guidée** (Museum); la **gestion** (Firma)	**guided tour** (Museum); **management** (Firma)
füllen	**remplir**	**fill**
Hast du die Giesskanne gefüllt?	Tu as rempli l'arrosoir ?	Have you filled the watering can?
das **Fundbüro**	le **bureau/-x des objets trouvés**	**lost property office** (UK), **lost and found** (US)

fünf	cinq	five
fünfter, fünfte, fünftes	cinquième	fifth
fünfzehn	quinze	fifteen
fünfzig	cinquante	fifty
die **Funktion**	la fonction	function
funktionieren	fonctionner	function, work
Mein Radio funktioniert noch.	Ma radio fonctionne encore.	My radio still works.
für	pour	for
furchtbar	terrible, affreux/-euse	terrible, awful
sich **fürchten**	avoir peur de, craindre	be · was · been afraid
Samantha fürchtet sich vor Gewittern.	Samantha a peur des orages.	Samantha is afraid of storms.
der **Fuss**	le pied	foot
der **Fussball**	le football	football, soccer (US)
Während der Pause spielen wir Fussball.	Pendant la récréation, nous jouons au football.	We play football during the break.
der **Fussballplatz**	le terrain de football	football field, soccer field (US)
der, die **Fussgänger/-in**	le, la piéton/-ne	pedestrian
füttern	nourrir; doubler (Kleider)	feed · fed · fed; line (Kleider)
Hast du die Gänse schon gefüttert?	As-tu déjà nourri les oies ?	Have you already fed the geese?

G

die **Gabel**	la **fourchette**	fork
der **Gang**	le **couloir**; la **vitesse** (Auto)	corridor; gear (Auto)
die **Gans**	l'**oie** f	goose/geese

ganz — tout/-e — whole, entire
Der Hund hat die ganze Wurst gegessen. — Le chien a mangé toute la saucisse. — The dog ate the whole sausage.

gar — pas — not
gar nicht — pas du tout — not at all
gar nichts — absolument rien — nothing at all
gar kein — aucun/-e — not any

die **Garage**	le **garage**	garage

garantieren — garantir — guarantee
Ich garantiere dir, dass es dir gelingen wird. — Je te garantis que tu réussiras. — I guarantee that you will succeed.

die **Garderobe**	le **vestiaire**	cloakroom; wardrobe (Möbel)
der **Garten**	le **jardin**	garden
das **Gas**	le **gaz**	gas
der **Gast**	l'**invité**/-e m/f, l'**hôte** m	guest
der, die **Gastgeber/-in**	l'**hôte**/-esse m/f	host m, hostess f
das **Gebäck**	les **pâtisseries** f	pastries, baked goods

das **Gebäude**	le **bâtiment**	building
geben	**donner**	give · gave · given
Gib mir die Hand.	Donne-moi la main.	Give me your hand.
das **Gebet**	la **prière**	prayer
das **Gebiet**	le **territoire** (politisch); la **région** (geografisch); le **domaine** (Bereich)	region, area
geboren werden	**naître**	be · was · been born
Hans ist am 12. März geboren worden.	Jean est né le 12 mars.	Hans was born on 12 March.
der **Gebrauch**	l'**usage** m, l'**emploi** m	usage
die **Gebrauchsanweisung**	le **mode d'emploi**	instructions for use
gebräunt	**bronzé/-e**	tanned
die **Gebühr**	la **taxe**, le **tarif**	fee, tariff
die **Geburt**	la **naissance**	birth
das **Geburtsdatum**	la **date de naissance**	date of birth
Welches ist dein Geburtsdatum?	Quelle est ta date de naissance ?	What is your date of birth?
der **Geburtstag**	l'**anniversaire** m	birthday
Herzlichen Glückwunsch zum Geburtstag!	Bon anniversaire !	Happy birthday!
das **Geburtstagsfest**	la **fête d'anniversaire**	birthday party

das **Gedächtnis**	la **mémoire**	memory
der **Gedanke**	la **pensée**, l'**idée** f	thought
das **Gedicht**	le **poème**	poem
die **Geduld**	la **patience**	patience
Es braucht viel Geduld.	Il faut beaucoup de patience.	It takes a lot of patience.
geehrt		dear
Sehr geehrte Damen und Herren	Mesdames et Messieurs	Dear Sir or Madam
geeignet	qui convient, adéquat/-e, approprié/-e	suitable, appropriate
die **Gefahr**	le **danger**	danger, risk
gefährden	mettre en danger, nuire à, compromettre	put at risk, endanger
Dein Verhalten gefährdet deine Kollegen.	Ton comportement met en danger tes collègues.	Your behaviour puts your colleagues at risk.
gefährlich	dangereux/-euse	dangerous
gefallen	plaire	like
Dieser Film gefällt mir gut.	Ce film me plaît.	I like this film.
der, die **Gefangene**	le, la **prisonnier**/-**ère**	prisoner
das **Gefängnis**	la **prison**	prison
das **Geflügel**	la **volaille**	poultry

das **Gefühl**	le **sentiment** (seelisch); la **sensation** (Sinneswahrnehmung); l'**intuition** f (Vorahnung)	feeling
gegen	contre	against
die **Gegend**	la **région**	region, area
der **Gegensatz**	le **contraire**, les **différences** f	opposite
gegenseitig	**mutuel**/-le, **réciproque**	mutual, reciprocal
der **Gegenstand**	l'**objet** m	object
das **Gegenteil**	le **contraire**	opposite
gegenüber Es hat eine Apotheke gegenüber dem Bahnhof.	en face, vis-à-vis Il y a une pharmacie en face de la gare.	opposite, across from There is a pharmacy opposite the station.
die **Gegenwart**	le **présent**, l'**époque actuelle** f	present
der, die **Gegner**/-in	l'**adversaire** m/f	opponent, adversary
geheim	**secret**/-ète	secret
das **Geheimnis**	le **secret**; le **mystère** (Unergründliches)	secret; mystery (Unergründliches)
gehen Wo geht ihr hin? Ich gehe zu Fuss. Gehst du mit dem Auto? Geht auf dem Trottoir!	aller, marcher Où allez-vous? Je vais à pied. Tu vas en voiture? Marchez sur le trottoir!	go · went · gone, walk Where are you going? I'm walking. Are you going by car? Walk on the sidewalk.

das **Gehirn**	le **cerveau**/-x	brain
gehorchen	**obéir**	obey
Willi und Peter gehorchen nie.	Willi et Pierre n'obéissent jamais.	Willi and Peter never obey the rules.
gehören	**appartenir**	belong
Dieses Buch gehört Julia.	Ce livre appartient à Julie.	This book belongs to Julia.
gehörlos	**sourd**/-e	deaf
die **Geige**	le **violon**	violin
das **Gelächter**	les **rires** m	laughter
das **Gelände**	le **terrain**	terrain
gelb	**jaune**	yellow
das **Geld**	l'**argent** m	money
Ich habe kein Geld.	Je n'ai pas d'argent.	I don't have any money.
der **Geldschein**	le **billet (de banque)**	bank note
gelegen	**situé**/-e; **opportun**/-e (passend)	**situated** (Ort); **opportune** (passend)
die **Gelegenheit**	l'**occasion** f	opportunity
gelegentlich	de temps en temps, à l'occasion	from time to time, occasionally

das Gelenk	l'articulation f; le joint (technisch)	joint
gelingen	réussir	succeed
Ihm gelingt alles.	Tout lui réussit.	He succeeds at everything.
gelten	être valable	apply, be · was · been valid
Die Regeln gelten auch für dich.	Les règles sont aussi valables pour toi.	The rules also apply to you.
das Gemälde	le tableau/-x, la peinture	painting
gemein	méchant/-e, vache	mean, nasty
die Gemeinde	la commune	municipality, town
der Gemeinderat	le conseil municipal/-aux, le conseil communal/-aux	municipal council, town council
gemeinsam	ensemble, en commun	together, jointly
das Gemüse	le légume	vegetable
Sie kaufen das Gemüse auf dem Markt.	Ils achètent les légumes au marché.	They buy their vegetables from the market.
gemütlich	douillet/-te, confortable (bequem); agréable (angenehm)	comfortable (bequem); pleasant (angenehm)
das Gen	le gène	gene
genau	précis/-e, exactement	precise, exact, accurate

genauso	tout aussi, de même	just as
die **Generation**	la **génération**	generation
generell	**général**/-e	general
Genf	Genève	Geneva
genial	**génial**/-e	brilliant, ingenious
geniessen	**profiter de, savourer**	**enjoy, savour**
Wir geniessen die Ferien.	Nous profitons des vacances.	We are enjoying our holidays.
Wir geniessen das Esssen.	Nous savourons le repas.	We are savouring this meal.
genug	**assez**	**enough**
Ich habe genug!	J'en ai assez !	I've had enough!
genügen	**suffire**	**suffice, be · was · been adequate**
Seine Leistungen genügen nicht.	Ses résultats ne sont pas suffisants.	His performance is not adequate.
genügend	**suffisamment, suffisant**/-e	**sufficient, adequate, enough**
der **Genuss**	le **plaisir**, le **régal** (Essen)	pleasure, enjoyment
die **Geografie**	la **géographie**	geography
das **Gepäck**	les **bagages** m	luggage

die Gepäckaufbewahrung	la consigne	left luggage
gerade	droit/-e	straight
gerade (Zahl)	pair/-e	even
geradeaus	tout droit	straight ahead
das Gerät	l'ustensile m, l'appareil m, l'outil m	instrument, appliance, device, tool
das Geräusch	le bruit	noise, sound
gerecht	juste	just, fair
die Gerechtigkeit	la justice	justice
das Gericht	le tribunal/-aux (Justiz); le plat (Speise)	court (Justiz); dish (Speise)
gering	petit/-e, insignifiant/-e; bas/-se (Höhe)	little, small; insignificant (unbedeutend); low (Höhe)
gern	volontiers	like; gladly, with pleasure
gern haben	aimer	to like someone or something
gern machen	aimer faire	to like doing something
Gern!	Volontiers.	Gladly!
der Geruch	l'odeur f	smell, odour, scent
das Gerücht	le bruit, la rumeur	rumour
der Gesang	le chant	singing, song
das Geschäft	le magasin (Laden); l'affaire f (Handel)	shop (Laden); business (Handel)

geschehen	se **passer**, **arriver**	**happen**, **occur**, take · took · taken place
Etwas Unglaubliches ist geschehen.	Quelque chose d'incroyable s'est passé.	Something unbelievable has happened.
das **Geschenk**	le **cadeau**/**-x**	**gift**, **present**
die **Geschichte**	l'**histoire** f	**history** (Vergangenheit); **story** (Erzählung)
geschickt	**adroit**/**-e**, **habile**	**skillful**
geschieden	**divorcé**/**-e**	**divorced**
das **Geschirr**	la **vaisselle**	**dishes**
Die Kinder spülen das Geschirr.	Les enfants font la vaisselle.	The children will wash the dishes.
der **Geschirrspüler**	le **lave-vaisselle**	**dishwasher**
das **Geschlecht**	le **sexe** (biologisch); le **genre** (Grammatik)	**sex** (biologisch); **gender** (Grammatik)
geschlossen	**fermé**/**-e**	**closed**
der **Geschmack**	le **goût**	**taste**
die **Geschwindigkeit**	la **vitesse**	**speed**
die **Geschwister** (Plural)	les **frères et sœurs**	**brothers and sisters, siblings**
die **Gesellschaft**	la **société**, la **compagnie**	**society**; **company** (Firma)
das **Gesetz**	la **loi**	**law**

das	Gesicht	le visage, la figure	face
	gespannt	captivé/-e (Zuschauer); curieux/-euse (Neugier)	tense (Zuschauer); curious (Neugier)
das	Gespenst	le fantôme	ghost
das	Gespräch	la conversation, la discussion	conversation, discussion
	gestalten	organiser, décorer, créer	organise, design
	Wie willst du diese Seite gestalten?	Comment veux-tu organiser cette page ?	How do you want to organise this page?
	gestehen	avouer	admit
	Ich gestehe, den Kuchen gegessen zu haben.	J'avoue avoir mangé le gâteau.	I admit that I ate the cake.
	gestern	hier	yesterday
	gestreift	rayé/-e	striped
das	Gesuch	la requête	request
	gesund	sain/-e, en bonne santé	healthy
die	Gesundheit	la santé	health
das	Getränk	la boisson	drink
das	Getreide	les céréales f	cereal, grain

getrennt	séparé/-e	separated
die **Gewalt**	la **violence**; le **pouvoir** (politisch)	**violence**; **power** (politisch)
gewaltig	énorme	huge, enormous
das **Gewicht**	le **poids**	weight
der **Gewinn**	le **gain**, l'**enrichissement** m, le **bénéfice**	**profit**, **gain** (Geld); **benefit** (Vorteil); **prize** (Wettbewerb)
gewinnen Elisabeth gewinnt einen schönen Preis.	gagner Elisabeth gagne un beau prix.	win · won · won Elisabeth wins a lovely prize.
der, die **Gewinner/-in**	le, la **gagnant/-e**, le **vainqueur**	winner
das **Gewissen**	la **conscience**	conscience
das **Gewitter**	l'**orage** m	storm
sich **gewöhnen** Ich habe mich an die Kälte gewöhnt.	s'**habituer à**, **prendre l'habitude de** Je me suis habitué au froid.	get · got · got used to I got used to the cold.
die **Gewohnheit**	l'**habitude** f	habit
gewöhnlich	ordinaire, habituel/-le, banal/-e	ordinary, common, usual
gewohnt zu gewohnter Stunde etwas gewohnt sein	habituel/-le à l'heure habituelle être habitué/-e à quelque chose	usual; used to at the usual time to be used to something

das **Gewürz**	l'**épice** f	spice
gezielt	**ciblé**/-e	targeted
giessen	**arroser**; **verser**	**water**; **pour**
Anne giesst die Blumen.	Anne arrose les fleurs.	Anne is watering the flowers.
Kurt giesst heisses Wasser in die Tasse.	Kurt verse de l'eau chaude dans la tasse.	Kurt is pouring hot water into the cup.
die **Giesskanne**	l'**arrosoir** m	watering can
das **Gift**	le **poison**, le **venin** (von Tieren)	**poison**; **venom** (von Tieren)
giftig	**venimeux**/-euse (Tier), **toxique** (Substanz)	**poisonous**, **toxic** (Substanz); **venomous** (Tier)
der **Gipfel**	le **sommet**; le **comble**	summit, peak
Jetzt sind wir auf dem Gipfel.	Maintenant, nous sommes sur le sommet.	Now we are on the summit.
Das ist der Gipfel!	C'est le comble !	That beats everything!
das **Gipfeli** (CH)	le **croissant**	croissant
die **Gitarre**	la **guitare**	guitar
die **Glace** (CH)	la **glace**	ice cream
glänzen	**briller**	**shine** · **shone** · **shone**
Das Auto glänzt in der Sonne.	La voiture brille au soleil.	The car shines in the sunlight.
glänzend	**brillant**/-e	shiny, brilliant, glossy
Glarus	Glaris	Glarus
das **Glas**	le **verre**	glass
glatt	**lisse** (Oberfläche); **glissant**/-e (rutschig)	**smooth** (Oberfläche); **slippery** (rutschig)

das **Glatteis**	le **verglas**	black ice
der **Glaube**	la **croyance**, la **foi**	belief, faith
glauben	croire	think · thought · thought, believe
Glaubt ihr, dass es morgen regnen wird?	Croyez-vous qu'il va pleuvoir demain ?	Do you think it will rain tomorrow?
gleich	**égal**/-e/-aux, **pareil**/-le	equal, the same
die **Gleichberechtigung**	l'**égalité des droits** f l'**égalité hommes-femmes** f	equality, equal rights
gleichen	**ressembler à**	resemble
Sie gleicht ihrer Mutter sehr.	Elle ressemble beaucoup à sa mère.	She strongly resembles her mother.
das **Gleichgewicht**	l'**équilibre** m	balance
gleichzeitig	**en même temps**, **simultané**/-e	at the same time, simultaneously
das **Gleis**	la **voie**	track, platform
die **Globalisierung**	la **mondialisation**, la **globalisation**	globalisation
der **Globus**	le **globe**	globe
die **Glocke**	la **cloche**	bell
das **Glück**	la **chance**; le **bonheur** (Zufriedenheit)	luck; happiness (Zufriedenheit)
Sie haben Glück gehabt. Viel Glück!	Vous avez eu de la chance. Bonne chance !	You were lucky. Good luck!

glücklich	heureux/-euse	lucky (Glück haben); happy (zufrieden)
glücklicherweise	heureusement	fortunately, luckily
die Glückwünsche (Plural)	les félicitations f	congratulations
das Gold	l'or m	gold
der Gott	le dieu/-x	god
der Götti (CH) die Gotte (CH)	le parrain, la marraine	godfather, godmother
die Göttin	la déesse	goddess
das Grab	la tombe	grave
graben Das Kaninchen gräbt ein Loch.	creuser Le lapin creuse un trou.	dig · dug · dug The rabbit is digging a hole.
das Grad Es ist 5 Grad unter Null.	le degré Il fait moins 5 degrés.	degree It is 5 degrees below zero.
das Gramm	le gramme	gram
die Grammatik	la grammaire	grammar
das Gras	l'herbe f	grass
gratis	gratuit/-e	free
gratulieren Die Lehrerin gratuliert mir zum Geburtstag.	féliciter L'institutrice me félicite pour mon anniversaire.	congratulate The teacher congratulates me on my birthday.
grau	gris/-e	grey

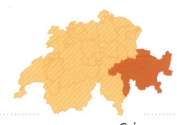

Graubünden	les Grisons	Grisons
grausam	cruel/-le	cruel
greifen	mettre la main dans, saisir	reach
Sie griff in ihre Tasche.	Elle a mis la main dans son sac.	She reached into her bag.
nach einem Buch greifen	saisir un livre	to reach for a book
der, die Greis/-in	le vieillard, la vieille femme	old man m, old woman f
die Grenze	la frontière (Trennlinie); la limite (Endpunkt)	border, boundary (Trennlinie); limit (Ober-/Untergrenze)
der Griff	la poignée	handle, grip
der Grill	le barbecue, le gril	grill, barbecue
grillieren	griller	grill, barbecue
Wir grillieren unsere Würste.	Nous grillons nos saucisses.	We are grilling our sausages.
grinsen	ricaner	grin
Hört auf zu grinsen!	Arrêtez de ricaner.	Stop grinning!
die Grippe	la grippe	influenza, flu
grob	grossier/-ère (Person), gros/-se (Salz), approximatif/-ve (ungefähr)	coarse (Person), rough (Oberfläche); approximate (ungefähr)
gross	grand/-e	large, big
die Grösse	la grandeur (Eigenschaft); la taille (Kleider, Körper); la pointure (Schuhe)	size; greatness (Persönlichkeit)
die Grosseltern (Plural)	les grands-parents m	grandparents

die **Grossstadt**	la **métropole**	city
der **Grossvater**	le **grand-père**,	grandfather,
die **Grossmutter**	la **grand-mère**	grandmother
grosszügig	**généreux**/-euse	generous
grün	**vert**/-e	green
der **Grund**	la **raison**, le **motif**	reason
gründen	fonder, créer	found
Wir haben einen Verein gegründet.	Nous avons fondé un club.	We founded a club.
die **Grundlage**	la **base**	basis, foundation
grundlegend	**essentiel**/-le	essential, fundamental
grundsätzlich	**fondamental**/-e, en principe	fundamental, basic
das **Grundstück**	le **terrain**	plot of land, property
die **Gründung**	la **fondation**, la **création**	foundation, establishment
die **Gruppe**	le **groupe**	group
die **Grüsse**	les **salutations** f	greetings
grüssen	saluer	greet, say · said · said hello
Tim grüsst mich immer.	Tim me salue toujours.	Tim always greets me.
gültig	valable	valid
das **Gummiband**	l'**élastique** m	rubber band

günstig	**bon marché** (Preis); **favorable** (Situation)	**cheap** (Preis); **favourable** (Situation)
Jetzt sind die Aprikosen günstig.	Maintenant, les abricots sont bon marché.	Apricots are cheap now.

die **Gurke** — le **concombre** — cucumber

der **Gurt** — la **ceinture** — belt

gut	**bon/-ne, bien**	**good, well**
gute Besserung	Bon rétablissement !	Get well soon!
guten Tag	bonjour	Good day
guten Abend	bonsoir	Good evening
Das ist gut.	C'est bien.	That's good.

das **Gymnasium** — le **lycée**, le **collège**, le **gymnase** — high school, college

H

das **Haar**	le **cheveu/-x**, le **poil** (Tier, Pinsel)	hair
Renate hat lange Haare.	Renate a les cheveux longs.	Renate has long hair.
die **Haarbürste**	la **brosse**	hairbrush
der **Haarschnitt**	la **coupe**	haircut
der **Haarspray**	la **laque**, le **spray pour cheveux**	hair spray
haben	**avoir**	have · had · had
Ich hatte einen Unfall.	J'ai eu un accident.	I had an accident.
der **Hafen**	le **port**	port
der **Häftling**	le, la **détenu/-e** m/f, le, la **prisonnier/-ère**	prisoner
der **Hahn**	le **coq**; le **robinet** (Wasser)	cockerel, rooster; tap (Wasser)
der **Hai**	le **requin**	shark
halb	**demi/-e**	half
eine halbe Stunde	une demi-heure	a half hour
das **Halbfinale**	la **demi-finale**	semifinal
die **Hälfte**	la **moitié**	half
die **Halle**	le **hall**, la (grande) **salle**	hall

das	**Hallenbad**	la **piscine couverte**	indoor swimming pool
	Hallo!	**Salut !**, **Allô !** (am Telefon)	**Hello!**, **Hi!**
der	**Hals**	le **cou**; la **gorge** (Rachen)	**neck**; **throat** (Rachen)
die	**Halskette**	le **collier**	**necklace**
die	**Halsschmerzen** (Plural)	le **mal**/**maux de gorge**	**sore throat**
das	**Halstuch**	l'**écharpe** f	**scarf**
der	**Halt**	la **halte**	**stop**
	Halt!	**Halte !**	**stop!**
	halten	**tenir**; **stopper** (anhalten)	**hold · held · held**; **stop** (anhalten)

Peter hält die Leine. — Pierre tient la laisse. — Peter is holding the rope.

die	**Haltestelle**	l'**arrêt** m	**stop** (Bus, Tram)
der	**Hamburger**	le **hamburger**	**hamburger**
der	**Hammer**	le **marteau**/**-x**	**hammer**
der	**Hamster**	le **hamster**	**hamster**
die	**Hand**	la **main**	**hand**
die	**Handarbeit**	le **travail**/**-aux manuel**/**-s**	**handicraft**
	handeln	**agir**; **fair du commerce** (Wirtschaft)	**act**; **trade** (Wirtschaft); **deal · dealt · dealt with** (Geschäft abschliessen)

Sie handeln, ohne zu überlegen. — Ils agissent sans réfléchir. — They act without thinking.

der, die	**Händler/-in**	le, la **marchand**/**-e**	**dealer**

die	**Handlung**	l'**action** f	**action**
der	**Handschuh**	le **gant**	**glove**
die	**Handtasche**	le **sac à main**	**handbag**
das	**Handtuch**	la **serviette**	**towel**
der, die	**Handwerker/-in**	l'**artisan/-e** m/f	**craftsman**
das	**Handy**	le **portable**, le **natel** (CH)	**mobile phone, cell phone** (US)
der	**Hang**	la **pente**	**slope**
	hängen	**pendre**	**hang · hung · hung**
	Die Wäsche hängt an der Sonne.	Le linge pend au soleil.	The washing is hanging in the sun.
die	**Hardware**	le **hardware**, le **matériel informatique**	**hardware**
	harmlos	**inoffensif/-ve** (ungefährlich); **bénin/-igne** (Krankheit)	**harmless**
	hart	**dur/-e**	**hard**
der	**Hass**	la **haine**	**hatred**
	hassen	**détester, haïr**	**hate**
	Ich hasse Fliegen.	Je déteste les mouches.	I hate flies.
	hässlich	**laid/-e, moche**	**ugly**
der	**Haufen**	le **tas**	**pile, heap**
	häufig	**souvent, fréquemment**	**often, frequently**
die	**Hauptrolle**	le **rôle principal**, le **premier rôle**	**leading role**
	hauptsächlich	**essentiellement**	**mainly**
die	**Hauptstadt**	la **capitale**	**capital**

das **Haus**	la **maison**	house
die **Hausaufgabe**	les **devoirs** m	homework
die, der **Hausfrau/-mann**	la **ménagère**, l'**homme au foyer**	**housewife**/**housewives**, **house husband** m
der **Haushalt**	le **ménage**	household
das **Haustier**	l'**animal**/**-aux domestique** m	pet
die **Haustür**	la **porte d'entrée**	front door
der, die **Hauswart/-in**	le, la **concierge**	janitor
die **Haut**	la **peau**/**-x**	skin
heben Alle, die einverstanden sind, heben die Hand.	**lever**; **soulever** (Gewicht) Tous ceux qui sont d'accord lèvent la main.	**raise**; **lift** (Gewicht) All those in favour, please raise a hand.
das **Heft**	le **cahier**	exercise book, notebook
heftig	**violent**/**-e**, **vif**/**-ve**	strong, severe, intense
die **Heidelbeere**	la **myrtille**	blueberry
heilen Er ist geheilt.	**guérir**; **cicatriser** (Wunde) Il est guéri.	cure, heal He is cured.
heilig	**sacré**/**-e** (Gegenstand); **saint**/**-e** (Ort, Person)	sacred, holy
das **Heim**	le **foyer**	home
die **Heimat**	le **pays d'origine**, le **pays natal**	homeland
heimlich	**en cachette**, **clandestin**/**-e**	secret
der **Heimweg**	le **chemin du retour**	way home

heiraten	se **marier**, **épouser**	**marry**
Unsere Nachbarn heiraten nächste Woche.	Nos voisins se marient la semaine prochaine.	Our neighbours are marrying next week.
heiss	**chaud**/-e, **brûlant**/-e	**hot**
heissen	s'**appeler**; **vouloir dire**	**be · was · been called; name is/are; mean · meant · meant** (bedeuten)
Ich heisse Bond, James Bond. Das will nichts heissen.	Je m'appelle Bond, James Bond. Ça ne veut rien dire.	My name is Bond – James Bond. That means nothing.
der **Heissluftballon**	la **montgolfière**	**hot air balloon**
heiter	**gai**/-e (lustig); **clair**/-e (Wetter)	**cheerful** (lustig); **fine** (Wetter)
heizen	**chauffer**	**heat**
Unser Ofen heizt nicht sehr gut.	Notre four ne chauffe pas très bien.	Our oven does not heat very well.
die **Heizung**	le **chauffage**	**heating**
der, die **Held/-in**	le **héros**, l'**héroïne** f	**hero** m, **heroine** f
helfen	**aider**, **assister**	**help, assist**
Können Sie mir helfen, bitte?	Pouvez-vous m'aider, s'il vous plaît?	Can you help me, please?
der, die **Helfer/-in**	l'**assistant**/-e m/f	**helper, assistant**
der **Helikopter**	l'**hélicoptère** m	**helicopter**

hell	clair/-e	light
der Helm	le casque	helmet
das Hemd	la chemise	shirt
herausfinden	trouver, découvrir, identifier	find · found · found out, discover
Grossmutter hat herausgefunden, wie man SMS schreibt.	Grand-maman a trouvé comment écrire des SMS.	Grandmother found out how to send an SMS.
die Herausforderung	le défi, le challenge	challenge
herausgeben	rendre, restituer	give · gave · given change; issue, publish (Buch)
Sie hat mir das Wechselgeld herausgegeben.	Elle m'a rendu la monnaie.	She gave me my change.
herauskommen	sortir	come · came · come out
Komm da heraus!	Sors de là.	Come out of there!
herausnehmen	sortir, retirer	take · took · taken out
Der Gangster hat die Pistole herausgenommen.	Le gangster a sorti le pistolet.	The gangster took out his gun.
der Herbst	l'automne m	autumn (UK), fall (US)
der Herd	la cuisinière	cooker (UK), stove (US)
die Herde	le troupeau/-x	herd

hereinkommen	entrer	come · came · come in
Sie ist hereingekommen.	Elle est entrée.	She came in.
die **Herkunft**	l'**origine** f	origin
der **Herr**	Monsieur	Mr
Herr Müller	M. Müller	Mr Müller
herrlich	magnifique, superbe	splendid, magnificent, superb
herrschen	régner	rule, reign (over)
Der König herrscht über sein Land.	Le roi règne sur son pays.	The king reigns over the country.
herstellen	fabriquer; instaurer	manufacture, make · made · made; establish
Was stellen Sie her?	Qu'est-ce que vous fabriquez ?	What do you manufacture?
Ordnung herstellen	instaurer l'ordre	to establish order
der, die **Hersteller/-in**	le, la **fabricant/-e**	manufacturer, maker
die **Herstellung**	la **fabrication**, la **production**	manufacture, production
herumliegen	traîner	lie · lay · lain around
Deine Sachen liegen immer noch herum.	Tes affaires traînent toujours.	Your things are still lying around.
herunterkommen	descendre	descend, come · came · come down
Sie sind die Treppe heruntergekommen.	Ils sont descendus par l'escalier.	They came down the stairs.

herunterladen	**télécharger**	**download**
Ich habe die Datei heruntergeladen.	J'ai téléchargé le fichier.	I downloaded the file.
herunterlassen	**baisser, faire descendre**	**lower, let down**
Lasst die Storen herunter, bitte!	Baissez les stores, s'il vous plaît.	Lower the shutters, please.
hervorheben	**faire ressortir**	**highlight, emphasise**
Wir haben die wichtigen Wörter hervorgehoben.	Nous avons fait ressortir les mots les plus importants.	We emphasised the most important words.
hervorragend	**excellent/-e, remarquable**	**excellent, outstanding**
das **Herz**	le **cœur**	heart
herzig	**mignon/-ne**	cute
herzlich	**chaleureux/-euse, cordial/-e**	warm, cordial
das **Heu**	le **foin**	hay
die **Heuschrecke**	la **sauterelle**	locust, grasshopper
heute	**aujourd'hui**	today
hier	**ici**	**here**
Ich bin nicht von hier.	Je ne suis pas d'ici.	I am not from here.
hier ist, hier sind	voici, voilà	here it is, here they are
die **Hilfe**	l'**aide** f, le **secours**	**help**
Danke für deine Hilfe.	Merci de ton aide.	Thanks for your help.
Hilfe!	Au secours !	Help!
Er ist verletzt, er braucht Hilfe.	Il est blessé, il a besoin de secours.	He's injured and needs help.
hilflos	**sans défense, désemparé/-e**	helpless

das **Hilfsmittel**	le **moyen**, l'**outil de travail** m	**aid, tool**
die **Himbeere**	la **framboise**	**raspberry**
der **Himmel**	le **ciel/cieux**	**sky** (astronomisch); **heaven** (religiös)
Himmel und Hölle (Spiel)	la **marelle**	**hopscotch**
Wir spielen gerne Himmel und Hölle.	Nous aimons jouer à la marelle.	We like playing hopscotch.
die **Hin- und Rückfahrt**	l'**aller retour** m	**round trip**
hinausgehen	**sortir**	**go · went · gone out**
Gehen wir hinaus?	On sort ?	Shall we go out?
hindern	**empêcher**	**prevent**
Sie haben uns nicht daran gehindert hineinzugehen.	Ils ne nous ont pas empêché d'entrer.	They did not prevent us from entering.
das **Hindernis**	l'**obstacle** m	**obstacle**
hineingehen	**entrer**	**enter, go · went · gone in**
Sie geht ins Zimmer hinein.	Elle entre dans la chambre.	She enters the room.
hingegen	**en revanche, par contre**	**however, but; on the other hand** (andererseits)
sich **hinlegen**	**s'allonger, se coucher**	**lie · lay · lain down**
Er hat sich hingelegt.	Il s'est allongé.	He lay down.

hinlegen	**poser, déposer**	**place, put down**
Erwin hat die Tasche in der Küche hingelegt.	Erwin a posé le sac dans la cuisine.	Erwin put the bag down in the kitchen.
hinnehmen	**accepter**	**accept**
Sie nehmen das nicht mehr hin.	Ils ne l'acceptent plus.	They no longer accept it.
hinstellen	**mettre, déposer**	**place, put**
Stell das nicht hierhin!	Ne mets pas ça ici.	Don't put it there!
hinten	**derrière**	**behind, at the back**
hinter	**derrière**	**behind**
der **Hintergrund**	l'**arrière-plan** m, le **fond**	**background**
hinterlassen	**laisser; léguer** (Erbe)	**leave · left · left**
Onkel Karl hat eine Nachricht hinterlassen.	Oncle Charles a laissé un message.	Uncle Charles left a message.
hinuntergehen	**descendre**	**go · went · gone down, descend**
Sie ist in den Keller hinuntergegangen.	Elle est descendue à la cave.	She went down into the cellar.
der **Hinweis**	l'**indication** f (Auskunft, Mitteilung); l'**indice** m (Anzeichen)	**information** (Auskunft, Mitteilung); **indication** (Anzeichen)
hinweisen	**indiquer, faire remarquer**	**draw · drew · drawn someone's attention to, indicate**
Er hat uns auf ein interessantes Buch hingewiesen.	Il nous a indiqué un livre intéressant.	He drew our attention to an interesting book.

hinzufügen	ajouter	add
Er fügt ein wenig Salz hinzu.	Il ajoute un peu de sel.	He adds a little salt.

der, die **Hirt/-in**	le, la **berger**/**-ère**	shepherd

historisch	historique	historic, historical
der **Hit** (Musik)	le **tube**	**hit** (Musik)
die **Hitze**	la **chaleur**	**heat**
Was für eine Hitze!	Quelle chaleur !	This heat is unbearable!
das **Hobby**	le **hobby**, le **passe-temps**	hobby
hoch	**haut**/**-e**	high
höchstens	**au maximum, tout au plus**	maximum, at most
die **Höchstgeschwindigkeit**	la **vitesse maximale**	maximum speed
die **Hochzeit**	le **mariage**, les **noces** f	wedding
der **Hof**	la **cour** (bei Gebäuden); la **ferme** (Landwirtschaft)	**yard** (bei Gebäuden); **farm** (Landwirtschaft)

hoffen	espérer	hope
Ich hoffe, dass du kommen wirst.	J'espère que tu vas venir.	I hope you will come.

hoffentlich	**espérons que, pourvu que**	hopefully
die **Hoffnung**	l'**espoir** m	hope
hoffnungslos	**désespéré/-e, sans espoir**	hopeless

höflich	poli/-e, courtois/-e	polite
die **Höhe**	la **hauteur**; l'**altitude** f (Höhe über Meer)	**height**; altitude (Höhe über Meer)
der **Höhepunkt**	le **point culminant**, l'**apogée** m	peak, climax
hohl	creux/-euse	hollow
die **Höhle**	la **grotte**, la **caverne**	cave
holen	aller chercher	fetch, get · got · got
Sie holt Äpfel im Keller.	Elle va chercher des pommes à la cave.	She is fetching some apples from the cellar.
Holland	la **Hollande**	Holland
der, die **Holländer/-in**	le, la **Hollandais/-e**	Dutch, Dutchman/Dutchmen, Dutch woman/women
holländisch	hollandais/-e	Dutch
die **Hölle**	l'**enfer** m	hell
das **Holz**	le **bois**	wood, timber
die **Homepage**	la **page d'accueil**	home page
der **Honig**	le **miel**	honey
hören	entendre; écouter	hear · heard · heard; listen
Grossvater hört nicht mehr sehr gut.	Grand-papa n'entend plus très bien.	Grandfather no longer hears very well
Wir haben Musik gehört.	Nous avons écouté de la musique.	We listened to some music.

der **Horizont**	l'**horizon** m	horizon
die **Hose**	le **pantalon**	trousers, pants (US)
die **Hosentasche**	la **poche**	pocket
das **Hotel**	l'**hôtel** m	hotel
hübsch	**joli**/-e	pretty
der **Hügel**	la **colline**	hill
das **Huhn**	la **poule**	chicken, hen
der **Humor**	l'**humour** m	humour
humorvoll	**plein**/-e d'**humour**, avec **humour**	humorous, funny
der **Hund** die **Hündin**	le, la **chien**/-ne	dog
die **Hundeleine**	la **laisse**	lead, leash
hundert	**cent**	hundred
der **Hunger**	la **faim**	hunger

hüpfen	**sauter**	**skip, hop**
seilhüpfen	sauter à la corde	skipping rope
der **Husten**	la **toux**	**cough**
husten	**tousser**	**cough**
Er hustet die ganze Nacht.	Il tousse toute la nuit.	He coughs all night long.
der **Hut**	le **chapeau**/-x	**hat**
die **Hütte**	la **cabane** (einfache Behausung), le **refuge** (Berghütte)	**cabin, hut** (einfachere Bauweise als "cabin")

I

ich	je, moi	I
Ich komme.	Je viens.	I'm coming.
Ich bin dran!	C'est à moi de jouer!	I'm next!

ideal	idéal/-e	ideal
die **Idee**	l'**idée** f	idea

die **Identität**	l'**identité** f	identity
die **Identitätskarte**	la **carte d'identité**	identity card
der, die **Idiot/-in**	l'**idiot/-e** m/f	idiot
der **Igel**	le **hérisson**	hedgehog
das **Iglu**	l'**igloo** m	igloo

ihm	lui	him
Das gehört ihm.	Cela lui appartient.	It belongs to him.

ihn	le, l', lui	him
Ich grüsse ihn nicht.	Je ne le salue pas.	I am not saying hello to him.
Er hat ihn gesehen.	Il l'a vu.	He saw him.
Kuno fragt ihn etwas.	Kuno lui demande quelque chose.	Kuno is asking him something.

Ihnen	vous	you
Gehört das Velo Ihnen?	Est-ce que le vélo vous appartient?	Does the bike belong to you?

ihnen	leur, eux, elles	them
Wir haben ihnen geantwortet.	Nous leur avons répondu.	We answered them.
Es gehört ihnen.	C'est à eux/à elles.	It belongs to them.

ihr	vous; lui; elle	you; her
Ihr bleibt hier?	Vous restez ici ?	Are you staying here?
Ich gebe es ihr.	Je le lui donne.	I'll give it to her.
Dieser Stift gehört ihr.	Ce crayon est à elle.	The crayon belongs to her.

ihr/-e	son; sa; leur	her; their
Es ist ihr Portemonnaie.	C'est son porte-monnaie.	It is her wallet.
Das ist ihre Uhr.	C'est sa montre.	That is her watch.
Das sind die Kinder und ihr Vater.	Ce sont les enfants et leur père.	Those are the children and their father.

illegal	illégal/-e	illegal
die **Illusion**	l'**illusion** f	illusion
der **Imbiss**	le **casse-croûte**, la **collation**	snack

immer	toujours	always
immerhin	tout de même, après tout	nevertheless, after all
impfen	vacciner	vaccinate
Bist du gegen diese Krankheit geimpft?	Es-tu vacciné contre cette maladie ?	Have you been vaccinated against this disease?
importieren	importer	import
Er hat die Daten importiert.	Il a importé les données.	He imported the data.
in	au (à + le); dans; en	in; to
Sie gehen ins Kino.	Ils vont au cinéma.	They are going to the cinema.
in meiner Klasse	dans ma classe	in my class
in der Schweiz	en Suisse	in Switzerland

inbegriffen	inclus/-e	included
indem	en	**by; while** (während)
indem man etwas tut	en faisant quelque chose	by doing something
der, die **Inder/-in**	l'**Indien**/-ne m/f	Indian
der, die **Indianer/-in**	l'**Indien**/-ne m/f	Indian
Indien	l'**Inde**	India
indirekt	indirect/-e	indirect
indisch	indien/-ne	Indian
individuell	individuel/-le	individual
die **Industrie**	l'**industrie** f	industry
die **Infektion**	l'**infection** f	infection
der **Infinitiv**	l'**infinitif** m	infinitive
die **Informatik**	l'**informatique** f	information technology, IT
die **Information**	l'**information** f	information
das **Informationsmaterial**	la **documentation**, le **matériel d'information**	documentation, information material
sich **informieren**	s'**informer**	get · got · got information, inform oneself
Wir informieren uns im Internet.	Nous nous informons sur Internet.	We get information from the Internet.
der, die **Ingenieur/-in**	l'**ingénieur** m/f	engineer

der, die	Inhaber/-in	le, la propriétaire m/f, le, la titulaire	owner
der	Inhalt	le contenu, le fond	content
die	Initiative	l'initiative f	initiative
	inklusive	inclus/-e, compris/-e	included
	innen	à l'intérieur	inside
die	Innenstadt	le centre-ville, le centre	city centre
das	Innere	l'intérieur m	interior
	innerhalb	dans	in, within
	insbesondere	en particulier, surtout, notamment	in particular, above all, especially
das	Insekt	l'insecte m	insect
die	Insel	l'île f	island
das	Inserat	l'annonce f	advertisement
	insgesamt	en tout, au total	overall, in total
der, die	Inspektor/-in	l'inspecteur/-trice m/f	inspector
	installieren	installer	install
	Sie hat ein Spiel auf ihrem PC installiert.	Elle a installé un jeu sur son ordinateur.	She installed a game on her PC.
das	Instrument	l'instrument m	instrument

inszenieren	**mettre en scène**	**put on, stage**
Wir inszenieren ein Theaterstück.	Nous mettons en scène une pièce de théâtre.	We are putting on a play.
die **Integration**	l'**intégration** f	**integration**
sich **integrieren**	s'**intégrer**	**integrate**
Die Familie hat sich gut integriert.	La famille s'est bien intégrée.	The family has integrated well.
intelligent	**intelligent**/-e	**intelligent**
intensiv	**intensif**/-ve	**intensive**
interessant	**intéressant**/-e	**interesting**
das **Interesse**	l'**intérêt** m	**interest**
interessieren	**intéresser**	**interest**
Das interessiert uns sehr.	Ça nous intéresse beaucoup.	It interests us a lot.
international	**international**/-e	**international**
das **Internet**	**Internet** m	**Internet**
die **Internetseite**	le **site Internet**	**Internet site, website**
die **Interpretation**	l'**interprétation** f	**interpretation**
interpretieren	**interpréter**	**interpret**
Wie interpretiert ihr diesen Text?	Comment interprétez-vous ce texte ?	How do you interpret this text?
das **Interview**	l'**interview** f	**interview**

	inzwischen	entre-temps	meanwhile, in the meantime
der	**Ire**	l'**Irlandais**/-e m/f	Irish, Irish man/men,
die	**Irin**		Irish woman/women
	irgendein/-e/-r/-s	n'importe quel/-le	any, some
	irgendwann	n'importe quand	any time; sometime
	irgendwie	n'importe comment	anyhow; somehow
	irgendwo	n'importe où, quelque part	anywhere; somewhere
	irisch	irlandais/-e	Irish
	Irland	l'**Irlande** f	Ireland
sich	**irren**	se **tromper**	be · was · been mistaken, be · was · been wrong
	Ich habe mich geirrt.	Je me suis trompée.	I was mistaken.
	Italien	l'**Italie** f	Italy
der, die	**Italiener**/-in	l'**Italien**/-ne m/f	Italian
	italienisch	italien/-ne	Italian

J

ja	oui	yes
die Jacke	la veste	jacket
die Jagd	la chasse	hunt
jagen	chasser	hunt, chase
Der Hund jagt das Kaninchen.	Le chien chasse le lapin.	The dog is chasing the rabbit.

der, die Jäger/-in	le, la chasseur/-euse	hunter
das Jahr	l'année f, l'an m	year
Ein gutes neues Jahr!	Bonne année !	Happy New Year!
Sie ist dreizehn Jahre alt.	Elle a treize ans.	She is thirteen years old.
jahrelang	pendant des années	for years
die Jahreszeit	la saison	season
das Jahrhundert	le siècle	century
jährlich	annuel/-le, chaque année	annual, yearly
der Jahrmarkt	la foire	fair

der Januar	janvier m	January

Japan	le **Japon**	Japan
der, die **Japaner/-in**	le, la **Japonais/-e**	Japanese
japanisch	**japonais/-e**	Japanese
der **Jazz**	le **jazz**	jazz
die **Jeans**	le **jean**	jeans
jedenfalls	en tout cas	in any case
jeder, jede, jedes	chacun/-e, chaque	each, every
jederzeit	à tout moment	at any time
jedoch	pourtant	however
jemals	jamais	ever
jemand	quelqu'un/-e	someone
jener, jene, jenes	celui-là, celle-là	that one, that
jenseits	de l'autre côté, au-delà	on the other side, beyond
jetzt	maintenant	now
jeweils	chaque fois	each time, everytime (jedesmal); at the time (jeweilig)
der **Job**	le **boulot**, le **job**, le **travail/-aux**	job
jobben	faire des petits boulots, travailler	work
Meine Schwester jobbt am Samstag.	Ma sœur fait des petits boulots le samedi.	My sister works on Saturday.
joggen	faire du jogging	jog
Sie joggen schon seit Jahren.	Elles font du jogging depuis des années.	They have been jogging for years.

das **Joghurt**	le **yogourt**, le **yaourt**	yoghurt	
der **Joker**	le **joker**	joker	
der, die **Journalist/-in**	le, la **journaliste**	journalist	
die **Jugend**	la **jeunesse**	youth	
die **Jugendherberge**	l'**auberge de jeunesse** f	youth hostel	
jugendlich	**jeune**	young	
der, die **Jugendliche**	l'**adolescent**/-e m/f	adolescent, teenager, youth, young person	
der **Juli**	**juillet** m	July	
jung	**jeune**	young	
der **Junge**	le **garçon**	boy	
jüngster, jüngste, jüngstes	le, la **plus jeune**, le, la **plus récent**/-e	youngest (Alter); latest, most recent (neuest)	
der **Juni**	**juin** m	June	
der **Jupe**	la **jupe**	skirt	
der **Jura**	le **Jura**	Jura	
die **Jury**	le **jury**	jury	

K

das **Kabel**	le **câble**	cable
die **Kabine**	la **cabine**	cabin
der **Käfer**	le **scarabée**, l'**insecte** m	beetle
der **Kaffee**	le **café**	coffee
die **Kaffeemaschine**	la **cafetière** (électrique)	coffee machine
der **Käfig**	la **cage**	cage
der, die **Kaiser/-in**	l'**empereur** m, l'**impératrice** f	emperor m, empress f
der **Kakao**	le **cacao**	cocoa
das **Kalb**	le **veau**/-x	calf
das **Kalbfleisch**	la **viande de veau**	veal
der **Kalender**	le **calendrier**	calendar
kalt	**froid**/-e	cold
kaltblütig	**sans scrupules**, **avec sang-froid**	cold-blooded
die **Kälte**	le **froid**	cold, coldness
das **Kamel**	le **chameau**/-x	camel
die **Kamera**	la **caméra** (Film); l'**appareil photo** m (Foto)	camera
die **Kamille**	la **camomille**	camomille
der **Kamin**	la **cheminée**	fireplace; chimney (Schornstein)

der **Kamm**	le **peigne**	comb
sich **kämmen**	se **coiffer**, se **peigner**	comb
Ich kämme mich jeden Morgen vor der Schule.	Je me coiffe tous les matins avant d'aller à l'école.	I comb my hair every morning before school.
der **Kampf**	le **combat**, la **lutte**	fight
kämpfen	**lutter, combattre**	fight · fought · fought, struggle
Du kämpfst gegen den Schlaf.	Tu luttes contre le sommeil.	You are fighting to stay awake.
Kanada	le **Canada**	Canada
der, die **Kanadier/-in**	le, la **Canadien/-ne**	Canadian
der **Kanal**	le **canal/-aux**	channel
der, die **Kandidat/-in**	le, la **candidat/-e**	candidate
das **Känguru**	le **kangourou**	kangaroo
das **Kaninchen**	le **lapin**	rabbit
Das ist mein Kaninchen.	C'est mon lapin.	That is my rabbit.
die **Kanone**	le **canon**	cannon
die **Kantine**	le **cantine**	canteen
der **Kanton**	le **canton**	canton
der, die **Kapitän/-in**	le **capitaine**	captain
das **Kapitel**	le **chapitre**	chapter

kaputt	cassé/-e; crevé/-e (erschöpft)	broken; exhausted (erschöpft)
kaputtmachen	casser	break · broke · broken, damage
Xaver hat meine Brille kaputtgemacht.	Xavier a cassé mes lunettes.	Xaver broke my glasses.
die **Karotte**	la carotte	carrot
die **Karte**	la carte	map
die **Kartei**	le fichier	file
die **Karteikarte**	la fiche	file card
die **Kartoffel**	la pomme de terre, la patate	potato/potatoes
Der Bauer setzt Kartoffeln.	Le paysan plante des pommes de terre.	The farmer is planting potatoes.
der **Kartoffelstock**	la purée (de pommes de terre)	mashed potato
der **Karton**	le carton	cardboard
der **Käse**	le fromage	cheese
die **Kasse**	la caisse	cash register
der **Katalog**	le catalogue	catalogue
die **Katastrophe**	la catastrophe	catastrophe, disaster
die **Kathedrale**	la cathédrale	cathedral

die **Katze**	le **chat**	cat
kauen	**mâcher**	chew
Er kaut einen Kaugummi.	Il mâche un chewing-gum.	He is chewing a piece of gum.
der **Kauf**	l'**achat** m	purchase
kaufen	**acheter**	buy · bought · bought, purchase
Wo hast du das gekauft?	Où as-tu acheté ça ?	Where did you buy that?
der, die **Käufer/-in**	l'**acheteur/-euse** m/f, le, la **client/-e**	buyer, customer
der **Kaugummi**	le **chewing-gum**	chewing gum
kaum	à peine	hardly
kein	ne … pas de	no, not any
Es hat kein Brot.	Il n'y a pas de pain.	There is no bread.
keiner, keine, keines	aucun/-e	no one, nobody, none
Keiner meiner Freunde ist gekommen.	Aucun de mes amis n'est venu.	None of my friends came.
der **Keller**	la **cave**	cellar, basement
der, die **Kellner/-in**	le, la **serveur/-euse**	waiter m, waitress f

kennen	connaître	know · knew · known; get · got · got to know
Ich kenne seine Schwester nicht.	Je ne connais pas sa sœur.	I don't know his sister.
Ellen hat ihn kennen gelernt.	Ellen a fait sa connaissance.	Ellen got to know him.
die **Kenntnis**	la connaissance	knowledge
der **Kern** (Frucht)	le pépin; le noyeau/-x (Steinobst)	core (Apfel); seed, pip (UK)(Trauben); stone (UK), pit (US) (Steinobst)
das **Kernkraftwerk**	la centrale nucléaire	nuclear power plant
die **Kerze**	la bougie	candle
das **Ketchup**	le ketchup	ketchup
die **Kette**	la chaîne	chain
das **Keyboard**	le clavier (Tastatur); l'orgue électronique m (Instrument)	keyboard
der **Kiefer**	la mâchoire	jaw
das **Kilogramm**	le kilogramme	kilogram
der **Kilometer**	le kilomètre	kilometre
das **Kind**	l'enfant m/f	child/children
der **Kindergarten**	l'école maternelle (F) f, l'école enfantine (CH) f, le jardin d'enfants	kindergarten
die **Kinderrechte** (Plural)	les droits de l'enfant m	children's rights
die **Kindheit**	l'enfance f	childhood
das **Kinn**	le menton	chin

das **Kino**	le **cinéma**	cinema
der **Kiosk**	le **kiosque**	kiosk, newstand (US)
die **Kirche**	l'**église** f	church
die **Kirsche**	la **cerise**	cherry
das **Kissen**	le **coussin**, l'**oreiller** m	cushion (Sofa); pillow (Bett)
die **Kiste**	la **caisse**, la **boîte**	box
kitzeln	chatouiller	tickle
Das Gras kitzelt meine Füsse.	L'herbe chatouille mes pieds.	The grass tickles my feet.
die **Klage**	la **plainte**	complaint
der **Klang**	le **son**	sound, tone
klappen	marcher, fonctionner	work out, function, run · ran · run smoothly
Es klappt.	Ça marche.	It will work out.
klar	clair/-e, précis/-e	clear
klären	clarifier, éclaircir	clarify
Das müssen wir zuerst klären.	Nous devons d'abord clarifier ça.	We first have to clarify that.
die **Klasse**	la **classe**	class
das **Klassenzimmer**	la **salle de classe**	classroom
klassisch	classique	classical, classic

klatschen	**applaudir**	**applaud, clap**
Wir klatschen (applaudieren) am Ende der Aufführung.	Nous applaudissons à la fin du spectacle.	We applaud at the end.
das **Klavier**	le **piano**	**piano**
kleben	**coller**	**stick · stuck · stuck, glue**
Er klebt das Blatt in sein Heft.	Il colle la feuille dans son cahier.	He glues the sheet into his notebook.
klebrig	**collant/-e**	**sticky**
das **Kleid**	la **robe**	**dress**
die **Kleider** (Plural)	les **vêtements** m, les **habits** m, les **fringues** f	**clothing, clothes**
der **Kleiderbügel**	le **cintre**	**clothes hanger, coat hanger**
die **Kleidergrösse**	la **taille**	**size**
klein	**petit/-e**	**small**
das **Kleingeld**	la **monnaie**	**small change, coins**
klettern	**grimper**	**climb**
Dieser Affe klettert sehr schnell.	Ce singe grimpe très vite.	This monkey climbs very fast.
klicken	**cliquer**	**click**
Klick diesen Link an.	Clique sur ce lien.	Click on this link.
das **Klima**	le **climat**	**climate**
die **Klingel**	la **sonnette**	**bell, doorbell**

klingen	**sonner; tinter** (Glas)	**sound, ring · rang · rung**
Die Glocke klingt.	La cloche sonne.	The bell is ringing.
die **Klinik**	la **clinique**	clinic
klopfen	**frapper**	**knock**
Mein Bruder klopft an meiner Türe.	Mon frère frappe à ma porte.	My brother is knocking on my door.
der **Klub**	le **club**	club
klug	**intelligent/-e**	intelligent, smart, clever
der **Knabe**	le **garçon**	boy
der **Knall**	la **détonation**; le **claquement** (Türe)	explosion; bang (Türe)
knapp	**juste, limité/-e**	almost, just
das **Knie**	le **genou/-x**	knee
der **Knoblauch**	l'**ail** m	garlic
der **Knochen**	l'**os** m	bone
der **Knopf**	le **bouton**	button
der **Knoten**	le **nœud**	knot
knusprig	**croustillant/-e**	crispy, crunchy
der **Koch** / die **Köchin**	le, la **cuisinier/-ère**	cook, chef
kochen	**cuire**; **faire la cuisine** (Person)	**cook**
Die Tomatensauce kocht seit einer halben Stunde.	La sauce tomate cuit depuis une demi-heure.	The tomato sauce has been cooking for half an hour.

der	**Koffer**	la **valise**	**suitcase**
der	**Kofferraum**	le **coffre**	**boot** (UK), **trunk** (US)
der	**Kohl**	le **chou**/**-x**	**cabbage**
die	**Kohle**	le **charbon**; le **fric** (Geld)	**coal** (Brennstoff); **carbon** (Chemie); **cash** (Geld)
	kohlensäurehaltig	**gazeux**/**-euse**	**carbonated**, **fizzy**
der die	**Kollege** **Kollegin**	le, la **collègue**	**colleague**
	komisch	**drôle** (lustig); **bizarre** (seltsam)	**funny** (lustig); **strange** (seltsam)
das	**Komma**	la **virgule**	**comma**
	kommen Kommst du?	**venir** Est-ce que tu viens ?	**come · came · come** Are you coming?
der	**Kommentar**	le **commentaire**	**comment**
	kommentieren Julien kommentiert immer unsere Spiele.	**commenter** Julien commente toujours nos jeux.	**comment (on)** Julien always comments on our games.
der, die	**Kommissar**/**-in**	le, la **commissaire**	**commissioner**
die	**Kommission**	la **commission**	**commission**, **consignment**
die	**Kommunikation**	la **communication**	**communication**
die	**Komödie**	la **comédie**	**comedy**
der	**Kompass**	la **boussole**, le **compas**	**compass**

die **Kompetenz**	la **compétence**	skills, competence
komplett	complet/-ète	complete
kompliziert	compliqué/-e	complicated
der, die **Komponist/-in**	le, la **compositeur**/-trice	composer
der **Kompromiss**	le **compromis**	compromise
die **Konferenz**	la **conférence**	conference
die **Konfitüre**	la **confiture**	jam
der **Konflikt**	le **conflit**	conflict
der, die **König/-in**	le **roi**, la **reine**	king, queen
Der König liebt die Königin.	Le roi aime la reine.	The king loves the queen.
Die Königin hat ein sehr schönes Kleid.	La reine a une très belle robe.	The queen has a very beautiful dress.
das **Königreich**	le **royaume**	kingdom
der, die **Konkurrent/-in**	le, la **concurrent**/-e	competitor
die **Konkurrenz**	la **concurrence**	competition
können	**pouvoir**; **savoir**	can · could · could, be · was · been able
Kann ich fernsehen?	Est-ce que je peux regarder la télévision ?	Can I watch TV?
Werde ich wieder spielen können?	Est-ce que je vais pouvoir rejouer ?	Will I be able to play again?
Kannst du schwimmen?	Sais-tu nager ?	Can you swim?

	konsequent	conséquent/-e (folgerichtig); ferme (beharrlich)	consistent (folgerichtig); firm (beharrlich)
die	Konsequenz	la conséquence	consequence
	konservativ	conservateur/-trice	conservative
die	Konservenbüchse	la boîte de conserve	tin, can
die	Konstruktion	la construction	construction
der	Konsum	la consommation	consumption
der, die	Konsument/-in	le, la consommateur/-trice	consumer
der	Kontakt	le contact	contact
der	Kontinent	le continent	continent
das	Konto	le compte	account
die	Kontrolle	le contrôle	control
	kontrollieren Kontrolliert mit der Lösung!	contrôler Contrôlez avec la solution.	check, control Check your work against the solutions.
die	Konzentration	la concentration	concentration
sich	konzentrieren Konzentrier dich auf deine Arbeit!	se concentrer Concentre-toi sur ton travail.	concentrate Concentrate on your work.
das	Konzert	le concert	concert
der	Kopf	la tête	head
der	Kopfhörer	les écouteurs m	headphones

die	**Kopfschmerzen** (Plural)	les **maux de tête** m	headache
das	**Kopftuch**	le **foulard**	headscarf
die	**Kopie**	la **copie**	copy
der	**Korb**	le **panier**	basket
der	**Korken**	le **bouchon**	cork
der	**Körper**	le **corps**	body
die	**Körpergrösse**	la **taille**	size
	körperlich	**physique, physiquement**	physical
	korrekt	**correct/-e**	correct
die	**Korrektur**	la **correction**, la **rectification**	correction
	korrigieren	**corriger**	correct
	Er hat den Test noch nicht korrigiert.	Il n'a pas encore corrigé le test.	He has not yet corrected the test.
	kostbar	**précieux/-euse**	precious, valuable
	kosten	**coûter; goûter** (probieren)	cost · cost · cost; taste (probieren)
	Das kostet 2 Franken 50.	Ça coûte 2 francs 50.	That costs 2 francs 50.
die	**Kosten**	les **frais** m, le **coût**	costs, expenses
	köstlich	**délicieux/-euse**	delicious
das	**Kostüm**	le **costume**	costume
das	**Kotelett**	la **côtelette**	cutlet

der	**Krach**	le **bruit**; la **dispute** (Streit)	noise; quarrel (Streit)
die	**Kraft**	la **force**	strength, force
	kräftig	fort/-e	strong
der	**Kragen**	le **col**	collar
die	**Kralle**	la **griffe**	claw
	krank	malade	ill, sick
der, die	**Kranke**	le, la **malade**	patient
das	**Krankenhaus**	l'**hôpital**/-aux m	hospital
der, die	**Krankenpfleger/-in**	l'**infirmier**/-ère m/f	nurse, nurse's assistant, healthcare assistant
der	**Krankenwagen**	l'**ambulance** f	ambulance
die	**Krankheit**	la **maladie**	illness, sickness
	kratzen	griffer, gratter	scratch
	Die Katze hat mich gekratzt.	Le chat m'a griffé.	The cat scratched me.
die	**Krawatte**	la **cravate**	tie
	kreativ	créatif/-ve	creative
die	**Kreativität**	la **créativité**	creativity
der	**Kredit**	le **crédit**	credit
die	**Kreditkarte**	la **carte de crédit**	credit card
die	**Kreide**	la **craie**	chalk
der	**Kreis**	le **cercle**	circle

der **Kreislauf**	le **cycle** (Zyklus); la **circulation** (Blut)	**cycle** (Zyklus); **circulation** (Blut)
das **Kreuz**	la **croix**	cross
die **Kreuzung**	le **carrefour**	intersection
die **Krevette**	la **crevette**	shrimp
kriechen Die Schnecke kriecht.	ramper L'escargot rampe.	crawl The snail is crawling.
der **Krieg**	la **guerre**	war
der **Krimi**	le **polar**, le **roman policier**	crime thriller, detective story, murder mystery
die **Krise**	la **crise**	crisis
das **Kriterium**	le **critère**	criterion/criteria
die **Kritik**	la **critique**	criticism
kritisch	critique	critical
kritisieren Die Schüler kritisieren ihre Eltern.	critiquer Les élèves critiquent leurs parents.	criticise The students are criticising their parents.
das **Krokodil**	le **crocodile**	crocodile
die **Krone**	la **couronne**	crown
der **Kübel**	le **seau**/-x, le **bac**	bucket
die **Küche**	la **cuisine**	kitchen (Raum); cuisine (Kochkunst)
der **Kuchen**	le **gâteau**/-x, la **tarte**	cake, pie
die **Kugel**	la **boule**	ball, sphere; bullet (Gewehr)

der **Kugelschreiber**	le **stylo**	ballpoint pen
die **Kuh**	la **vache**	cow
kühl	**froid**/-e, **frais**/**fraîche**	cool
der **Kühlschrank**	le **frigo**, le **réfrigérateur**, le **frigidaire**	refrigerator, fridge
die **Kulissen** (Plural)	les **coulisses** f	scenery
die **Kultur**	la **culture**	culture
kulturell	**culturel**/-le	cultural
sich **kümmern**	s'**occuper de**, se **soucier de**	worry about (sich Gedanken machen); take · took · taken care of (behilflich sein)
Kümmer dich nicht um mich!	Ne t'occupe pas de moi.	Don't worry about me.
der **Kunde** die **Kundin**	le, la **client**/-e	client, customer
kündigen	**démissionner**; **licencier**	quit · quit · quit; give · gave · given notice, fire
Ich habe gekündigt.	J'ai démissionné.	I quit.
Mir wurde gekündigt.	J'ai été licencié.	I was given notice.
die **Kündigung**	la **démission**, le **licenciement**	notice, termination

	künftig	dorénavant, à l'avenir	future
die	**Kunst**	l'**art** m	art
der, die	**Künstler/-in**	l'**artiste** m/f	artist
	künstlerisch	artistique	artistic
	künstlich	artificiel/-le	artificial
der	**Kunststoff**	la **matière plastique**, le **plastique**	plastic
das	**Kunststück**	le **tour d'adresse** (Geschicklichkeit); le **tour de force** (Glanzleistung)	trick (Geschicklichkeit); feat (Glanzleistung)
das	**Kunstwerk**	l'**œuvre d'art** f	work of art, artwork
der	**Kurs**	le **cours**	course
die	**Kurve**	le **virage**	curve
	kurz	court/-e	short
	kurzfristig	à court terme	short-term
	kürzlich	récemment, dernièrement	recent
der	**Kuss**	le **baiser**, la **bise**, le **bisou**	kiss
	küssen	embrasser, se **faire la bise**	kiss
	Um sich zu begrüssen, küssen sich die Mädchen auf die Wangen.	Pour se dire bonjour, les filles s'embrassent sur les joues.	When the girls meet, they kiss each other on the cheeks.
die	**Küste**	la **côte**, le **littoral**	coast
das	**Kuvert**	l'**enveloppe** f	envelope

L

das **Labyrinth**	le **labyrinthe**	labyrinth

lächeln — sourire — smile
Er lächelt immer. — Il sourit toujours. — He's always smiling.

das **Lächeln** — le **sourire** — smile

lachen — rire, rigoler — laugh
Lacht nicht die ganze Zeit! — Ne riez pas tout le temps. — Don't laugh all the time.

das **Lachen** — le **rire** — laugh

lächerlich — ridicule, dérisoire — ridiculous

der **Lachs** — le **saumon** — salmon

der **Lack** — le **vernis** (Holz), la **laque** (Malerei) — varnish (Holz, Malerei)

das **Ladegerät** — le **chargeur (de batterie)** — battery charger

der **Laden** — le **magasin**, la **boutique** — shop (UK), store (US); boutique
Ich habe meine Uhr in diesem Laden gekauft. — J'ai acheté ma montre dans ce magasin. — I bought my watch from this shop.

laden — charger — charge, load
Isa kann den Akku ihres Computers nicht laden. — Isa ne peut pas charger la batterie de son ordinateur. — Isa cannot charge the batteries of her computer.

die **Lage** — la **position**, la **situation**, l'**emplacement** m — position, situation, location

das **Lager** — le **camp** (Unterkunft); le **stock** (Vorrat) — camp (Unterkunft); stock (Vorrat)

lagern	conserver, stocker	store, stock, keep · kept · kept
Nicht zusammen mit Lebensmitteln lagern.	Ne pas conserver avec les denrées alimentaires.	Do not store together with food.
das **Lamm**	l'agneau/-x m	lamb
die **Lampe**	la lampe	lamp
das **Land**	le pays	country
landen	atterrir	land
Wir landen in New York.	Nous atterrissons à New York.	We are landing in New York.
die **Landkarte**	la carte (géographique)	map
ländlich	rural/-e	rural
die **Landschaft**	le paysage	countryside, landscape
die **Landschulwoche**	la semaine verte	school camp (UK), summer camp (US)
die **Landwirtschaft**	l'agriculture f	agriculture
lang	long/longue	long
lange	longtemps	long time
Wir haben lange gewartet.	Nous avons attendu longtemps.	We waited a long time.
die **Länge**	la longueur	length
langfristig	à long terme, de longue durée	long-term

langsam	lent/-e; peu à peu	slow; gradual
ein langsames Auto	une voiture lente	a slow car
Es wird langsam Nacht.	Peu à peu, il fait nuit.	Night is gradually falling.
längst	depuis longtemps	long since
langweilig	ennuyeux/-euse	boring
der **Laptop**	l'**ordinateur portable** m	laptop
der **Lärm**	le **bruit**	noise
lärmig	bruyant/-e	noisy
lassen	laisser	let · let · let; leave · left · left
Lass es sein!	Laisse tomber.	Let it be.
Lass mich in Ruhe!	Laisse-moi tranquille.	Leave me alone!
lässig	décontracté/-e	casual
lästig	pénible, agaçant/-e, ennuyeux/-euse	annoying, irritating, tiresome
der **Lastwagen**	le **camion**	**lorry** (UK), **truck** (US)
die **Laterne**	la **lanterne**; le **réverbère** (Strassenlampe)	**lantern**; **light** (Strassenlampe)
der **Lauch**	le **poireau**/-x	leek
der **Lauf**	la **course**	race
laufen	courir; marcher (gehen, CH)	run · ran · run; walk (gehen, CH)
Ich laufe gerne.	J'aime courir.	I like running.

	laufend	en cours, en permanence	**current** (zurzeit); **continuos** (fortlaufend)
die	**Laune**	l'**humeur** f	mood
	laut	bruyant/-e, fort/-e, à haute voix	noisy, loud
	läuten	sonner	ring · rang · rung
	Mein Wecker läutet um 7 Uhr.	Mon réveil sonne à 7 heures.	My alarm will ring at 7 a.m.
der	**Lautsprecher**	le **haut-parleur**	loudspeaker
	lauwarm	tiède	warm, lukewarm
	Ich trinke nicht gerne einen lauwarmen Sirup.	Je n'aime pas boire un sirop tiède.	I don't like drinking warm syrup.
das	**Lavabo**	le **lavabo**	wash basin, sink
das	**Leben**	la **vie**	life
	leben	vivre; exister (am Leben sein)	live; exist (am Leben sein)
	Margrit lebt in Genf.	Margrit vit à Genève.	Margaret lives in Geneva.
	lebend	vivant/-e	living, live, alive
	Achtung, lebende Tiere.	Attention, animaux vivants.	Caution, live animals.
der	**Lebenslauf**	le **curriculum** (vitae), le **CV**	curriculum vitae, CV, résumé (US)
die	**Lebensmittel** (Plural)	les **aliments** m, les **denrées alimentaires** f	groceries, food, foodstuffs

das **Lebewesen**	l'être vivant m	living being, living thing
lebhaft	vif/-ve, actif/-ve, animé/-e	lively, active, animated
der **Lebkuchen**	le pain d'épice	gingerbread
das **Leder**	le cuir	leather
ledig	célibataire	single, unmarried
leer	vide	empty
leeren	vider	empty
Leere deine Taschen!	Vide tes poches.	Empty your pockets.
legal	légal/-e	legal
legen	poser, mettre, déposer	put, place, deposit
Lege dein Buch auf den Tisch!	Pose ton livre sur la table.	Put your book on the table.
die **Lehrabschlussprüfung**	l'examen de fin d'apprentissage m	final apprenticeship exam, final exam
die **Lehre**	l'apprentissage m	apprenticeship
lehren	enseigner	teach · taught · taught
Frau Berger lehrt Mathematik.	Mme Berger enseigne les mathématiques.	Ms Berger teaches math.
der, die **Lehrer/-in**	l'instituteur/-trice m/f l'enseignant/-e m/f, le, la professeur/-e	teacher, instructor
der **Lehrling** die **Lehrtochter**	l'apprenti/-e m/f	apprentice

die **Leiche**	le **corps**, le **cadavre**	**corpse, body**
leicht	**facile**; **léger/-ère**	**easy; light**
Das ist nicht so leicht.	Ce n'est pas si facile.	That is not so easy.
Die Feder ist leicht.	La plume est légère.	The feather is light.

das **Leid**	la **souffrance**	**suffering**
leiden	**souffrir**	**suffer**
Er hat nicht gelitten.	Il n'a pas souffert.	He didn't suffer.

die **Leidenschaft**	la **passion**	**passion**
leider	**malheureusement**	**unfortunately**
leidtun	**être désolé/-e** (bedauerlich); **faire pitié** (Mitleid)	**be · was · been sorry**
Es tut mir leid.	Je suis désolé.	I'm sorry.

leihen	**prêter; emprunter**	**lend · lent · lent; borrow**
Ich leihe dir meinen Kugelschreiber.	Je te prête mon stylo.	I'll lend you my pen.
Kann ich mir deinen Kugelschreiber leihen?	Est-ce que je peux emprunter ton stylo ?	Can I borrow your pen?

der **Leim**	la **colle**	**glue**
die **Leinwand**	l'**écran** m	**screen**

leise	**silencieux/-euse, calme**; **tout bas** (sprechen)	**quiet, silent; low** (sprechen)
leisten	**accomplir, faire**	**achieve, perform**
Wir haben viel geleistet.	Nous avons accompli beaucoup de choses.	We achieved a lot.

sich **leisten**	se **permettre**, se **payer**	afford
Du kannst es dir nicht leisten, zu spät zu kommen.	Tu ne peux pas te permettre d'arriver en retard.	You can't afford to be late.
die **Leistung**	la **performance**, le **résultat**	performance, result, achievement
leiten	diriger	lead, manage
Herr Weber leitet unsere Gruppe.	M. Weber dirige notre groupe.	Mr Weber leads our group.
die **Leiter**	l'**échelle** f	ladder
der, die **Leiter/-in**	le, la **moniteur/-trice**	leader, manager
die **Leitung**	la **direction**; la **conduite** (Wasser)	management; pipe (Wasser)
die **Lektion**	la **leçon**	lesson
die **Lektüre**	la **lecture**	reading, reading material
das **Lenkrad**	le **volant**	steering wheel
die **Lenkstange**	le **guidon**	handlebar
lernen	apprendre, étudier	learn, study
Viktor hat diese Woche viel gelernt.	Victor a beaucoup appris cette semaine.	Victor learned a lot this week.
das **Lernziel**	l'**objectif** m	learning target, educational objective, goal
lesbisch	lesbien/-ne	lesbian
lesen	lire	read · read · read
Tom liest viel.	Tom lit beaucoup.	Tom reads a lot.

der, die **Leser/-in**	le, la **lecteur/-trice**	reader
letzter, letzte, letztes	**dernier/-ère**	last
leuchten	**briller; éclairer** (Lampe)	shine · shone · shone
Der Stern leuchtet.	L'étoile brille.	The star is shining.
der **Leuchtturm**	le **phare**	lighthouse
leugnen	**nier**	deny
Reto leugnet die Tat.	Reto nie le délit.	Reto denies it.
die **Leute** (Plural)	les **gens** m	people
das **Licht**	la **lumière**	light
lieb	**gentil/-le, cher/chère**	kind, nice
die **Liebe**	l'**amour** m	love
lieben	**aimer, adorer**	love
Ich liebe dich.	Je t'aime.	I love you.
das **Lied**	la **chanson**	song
liefern	**livrer, fournir**	deliver, supply
Der Lehrling liefert das Brot.	L'apprenti livre le pain.	The apprentice delivers the bread.
die **Lieferung**	la **livraison**	delivery
liegen	**être couché/-e;** se **trouver** (geografisch)	lie · lay · lain; be · was · been situated (geografisch)
Sabine liegt am Boden.	Sabine est couchée par terre.	Sabina is lying on the ground.
der **Liegestuhl**	la **chaise longue**	deckchair, chaise longue

der **Lift** (CH)	l'**ascenseur** m	**lift** (UK), **elevator** (US)
die **Liga**	la **ligue**	**league**
lila	**lila, mauve**	**purple, lilac**
das **Lineal**	la **règle**	**ruler**
die **Linie**	la **ligne**	**line**
der **Link**	le **lien**	**link**
linker, linke, linkes	**gauche**	**left**
links	**à gauche**	**left, on the left, to the left**
die **Lippe**	la **lèvre**	**lip**
der **Lippenstift**	le **rouge à lèvres**	**lipstick**
die **Liste**	la **liste**	**list**
der **Liter**	le **litre**	**litre**
die **Literatur**	la **littérature**	**literature**
live (aus dem Englischen)	**en direct**	**live**
das **Lob**	les **félicitations** f	**praise**
loben	**féliciter**	**praise**
Mein Lehrer lobt mich für meine Zeichnung.	Mon instituteur me félicite pour mon dessin.	My teacher praises me for my drawing.
das **Loch**	le **trou**	**hole**
lochen	**perforer**	**perforate, punch holes**
Sie haben die Blätter gelocht.	Ils ont perforé les feuilles.	They punched holes in the paper.

locken	**attirer; boucler** (Haare)	**attract** (anziehen); **curl** (Haare)
Die Sonne lockt viele Menschen auf die Pisten.	Le soleil attire beaucoup de personnes sur les pistes.	The sunshine attracted a lot of people to the slopes.
locker	**décontracté/-e; desserré/-e** (nicht fest)	**relaxed, loose** (nicht fest)
der **Löffel**	la **cuillère**	**spoon**
logisch	**logique**	**logical**
der **Lohn**	le **salaire** (Arbeit); la **récompense** (Belohnung)	**salary** (Lohn); **reward** (Belohnung)
sich **lohnen**	**valoir la peine, payer**	**be · was · been worth it, pay · paid · paid off**
Das lohnt sich.	Ça vaut la peine.	It's worth it.
das **Lokal**	le **local**, le **restaurant**	**restaurant, pub** (UK), **bar** (US); **room, place** (Örtlichkeit)
die **Lokomotive**	la **locomotive**	**locomotive**
löschen	**effacer; éteindre**	**delete; extinguish** (Feuer); **turn off**
Lösch diesen Satz!	Efface cette phrase.	Delete this sentence.
Lösch das Licht, bevor du hinausgehst!	Eteins la lumière avant de sortir.	Turn off the light before you leave.
lose	**desserré/-e, lâche, en vrac**	**loose**
lösen	**résoudre; défaire** (Schnur)	**solve; loosen** (Schnur)
Er muss dieses Problem lösen.	Il doit résoudre ce problème.	He has to solve this problem.

loslassen	lâcher	let go
Lass mich los !	Lâche-moi.	Let go of me.
die **Lösung**	la **solution**	solution
der **Löwe**	le, la **lion**/**-ne**	**lion** m,
die **Löwin**		**lioness** f
die **Lücke**	le **trou** (Zwischenraum); la **lacune** (unvollständig)	gap
die **Luft**	l'**air** m	air
die **Luftmatratze**	le **matelas pneumatique**	air mattress
die **Lüge**	le **mensonge**	lie
lügen	**mentir**	lie
Mein Bruder hat gelogen.	Mon frère a menti.	My brother lied.
die **Lunge**	le **poumon**	lung
die **Lupe**	la **loupe**	magnifying glass
die **Lust**	l'**envie** f (Wunsch); le **plaisir** (Freude)	**desire** (Wunsch); **pleasure** (Freude)
lustig	**amusant**/**-e**, **drôle**, **rigolo**/**-te**	amusing, funny
der **Luxus**	le **luxe**	luxury
Luzern	Lucerne	Lucerne

M

	machen	faire; rendre	do · did · done, make · made · made
	Wir machen unsere Aufgaben.	Nous faisons nos devoirs.	We are doing our homework.
	Das macht mich traurig.	Ça me rend triste.	That makes me sad.
die	**Macht**	le **pouvoir**, la **puissance**	power
	mächtig	puissant/-e	powerful
das	**Mädchen**	la **fille**	girl
das	**Magazin**	le **magazine**	magazine
der	**Magen**	l'**estomac** m	stomach
	mager	maigre	lean (Fleisch); skinny (Person); low-fat (Milch)
der	**Magnet**	l'**aimant** m	magnet
die	**Mahlzeit**	le **repas**	meal
der	**Mai**	mai m	May
	Wir haben den 30. Mai.	Nous sommes le 30 mai.	Today is May 30th.
der	**Mais**	le **maïs**	corn, maize
das	**Mal**	la **fois**	time
	malen	peindre	paint
	Paul Klee hat viele Bilder gemalt.	Paul Klee a peint beaucoup de tableaux.	Paul Klee painted many pictures.
der, die	**Maler/-in**	le **peintre**	painter
	man	on	one
	manchmal	parfois	sometimes
	Manchmal schaue ich fern.	Parfois, je regarde la télé.	Sometimes I watch TV.

der	Mangel	le manque, le défaut	lack, shortage (zu wenig); defect (Fehler)
der	Mann	l'homme m; le mari (Ehemann)	man; husband (Ehemann)
	männlich	masculin/-e, viril/-e	masculine
die	Mannschaft	l'équipe f	team
der	Mantel	le manteau/-x	coat
das	Märchen	le conte	fairytale
die	Marke	la marque; le timbre (Briefmarke)	brand; postage stamp (Briefmarke)
der	Marker	le marqueur	marker
	markieren	marquer	mark
	Markiert alle Wörter, die ihr kennt!	Marquez tous les mots que vous connaissez.	Mark all the words you know.
der	Markt	le marché	market
der	März	mars m	March
das	Marzipan	le massepain, la pâte d'amandes	marzipan
die	Maschine	la machine	machine
die	Maske	le masque	mask

das **Mass**	la **mesure**; les **mensurations** f (Menschen)	degree, measure; measurements (Körperproportionen)
die **Masse**	la **masse**	mass
massenhaft	des tas de, en masse, massif/-ve	numerous, plentiful, in large quantity
massiv	massif/-ve	massive
die **Massnahme**	la **mesure**	measure, step
der **Massstab**	la **règle**; l'**échelle** f (Karte)	**ruler** (Meterstab); **scale** (Karte)
der **Match**	le **match**	match, game
das **Material**	le **matériel**	material
die **Mathematik**	les **mathématiques** f les **maths**	mathematics, math
die **Matratze**	le **matelas**	mattress
der **Matrose**	le **matelot**	sailor
die **Mauer**	le **mur**	wall
das **Maul**	la **gueule**	mouth
die **Maus**	la **souris**	mouse
die **Maustaste**	le **bouton de souris**	mouse button
maximal	maximal/-e, au maximum	maximal, maximum
der, die **Mechaniker/-in**	le, la **mécanicien/-ne**	mechanic
die **Medien** (Plural)	les **médias** m	media

das **Medikament**	le **médicament**	medicament, medicine
das **Meer**	la **mer**	sea, ocean
das **Mehl**	la **farine**	flour

mehr	**plus, davantage**	**more**
Ihr habt mehr Bücher als wir.	Vous avez plus de livres que nous.	You have more books than we do.

mehrere	**plusieurs**	several
die **Mehrheit**	la **majorité**	majority
mehrmals	**plusieurs fois,** à plusieurs reprises	several times, repeatedly
die **Mehrzahl**	le **pluriel**	plural
mein, meine, meines	**mon, ma**	my
meinen	**vouloir dire; penser** (denken); **croire** (glauben)	mean; think · thought · thought (denken); believe (glauben)
So habe ich das nicht gemeint.	Ce n'est pas ce que je voulais dire.	I didn't mean it that way.
die **Meinung**	l'**opinion** f, l'**avis** m	opinion
Sagt eure Meinung!	Donnez votre opinion.	Tell us your opinion.

meistens	la **plupart du temps**	mostly, usually
der, die **Meister/-in**	le, la **champion/-ne**, le **maître**	champion, master
die **Meisterschaft**	le **championnat**	championship
melden	**signaler**	report
Ich habe den Brand gemeldet.	J'ai signalé l'incendie.	I reported the fire.

sich **melden**	lever la main; donner de ses nouvelles	raise your hand; get · got · got in touch, contact
Sie meldet sich häufig.	Elle lève souvent la main.	She often raises her hand in class.
Hat er sich gemeldet?	A-t-il donné de ses nouvelles ?	Did he get in touch?
die **Meldung**	la **nouvelle**, l'**information** f	message; news; announcement; report
die **Melodie**	la **mélodie**, l'**air** m	melody
die **Menge**	la **quantité**; la **foule** (Menschen)	quantity; crowd (Menschen)
der **Mensch**	l'**homme** m (Gattung), l'**être humain** m, la **personne**, l'**individu**	human being (Gattung); person, individual
die **Menschheit**	l'**humanité** f	humanity, man, mankind
menschlich	humain/-e	human
das **Menü**	le menu	menu
merken	remarquer	notice
Sie hat nichts gemerkt.	Elle n'a rien remarqué.	She didn't notice anything.
sich **merken**	retenir	remember, note
Ich kann mir Namen gut merken.	J'arrive bien à retenir les noms.	I'm good at remembering names.
das **Merkmal**	la **caractéristique**	characteristic, feature
merkwürdig	**curieux/-euse, étrange**	**curious, strange**
messen	**mesurer**	**measure**
Miss die Distanz zwischen A und B!	Mesure la distance entre A et B.	Measure the distance between A and B.

das **Messer**	le couteau/-x	knife/knives
das **Metall**	le métal/-aux	metal
der **Meter**	le mètre	metre
die **Methode**	la méthode, la technique	method, technique
der, die **Metzger/-in**	le, la boucher/-ère	butcher
die **Metzgerei**	la boucherie	butcher
mich	me	me
die **Miene**	la mine	face, expression, look
die **Miete**	le loyer	rent
mieten	louer	rent
Meine Eltern mieten dieses Haus.	Mes parents louent cette maison.	My parents rent this house.
der, die **Mieter/-in**	le, la locataire	tenant, renter (US)
die **Mikrowelle**	le micro-ondes	microwave
die **Milch**	le lait	milk
der **Milchkaffee**	le café au lait	milk coffee (UK), coffee with milk
mild	doux/douce; indulgent/-e (gnädig)	mild; lenient (gnädig)
das **Militär**	le militaire	military
die **Milliarde**	le milliard	billion
der **Millimeter**	le millimètre	millimetre

die **Million**	le **million**	million
die **Minderheit**	la **minorité**	minority
mindestens	au moins, au minimum	at least, minimum
das **Mineralwasser**	l'**eau**/-x **minérale**/-s f	mineral water
das **Minimum**	le **minimum**	minimum
minus	**moins**	minus, less
die **Minute**	la **minute**	minute
mir	**me**	me
mischen	**mélanger**	**mix**
Daniela mischt die Farben.	Danielle mélange les couleurs.	Daniela mixes the paints.
die **Mischung**	le **mélange**	mixture
das **Missverständnis**	le **malentendu**, le **désaccord**	misunderstanding
missverstehen	**mal comprendre**	misunderstand · misunderstood · misunderstood
Sie hat mich missverstanden.	Elle m'a mal compris.	She misunderstood me.
mit	**avec**	with
der, die **Mitarbeiter/-in**	l'**employé**/-e m/f	employee
mitbringen	**apporter**, **amener**	bring · brought · brought along
Bring eine Flasche Cola mit!	Apporte une bouteille de coca.	Bring along a bottle of cola.
miteinander	**ensemble**	together
das **Mitglied**	le **membre**	member

mitnehmen	emmener, emporter	take · took · taken (along), take away (UK), take out (US)
Er nimmt seine Schwester mit ins Kino.	Il emmène sa sœur au cinéma.	He's taking his sister along to the movies.
alle Gerichte auch zum Mitnehmen	tous les plats aussi à emporter	All dishes are also available to take away.
der **Mittag**	**midi** m	midday, noon, noontime
das **Mittagessen**	le **déjeuner**, le **dîner** (CH)	lunch
mittags	à **midi**	at midday, at noon, at noontime
die **Mittagspause**	la **pause de midi**	lunch break
die **Mitte**	le **milieu**	middle, centre
In der Mitte des Grundstücks hat es einen See.	Au milieu du terrain, il y a un lac.	There is a lake in the middle of the property.
mitteilen	dire, informer, communiquer	tell · told · told, inform, notify, communicate
Sie hat uns mitgeteilt, dass sie kommt.	Elle nous a dit qu'elle venait.	She told us that she's coming.
die **Mitteilung**	le **message**, l'**information** f	message, information, notification, communication
das **Mittel**	le **moyen**; la **ressource** (Geld); le **médicament** (Heilmittel)	means, resource, asset (Geld); drug (Heilmittel)
das **Mittelalter**	le **Moyen Age**	Middle Ages
das **Mittelmeer**	la **Méditerranée**	Mediterranean

der	**Mittelpunkt**	le centre	centre
	mitten	au milieu de	in the middle of, in the centre, amid, among
	Mitternacht	minuit	midnight
	mittlerer, mittlere, mittleres	moyen/-ne (Durchschnitt); du milieu (Lage)	average, mean (Durchschnitt); middle (Lage)
der	**Mittwoch**	le mercredi	Wednesday
	mittwochs	le mercredi	on Wednesdays
das	**Möbel**	le meuble	furniture
	mobil	mobile	mobile
die	**Mode**	la mode	fashion
das	**Model**	le mannequin	fashion model
das	**Modell**	le modèle	model
	modern	moderne	modern
	mögen	aimer; vouloir (wollen)	like; want (wollen)
	Magst du Camembert?	Aimes-tu le camembert?	Do you like Camembert?
	möglich	possible	possible
	möglicherweise	peut-être	perhaps, possibly
die	**Möglichkeit**	la possibilité	possibility
	möglichst	autant que possible, le plus possible	if possible, as possible, where possible
der	**Moment**	le moment	moment
	Einen Moment, bitte.	Un moment, s'il vous plaît.	One moment, please.
der	**Monat**	le mois	month

	monatlich	par mois, mensuel/-le	monthly
der	Mond	la lune	moon
	Ich sehe den Mond.	Je vois la lune.	I see the moon.
der	Montag	le lundi	Monday
	montags	le lundi	on Mondays
das	Moped	le vélomoteur	moped
die	Moral	la morale	morals, morality
der	Mord	le meurtre, l'assassinat m	murder, assassination
der, die	Mörder/-in	le, la meurtrier/-ère, l'assassin m	murderer, assassin
der	Morgen	le matin	morning
	Sie kommt heute Morgen an.	Elle arrive ce matin.	She's arriving this morning.
	morgen	demain	tomorrow
das	Morgenessen	le petit-déjeuner, le déjeuner	breakfast
	morgens	le matin	in the morning
das	Motiv	le motif; la raison (Beweggrund)	motif, theme (Musik); motive, reason (Beweggrund)
die	Motivation	la motivation	motivation
	motivieren	motiver	motivate
	Wie kann ich mich motivieren?	Comment puis-je me motiver?	How can I motivate myself?
der	Motor	le moteur	motor, engine
das	Motorrad	la moto	motorcycle

der **Motorroller**	le **scooter** (aus dem Englischen)	motor scooter
das **Motto**	la **devise**, le **thème**	motto, slogan
das **Mü(e)sli**	le **mu(e)sli** (CH)	muesli
Am Morgen essen wir ein Müsli.	Le matin, nous mangeons du musli.	We eat muesli in the morning.
die **Mücke**	le **moustique**	mosquito
müde	**fatigué**/-e	tired
die **Mühe**	la **peine**, l'**effort** m	effort, trouble
sich Mühe geben	faire des efforts	to make an effort
mühsam	**pénible**	difficult, hard, tedious
der **Mülleimer**	la **poubelle**	dustbin, rubbish bin, garbage can (US), trash can (US)
multikulturell	**multiculturel**/-le	multicultural
die **Multiplikation**	la **multiplication**	multiplication
der **Mund**	la **bouche**	mouth
mündlich	**oral**/-e, **oralement**, **par oral**	verbal, oral
die **Münze**	la **pièce de monnaie**	coin
die **Murmel**	la **bille**	marble

die	**Muschel**	le **coquillage**, la **moule**	sea **shell**, **shell** (Schale); **mussel** (Tier)
das	**Museum**	le **musée**	**museum**
	Heute geht Sabine mit ihrer Klasse ins Museum.	Aujourd'hui, Sabine va au musée avec sa classe.	Today, Sabine is going to the museum with her class.
die	**Musik**	la **musique**	**music**
der, die	**Musiker/-in**	le, la **musicien/-ne**	**musician**
der	**Muskel**	le **muscle**	**muscle**
	müssen	**devoir, falloir**	**have · had · had to, must**
	Ich muss um 8 Uhr nach Hause gehen.	Je dois rentrer à 8 heures.	I have to go home at 8 o'clock.
	Man muss rechtzeitig kommen.	Il faut arriver à l'heure.	You must be on time.
das	**Muster**	le **motif** (Stoff); le **modèle** (Vorlage); l'**échantillon** m (Warenmuster)	**pattern** (Stoff); **model** (Vorlage); **sample** (Warenmuster)
der	**Mut**	le **courage**	**courage, bravery**
	mutig	**courageux/-euse**	**courageous, brave**
die	**Mutter**	la **mère**, la **maman**	**mother, mom**
die	**Muttersprache**	la **langue maternelle**	**mother tongue, native language**
die	**Mütze**	le **bonnet**, la **casquette**	**cap**

N

nach	après; vers	after; according to (gemäss); **to**
Einer nach dem anderen!	L'un après l'autre!	One after the other.
Wir fahren nach Süden.	Nous roulons vers le sud.	We're travelling to the south.

nachahmen — imiter — imitate, copy, mimic
Er ahmt die Bewegungen des Sängers nach. — Il imite les mouvements du chanteur. — He's mimicking the singer's movements.

der, die **Nachbar/-in** — le, la **voisin/-e** — neighbour

nachdem — après (que) — after

nachdenken — réfléchir — think · thought · thought (about), reflect on
Denkt ein wenig nach! — Réfléchissez un peu. — Think about it.

nachdenklich — pensif/-ve, songeur/-euse — thoughtful, contemplative, pensive

der, die **Nachfolger/-in** — le successeur — successor

die **Nachfrage** — la demande — demand

nachgeben — céder, lâcher — comply, give · gave · given in
Ihr Vater hat ihrer Bitte nachgegeben. — Son père a cédé à sa demande. — Her father complied with her request.

nachhaltig — durable — sustainable, lasting, long-term

nachher — après, ensuite — afterwards, later

nachmachen — imiter — imitate, copy
Ich mache meine Schwester nach. — J'imite ma sœur. — I'm imitating my sister.

der	**Nachmittag**	l'**après-midi** m	afternoon
der	**Nachname**	le **nom (de famille)**	surname (UK), last name (US)
die	**Nachricht**	le **message**, la **nouvelle**	message
	nächster, nächste, nächstes	**prochain**/-e	next
	Nächste Woche verreisen wir für zwei Tage.	La semaine prochaine, nous partons pour deux jours.	Next week we are going away for two days.
die	**Nacht**	la **nuit**	night
	Gute Nacht.	Bonne nuit.	Good night.
der	**Nachteil**	le **désavantage**, l'**inconvénient** m	disadvantage
das	**Nachthemd**	la **chemise de nuit**	nightgown
	nachts	la **nuit**, de **nuit**	at night
	nachweisen	**prouver**	prove, demonstrate
	Inspektor Studer hat ihm den Mord nachgewiesen.	L'inspecteur Studer lui a prouvé le meurtre.	Detective Studer proved he committed the murder.
der	**Nacken**	la **nuque**	neck
	nackt	**nu**/-e, **brut**/-e	naked, bare, nude
die	**Nadel**	l'**aiguille** f	needle
der	**Nagel**	le **clou**; l'**ongle** m (Finger, Zehen)	nail; fingernail (Finger); toenail (Zehen)
der	**Nagellack**	le **vernis à ongles**	varnish (UK), polish (US)

nagen	ronger	gnaw, chew
Der Hund nagt am Knochen.	Le chien ronge l'os.	The dog is chewing on a bone.
das **Nagetier**	le **rongeur**	rodent
nahe	près, proche	close, near
die **Nähe**	la **proximité**, les **alentours** m	proximity, vicinity
nähen	coudre	sew · sewed · sewn
In der Schule habe ich einen Rock genäht.	A l'école, j'ai cousu une jupe.	At school I sewed a skirt.
sich **nähern**	s'**approcher**, se **rapprocher**	approach, near
Wir nähern uns dem Ziel.	Nous approchons du but.	We are approaching the finish line.
die **Nahrung**	la **nourriture**	food, nourishment
das **Nahrungsmittel**	l'**aliment** m	food, foodstuff
der **Name**	le **nom**	name
Beni gibt seinem Schaf einen Namen.	Beni donne un nom à son mouton.	Beni gives his sheep a name.
nämlich	en effet, en fait	namely
die **Nase**	le **nez**	nose
nass	mouillé/-e, trempé/-e	wet
das **Natel** (CH)	le **portable**	mobile phone, cell phone (US)
die **Nation**	la **nation**	nation
national	national/-e	national
der **Nationalfeiertag**	la fête nationale	national holiday

die Nationalität	la nationalité	nationality
der Nationalrat	le Conseil national	National Council
die Natur	la nature	nature
natürlich	naturellement, naturel/-le	natural
der Nebel	le brouillard, la brume	fog
neben	à côté de	beside, next to
nebenbei	en outre (ausserdem); en passant (beiläufig)	besides, in addition (ausserdem); incidentally, in passing (beiläufig)
nebeneinander	côte à côte, l'un à côté de l'autre	side by side
die Nebenwirkung	l'effet secondaire m	side effect
neblig	brumeux/-euse	foggy
necken	taquiner	tease
Er neckt immer seine Schwester.	Il taquine toujours sa sœur.	He always teases his sister.
der Neffe	le neveu	nephew
negativ	négatif/-ve	negative
nehmen	prendre	take · took · taken
Ich nehme ein Buch aus dem Regal.	Je prends un livre de l'étagère.	I'm taking a book off the shelf.
neidisch	jaloux/-ouse	jealous, envious
neigen	avoir tendance à; pencher (Schräglage)	tend to; tilt (Schräglage)
Fabienne neigt dazu zu lügen.	Fabienne a tendance à mentir.	Fabienne tends to tell lies.

nein	non	no
nennen	nommer, appeler	name
Nennt drei Adjektive.	Nommez trois adjectifs.	Name three adjectives.
der **Nerv**	le **nerf**	nerve
nerven	énerver, casser les pieds	annoy, irritate
Sie nervt mich.	Elle m'énerve.	She annoys me.
nervös	**nerveux**/-**euse**	nervous
die **Nervosität**	la **nervosité**	nervousness, tension
das **Nest**	le **nid**	nest
das **Netbook** (aus dem Englischen)	le **netbook**, le **petit portable**	netbook
nett	**gentil**/-**le**, **adorable**, **agréable**	kind, nice
das **Netz**	le **filet** (fischen)	net (fischen)
das **Netzwerk**	le **réseau**/-**x**	network
neu	**nouveau**, **nouvel**/-**le**, **neuf**/**neuve**; **récent**/-**e** (zeitlich)	new; recent (zeitlich)
der **Neubau**	l'**immeuble récent** m la **nouvelle construction**	new building
Neuenburg	Neuchâtel	Neuchâtel
die **Neuerung**	l'**innovation** f	innovation
die **Neugier**	la **curiosité**	curiosity
neugierig	**curieux**/-**euse**	curious

das **Neujahr**	le **nouvel an**	New Year
neulich	récemment, l'autre jour	recently
neun	neuf	nine
neunter, neunte, neuntes	neuvième	ninth
Neuseeland	la **Nouvelle-Zélande**	New Zealand
der, die **Neuseeländer/-in**	le, la **Néo-Zélandais/-e**	New Zealander
neutral	neutre, impartial/-e	neutral
nicht Das ist nicht schwierig.	ne … pas Ce n'est pas difficile.	not That is not difficult.
die **Nichte**	la **nièce**	niece
nichts Florian hat nichts gemacht. Ich esse nichts.	rien Florian n'a rien fait. Je ne mange rien.	nothing, not anything Florian did nothing. I'm not eating anything.
nicken mit dem Kopf nicken	hocher hocher la tête	nod to nod
Nidwalden	Nidwald	Nidwalden
nie Sie kommt nie alleine in die Schule. nie mehr	jamais Elle ne vient jamais seule à l'école. plus jamais	never She never comes to school alone. never again
die **Niederlage**	la **défaite**	defeat

die **Niederlande**	les **Pays-Bas** m	Netherlands
niedlich	mignon/-ne	cute
niedrig	bas/-se; modéré/-e (Preis)	low
niemals	jamais	never
niemand	personne	no one, nobody
Niemand ist da.	Il n'y a personne.	No one is here.
die **Niere**	le **rein** (Körperteil); le **rognon** (Speise)	kidney
niesen	éternuer	sneeze
Er niest.	Il éternue.	He sneezes.
nirgends	nulle part	nowhere
nirgendwo	nulle part	nowhere
das **Niveau**	le **niveau**/-x	level
noch	encore; déjà	still; once; yet
immer noch	toujours	still
noch einmal	encore une fois	once more
noch nicht	pas encore	not yet
das **Nomen**	le **nom**	noun
der **Norden**	le **nord**	north
nördlich	du nord, au nord	northern, to the north
normal	normal/-e	normal
normalerweise	normalement	normally, usually

Norwegen	la **Norvège**	Norway
der, die **Norweger/-in**	le, la **Norvégien/-ne**	Norwegian
norwegisch	**norvégien/-ne**	Norwegian
die **Not**	la **détresse**, la **misère**	suffering, misery, distress, hardship
die **Note**	la **note**	note (Musik); grade (Bewertung)
der **Notfall**	l'**urgence** f	emergency
notieren	**noter**	note
Ich habe alles notiert.	J'ai tout noté.	I noted everything.
nötig	**nécessaire**	necessary
die **Notiz**	la **note**	note
der **Notizblock**	le **bloc-notes**	note pad
das **Notizheft**	le **carnet**	note book
notwendig	**nécessaire**	necessary
der **November**	**novembre** m	November
nüchtern	**à jeun** (mit leerem Magen), **sobre** (nicht betrunken)	on an empty stomach; sober (nicht betrunken)
die **Nudeln** (Plural)	les **pâtes** f, les **nouilles** f	noodles (Plural)
null	**zéro**	zero
die **Nummer**	le **numéro**	number
nummerieren	**numéroter**	number
Sie hat die Sätze nummeriert.	Elle a numeroté les phrases.	She numbered the sentences.

	nun	maintenant	now
	nur	seulement, ne … que	only
die	**Nuss**	la noix	nut
der	**Nutzen**	le profit	use; benefit (Vorteil)
	nutzen, nützen	se **servir de**, **profiter de** (Gelegenheit), **utiliser**	to be of use; benefit; utilise, use
	Das nützt mir nichts.	Cela ne me sert à rien.	That's of no use to me.
der, die	**Nutzer/-in**	l'**utilisateur**/**-trice** m/f, l'**internaute** m/f (Internet)	user
	nützlich	utile	useful
	nutzlos	inutile	useless

JOHN LENNON INVENTE UN SYMBOLE.

O

die **Oase**	l'**oasis** f	oasis
ob	si; que	if, whether
als ob	comme si	as if
je nachdem ob	selon que	depending on whether
der, die **Obdachlose**	le, la **sans-abri**	homeless
oben	en haut	above
oberer, obere, oberes	supérieur/-e	upper
die **Oberfläche**	la **surface**	surface
oberflächlich	superficiel/-le	superficial
oberhalb	au-dessus de	above, on top of
der **Oberkörper**	le **torse**	torso
das **Objekt**	l'**objet** m	object, item
das **Objektiv**	l'**objectif** m	objective
objektiv	objectif/-ve	objective
obligatorisch	obligatoire	compulsory, mandatory, obligatory
das **Obst**	les **fruits** m	fruit
der **Obstkuchen**	la **tarte aux fruits**	fruit pie
Obwalden	Obwald	Obwalden
obwohl	bien que, quoique	although
Ich gehe in die Schule, obwohl ich krank bin.	Je vais à l'école bien que je sois malade.	I'm going to school although I'm sick.
oder	ou, n'est-ce pas	or
entweder … oder	soit … soit	either … or

der **Ofen**	le **four**; le **poêle** (Heizung)	oven
offen	**ouvert**/-e; **franc**/franche (jemandem gegenüber)	open
offenbar	manifestement, évident/-e	apparently, evidently
die **Offenheit**	la franchise	openness
offensichtlich	évident/-e, de toute évidence, visiblement	apparent, obvious
öffentlich	public/publique	public
die **Öffentlichkeit**	le public	public
offiziell	officiel/-le	official
öffnen	ouvrir	open
Nicht öffnen.	Ne pas ouvrir.	Do not open.
die **Öffnung**	l'**ouverture** f	opening
die **Öffnungszeiten** (Plural)	les **heures d'ouverture** f	opening hours
oft	souvent	often
ohne	sans	without
Paul hat eine Wohnung ohne Balkon.	Paul a un appartement sans balcon.	Paul has an apartment without a balcony.
ohnehin	de toute façon	in any case
die **Ohnmacht**	l'**évanouissement** m (Bewusstlosigkeit); l'**impuissance** (Machtlosigkeit)	**unconsciousness** (Bewusstlosigkeit); **powerlessness** (Machtlosigkeit)
ohnmächtig	**impuissant**/-e (machtlos); **évanoui**/-e, sans connaissance (bewusstlos)	**powerless** (machtlos); **unconscious** (bewusstlos)
das **Ohr**	l'**oreille** f	ear

	die **Ohrfeige**	la **gifle**	slap in the face
	der **Ohrring**	la **boucle d'oreille**	earring
	ökologisch	**écologique**	ecological
	der **Oktober**	**octobre** m	October
	das **Öl**	l'**huile** f	oil
	die **Olive**	l'**olive** f	olive
	Olympische Spiele	les **Jeux olympiques** m	Olympic Games
	das **Omelett**	l'**omelette** f	omelette
	der **Onkel**	l'**oncle** m	uncle
	online	**en ligne**, **connecté**/-e	online
	der **Onlineshop**	la **boutique en ligne**	online shop
	die **Oper**	l'**opéra** m	opera
	die **Operation**	l'**opération** f	operation

operieren	**opérer**	operate
Der Chirurg operiert heute den ganzen Tag.	Le chirurgien opère aujourd'hui toute la journée.	The surgeon is operating all day long.

	das **Opfer**	la **victime**	victim
	optimistisch	**optimiste**	optimistic
	die **Option**	l'**option** f	option
	optisch	**optique**, **visuel**/-le	optic, optical
	orange	**orange**	orange
	die **Orange**	l'**orange** f	orange

das **Orchester**	l'**orchestre** m	orchestra
ordentlich	**rangé**/-e (Zimmer); **ordonné**/-e (Person); **convenable** (Arbeit)	neat, tidy
ordnen	**classer**	sort, organise, put in order
Ordnet die Karteikarten!	Classez les fiches.	Put the file cards in the right order.
die **Ordnung**	l'**ordre** m	order, tidiness
das **Organ**	l'**organe** m	organ
die **Organisation**	l'**organisation** f	organisation
der, die **Organisator**/-in	l'**organisateur**/-trice m/f	organiser
organisatorisch	**sur le plan de l'organisation**	organisational
organisieren	**organiser**	organise
Wir organisieren ein Fest für Samstag.	Nous organisons une fête pour samedi.	We are organising a party on Saturday.
die **Orgel**	l'**orgue** m	organ
orientieren	**informer**	inform
Der Inspektor orientiert seine Kollegen.	L'inspecteur informe ses collègues.	The detective informs his colleagues.
sich **orientieren**	**s'orienter**	orient
Ich versuche, mich in diesem Gebäude zu orientieren.	J'essaye de m'orienter dans ce bâtiment.	I am trying to orient myself in this building.
die **Orientierung**	l'**orientation** f (Richtung), l'**information** f (Mitteilung)	**orientation** (Richtung); **information** (Mitteilung)
Original	l'**original** m	original
originell	**original**/-e, **d'une manière originale**	original

der	**Ort**	l'endroit m, le lieu	place
die	**Ortszeit**	l'heure locale f	local time
der	**Osten**	l'est m	east
der	**Osterhase**	le lapin de Pâques	Easter bunny
	Ostern	Pâques	Easter
	Österreich	l'Autriche f	Austria
der, die	**Österreicher/-in**	l'Autrichien/-ne m/f	Austrian
	österreichisch	autrichien/-ne	Austrian
	östlich	à l'est de, oriental/-e	eastern, to the east (of)
	oval	oval/-e	oval
der	**Ozean**	l'océan m	ocean
der	**Ozonwert**	le taux d'ozone	ozone level

P

das **Paar**		la **paire** (Schuhe); le **couple** (Menschen)	**pair** (Schuhe); **couple** (Menschen)
paar		quelques	a few, a couple
das **Päckchen**		le **paquet**, le **colis**	package, parcel
packen		faire les valises; emballer (Geschenk); saisir (handgreiflich)	pack; wrap (Geschenk); grab (handgreiflich)
Pack deinen Koffer!		Fais ta valise.	Pack your suitcase.
das **Packpapier**		le **papier d'emballage**	packing paper
die **Packung**		le **paquet**, l'**emballage** m	packaging
pädagogisch		pédagogique	educational
das **Paket**		le **paquet**, le **colis**	packet, package, parcel
der **Palast**		le **palais**	palace
die **Palme**		le **palmier**	palm tree
panieren		paner	coat in breadcrumbs, bread (US)
Sie panieren die Schnitzel.		Ils panent les escalopes.	They are coating the cutlets in breadcrumbs.
das **Paniermehl**		la **panure**, la **chapelure**	breadcrumbs
die **Panik**		la **panique**	panic
die **Panne**		la **panne**	breakdown
der **Papagei**		le **perroquet**	parrot
die **Papeterie**		la **papeterie**	stationers

das **Papier**	le **papier**	paper
der **Papierkorb**	la **corbeille à papier**	wastepaper basket
das **Paprika** (Gewürz)	le **paprika**; le **poivron** (Gemüse)	paprika; pepper, capsicum (Gemüse)
das **Paradies**	le **paradis**	paradise
parallel	**parallèle**	parallel
das **Parfüm**	le **parfum**	perfume
der **Park**	le **parc**	park
das **Parkhaus**	le **parking**, le **garage**	covered car park
parkieren	**garer**, **stationner**, **parquer** (CH)	park
Er parkiert sein Auto vor dem Haus.	Il gare sa voiture devant la maison.	He parks his car in front of the house.
der **Parkplatz**	le **parking**, la **place de parc**	car park
die **Parkuhr**	le **parcmètre**, le **parcomètre**	parking meter
das **Parlament**	le **parlement**	parliament
die **Partei**	le **parti**	party
das **Parterre**	le **rez-de-chaussée**	ground floor
die **Partie**	la **partie**	party
das **Partizip**	le **participe**	participle
der, die **Partner/-in**	le, la **partenaire**, l'**époux** m, l'**épouse** f; l'**associé/-e** m/f (geschäftlich)	partner

die	**Party**	la **soirée**, la **boum**	**party**
der	**Pass**	le **passeport**; le **col** (Gebirge); la **passe** (Sport)	**passport** (ID); **mountain pass** (Gebirge); **pass** (Sport)
der, die	**Passagier/-in**	le, la **passager**/-**ère**	**passenger**
das	**Passbild**	la **photo d'identité**	**passport photo**
	passen	**aller**, **convenir**; **passer** (Sport)	**fit**; **suit**; **pass** (Sport)
	Diese Hose passt mir nicht.	Ce pantalon ne me va pas.	These trousers do not fit me.
	Das passt mir nicht.	Cela ne me convient pas.	That doesn't suit me.
	passieren	se **passer**, se **produire**	**happen**, **take · took · taken place**
	Was passiert hier?	Qu'est-ce qui se passe ici ?	What's happening here?
	passiv	**passif**/-**ve**	**passive**
die	**Pastete**	le **pâté**; le **vol-au-vent** (Blätterteig)	**pâté**; **vol-au-vent**, **pie** (Blätterteig)
der	**Pate**	le **parrain**	**godfather**
der, die	**Patient/-in**	le, la **patient**/-**e**	**patient**
die	**Patin**	la **marraine**	**godmother**
die	**Pause**	la **récréation** (Schule); la **pause**	**break**, **recess** (Schule); **pause** (im Gespräch); **intermission** (Veranstaltung)
der	**Pausenplatz**	la **cour** (de **récréation**)	**playground**, **recreation area**
der	**Pazifik**	le **Pacifique** (Ozean)	**Pacific**
der	**PC**	le **PC**	**personal computer**, **PC**
das	**Pech**	la **malchance**, la **poisse**	**bad luck**

das **Pedal**	la **pédale**	pedal
peinlich	embarrassant/-e; méticuleux/-euse (sorgfältig)	embarrassing
der **Pelz**	la **fourrure** (Mantel); le **pelage** (lebendes Tier)	**fur** (Mantel); **hide** (lebendes Tier)
der, die **Pendler/-in**	le, la **pendulaire**	commuter
die **Pension**	la **pension** (Hotel); la **retraite** (Rente)	hotel; pension (Rente)
die **Pensionierung**	la **(mise à la) retraite**	retirement
die **Peperoni**	le **piment**, le **poivron** (CH)	peperoni, pepper
das **Perfekt**	le **passé composé**	perfect tense
perfekt	parfait/-e	perfect
die **Perle**	la **perle**	pearl
permanent	permanent/-e	permanent
die **Person**	la **personne**	person
Personal	le **personnel**	personnel
persönlich	personnel/-le	personal
die **Persönlichkeit**	la **personnalité**	personality
die **Perspektive**	la **perspective**	perspective
die **Perücke**	la **perruque**	wig
die **Petersilie**	le **persil**	parsley
die **PET-Flasche**	la **bouteille en plastique (consignée)**	PET bottle
der, die **Pfadfinder/-in**	le, la **scout/-e**, l'**éclaireur/-euse** m/f	scout

das **Pfand**	la consigne	deposit
die **Pfanne**	la poêle, la casserole (CH)	pan
der **Pfarrer** (katholisch)	le curé	priest
der, die **Pfarrer/-in** (evangelisch)	le pasteur, la femme pasteur	vicar, pastor, minister
der **Pfeffer**	le poivre	pepper
die **Pfefferminze**	la menthe	peppermint
die **Pfeife**	le sifflet (Trillerpfeife); la pipe (Tabakpfeife)	pipe
pfeifen	siffler	whistle; pipe, play the pipe (musizieren)
Du pfeifst gut!	Tu siffles bien !	You can whistle well.
der **Pfeil**	la flèche	arrow
das **Pferd**	le cheval/-aux	horse
Pfingsten	la Pentecôte	Whitsun, Pentecost
der **Pfirsich**	la pêche	peach
die **Pflanze**	la plante	plant
pflanzen	planter	plant
Hanspeter pflanzt Blumen.	Jean-Pierre plante des fleurs.	Jean-Pierre is planting flowers.
das **Pflaster**	le pansement	plaster (UK), bandage
die **Pflaume**	la prune	plum
die **Pflege**	le soin (Person); l'entretien m (Gebäude)	care
der **Pflegefachmann** die **Pflegefachfrau**	l'infirmier/-ère m/f	healthcare specialist, nurse

	pflegen	soigner, entretenir	care for; tend
	Die Pflegefachfrau pflegt die Kranken.	L'infirmière soigne les malades.	The nurse cares for the sick.
	Grossvater pflegt seinen Garten.	Grand-père entretient son jardin.	Grandfather tends his garden.
die	**Pflicht**	le devoir, l'obligation f	duty, obligation
	pflücken	cueillir	pick
	Wir pflücken Blumen.	Nous cueillons des fleurs.	We are picking flowers.
die	**Pfote**	la patte	paw
das	**Pfund**	la livre (Gewicht); la livre sterling (Währung)	pound
die	**Pfütze**	la flaque (d'eau)	puddle
das	**Phänomen**	le phénomène	phenomenon
die	**Phase**	la phase	phase
der, die	**Philosoph/-in**	le, la philosophe	philosopher
die	**Philosophie**	la philosophie	philosophy
die	**Physik**	la physique	physics
der, die	**Physiker/-in**	le, la physicien/-ne	physicist
der, die	**Pianist/-in**	le, la pianiste	pianist
der	**Pickel**	le bouton (im Gesicht); la pioche (Werkzeug)	pimple (im Gesicht); pickaxe (Werkzeug)
das	**Picknick**	le pique-nique	picnic
der, die	**Pilot/-in**	le, la pilote	pilot
der	**Pilz**	le champignon	mushroom
der	**Pinsel**	le pinceau	brush

die **Piste**	la **piste**; le **circuit** (Rennstrecke)	**ski slope**; **race track** (Rennstrecke); **runway** (Flughafen)
die **Pistole**	le **pistolet**	**pistol**
die **Pizza**	la **pizza**	**pizza**
das **Plakat**	l'**affiche** f	**poster**
der **Plan**	le **plan**	**plan** (Absicht, Vorhaben, Entwurf, Skizze, Grundriss, Zeitplan); **map** (Stadtplan)
Schau auf dem Plan!	Regarde sur le plan.	Look at the map.
planen	**projeter, planifier**	**plan**
Wir planen eine grosse Reise.	Nous projetons un grand voyage.	We are planning a big trip.
der **Planet**	la **planète**	**planet**
die **Planung**	la **planification**, le **planning**	**planning**
das **Plastik**	le **plastique**	**plastic**
die **Platte**	la **plaque** (Bauelement, Herdplatte); la **dalle** (Keramik); le **plateau/-x** (Servierplatte); le **disque** (Schallplatte)	**tile** (Bauelement); **platter** (Geschirr); **record** (Musik)
der **Plattenspieler**	le **tourne-disque**	**record player, turntable, stereo**
die **Plattform**	la **plate-forme**	**platform**
der **Platz**	la **place**; le **terrain** (Sport)	**seat** (Sitzplatz); **place** (Ort, Rang)
platzen	**éclater, exploser**	**burst · burst · burst, explode**
Der Ballon ist geplatzt.	Le ballon a éclaté.	The balloon burst.

plaudern	bavarder, causer	chat
Es war schön, mit dir zu plaudern.	C'était sympa de bavarder avec toi.	It was nice chatting with you.
pleite	fauché/-e	bankrupt, broke
plötzlich	tout à coup, soudain/-e, brusquement	sudden
der **Plural**	le **pluriel**	plural
plus	plus	plus
2 plus 3 gleich 5.	2 plus 3, ça fait 5.	2 plus 3 is 5.
der **Pneu**	le **pneu**	tyre
das **Podium**	le **podium**	podium
der **Pokal**	la **coupe**	trophy, cup
der **Pol**	le **pôle**	pole
Polen	la **Pologne**	Poland
polieren	faire briller, polir (glatt)	polish, shine
Wir polieren unser Auto.	Nous faisons briller notre voiture.	We are polishing our car.
die **Politik**	la **politique**	politics
der, die **Politiker/-in**	le, la **politicien/-ne**	politician
politisch	politique	political

die	**Polizei**	la **police**	**police**
der	**Polizeiposten**	le **commissariat**	**police station**
der, die	**Polizist/-in**	le, la **policier/-ère**, l'**agent de police** m	**police officer**
	polnisch	**polonais**/-e	**Polish**
die	**Pommes frites**	les **pommes frites** f, les **frites** f	**chips** (UK), **french fries** (US)
das	**Portemonnaie**	le **porte-monnaie**	**purse** (UK), **wallet** (US)
die	**Portion**	la **portion**	**portion**
	Portugal	le **Portugal**	**Portugal**
die	**Position**	la **position**	**position**
	positiv	**positif**/-ve	**positive**
die	**Post**	la **poste** (Institution); le **courrier** (Briefe)	**post office** (Institution); **post**, **mail** (Briefe)
das	**Poster**	le **poster**, l'**affiche** f	**poster**
die	**Postkarte**	la **carte postale**	**postcard**
die	**Postleitzahl**	le **code postal**	**postcode**, **zip code** (US)
das	**Potenzial**	le **potentiel**	**potential**
das	**Poulet**	le **poulet**	**chicken**
	prächtig	**magnifique**, **superbe**	**magnificent**, **splendid**, **superb**
der, die	**Praktikant/-in**	le, la **stagiaire**	**trainee**, **intern**
das	**Praktikum**	le **stage**	**traineeship**, **internship**
	praktisch	**pratique**	**practical**
das	**Präsens**	le **présent**	**presence**

die **Präsentation**	la **présentation**	presentation
präsentieren Die Models präsentieren die neue Mode.	**présenter** Les mannequins présentent la nouvelle collection.	**present** The models are presenting the latest fashion.
der, die **Präsident/-in**	le, la **président**/**-e**	president
die **Praxis**	le **cabinet** (Arzt)	practice (Arzt)
präzise	**précis**/**-e**, avec **précision**	precise
der **Preis**	le **prix**	price; prize (Wettbewerb)
das **Preisschild**	l'**étiquette** f (indiquant le prix)	price label
preiswert	bon **marché**	cheap, economical
die **Premiere**	la **première**	première
die **Presse**	la **presse**	press
pressen Kathrin hat zwei Orangen gepresst.	**presser** Catherine a pressé deux oranges.	**press, squeeze** Catherine squeezed two oranges.
prima	super, extra	great
primitiv	**primitif**/**-ve**, primaire	primitive
der, die **Prinz/-essin**	le, la **prince**/**-esse**	prince m, princess f
das **Prinzip**	le **principe**	principle
privat	**privé**/**-e**	private
pro	par	per
die **Probe**	l'**échantillon** m (Muster); la **répétition** (Theater, Chor); l'**épreuve** f (Test); l'**essai** m (Versuch)	sample; rehearsal (Theater, Chor); trial, test (Versuch)

probieren Habt ihr die Früchte schon probiert?	**goûter** (Speisen); **essayer** (versuchen) Vous avez déjà goûté les fruits ?	**taste** (Speisen); **try** (versuchen) Have you already tasted the fruit?
das **Problem**	le **problème**, la **difficulté**	**problem**
das **Produkt**	le **produit**	**product**
die **Produktion**	la **production**	**production**
produktiv	**productif/-ve**, de manière productive	**productive**
produzieren Wo produziert man diese Schokolade?	**produire, fabriquer** Où produit-on ce chocolat ?	**produce, make · made · made, manufacture** Where is this chocolate made?
professionell	**professionnel/-le**	**professional**
der, die **Professor/-in**	le, la **professeur/-e**	**professor**
der **Profi**	le **professionnel**, le, la **pro**	**professional, pro**
das **Profil**	le **profil**	**profile**
profitieren Ich habe von diesem Kurs profitiert.	**profiter** J'ai profité de ce cours.	**profit, benefit** I benefited a lot from this course.
die **Prognose**	la **prévision** (Wetter); l'**estimation** f, le **pronostic** (Wirtschaft)	**forecast, outlook** (Wetter, Wirtschaft); **prognosis** (Medizin)

das **Programm**	le **programme**; le **logiciel** (Software)	**programme**; **program** (Software)
das **Projekt**	le **projet**	**project**
die **Projektwoche**	la **semaine de projet**	**project week**
das **Pronomen**	le **pronom**	**pronoun**
der **Propeller**	l'**hélice** f	**propeller**
der **Prospekt**	le **prospectus**, le **dépliant**	**prospectus**, **leaflet**, **flyer**
der **Protest**	la **protestation**	**protest**
protestieren	**protester (contre)**	**protest**
Erich protestiert gegen die Umweltverschmutzung.	Eric proteste contre la pollution de l'environnement.	Eric is protesting against environmental pollution.
das **Protokoll**	le **procès-verbal (PV)**	**minutes**
der **Provider** (aus dem Englischen)	le **fournisseur d'accès (à Internet)**	**provider**
die **Provinz**	la **province**	**province**
provisorisch	**provisoire, temporaire**	**provisional, temporary**
das **Prozent**	le **pour cent**	**percent**
Wir haben zwanzig Prozent gespart.	Nous avons économisé vingt pour cent.	We saved twenty percent.
der **Prozess**	le **procès** (Gericht); la **procédure** (Vorgang)	**trial** (Gericht); **procedure**, **process** (Vorgang)
prüfen	**contrôler, examiner, vérifier, tester**	**check, examine, test**
Herr Burckhardt prüft die Qualität des Kaffees.	M. Burckhardt contrôle la qualité du café.	Mr Burckhardt tests the quality of the coffee.

die **Prüfung**	l'**épreuve** f, l'**examen** m, le **test**	check, examination, test
sich **prügeln**	se **battre**, se **bagarrer**	fight · fought · fought, beat · beat · beaten up
Haben die sich geprügelt?	Se sont-ils battus ?	Did they beat each other up?
psychisch	**psychique**	mental
der **Psychologe** die **Psychologin**	le, la **psychologue**	psychologist
psychologisch	**psychologique**	psychological
die **Pubertät**	la **puberté**	puberty
das **Publikum**	le **public**	audience, spectators, public
der **Pudding**	le **flan**, le **pudding**	flan, pudding
der **Puder**	la **poudre**	powder
der **Pulli**	le **pull**	pullover
der **Pullover**	le **pull-over**	pullover
das **Pult**	le **pupitre**	desk
das **Pulver**	la **poudre**	powder
die **Pumpe**	la **pompe**	pump
der **Punkt**	le **point**	point; full stop, period (Interpunktion)
pünktlich	**ponctuel/-le**, à l'**heure**	punctual, on time
die **Pünktlichkeit**	la **ponctualité**	punctuality
die **Puppe**	la **poupée**	doll

pur	pur/-e	pure
putzen	nettoyer	clean
Wir putzen unsere Schuhe.	Nous nettoyons nos souliers.	We are cleaning our shoes.
das **Putzmittel**	le produit d'entretien, le détergent	cleaning agent, detergent
das **Puzzle**	le puzzle	puzzle
das **Pyjama** (CH)	le pyjama	pyjamas
die **Pyramide**	la pyramide	pyramid

Q

das **Quadrat**	le **carré**	square
quadratisch	**carré**/-e	square
der **Quadratmeter**	le **mètre carré**	square metre
quälen	**torturer, harceler**	torture, torment
Er liebt die Tiere nicht, er quält sie.	Il n'aime pas les bêtes, il les torture.	He doesn't like animals, he torments them.
die **Qualifikation**	la **qualification**	qualification
sich **qualifizieren**	se **qualifier**	qualify
Die Mannschaft hat sich qualifiziert.	L'équipe s'est qualifiée.	The team qualified for the next round.
qualifiziert	**qualifié**/-e	qualified
die **Qualität**	la **qualité**	quality
die **Qualle**	la **méduse**	jellyfish
die **Quantität**	la **quantité**	quantity
der **Quark**	le **fromage blanc**, le **séré** (CH)	quark, curd, curd cheese
das **Quartal**	le **trimestre**	quarter, quarterly period
das **Quartier**	le **quartier**; le **logement** (Wohnung)	quarter, neighbourhood; accommodation (Wohnung)
quasi	**quasiment, presque**	more or less, quasi
der **Quatsch**	la **bêtise**, la **sottise**	nonsense

die **Quelle**	la **source**	**source**; **spring** (Wasser)
quer	en **travers**, à **travers**	**across**
der **Querschnitt**	la **coupe transversale**; l'**aperçu** m (Überblick)	**cross-section**
die **Quittung**	la **quittance**, la **facture**, le **reçu**	**receipt**
das **Quiz**	le **quiz**, le **jeu de questions-réponses**	**quiz**

R

der **Rabatt**	le **rabais**, la **remise**	discount, rebate
der **Rabe**	le **corbeau**	raven
die **Rache**	la **vengeance**	revenge
sich **rächen**	se **venger**	avenge
Sie rächt sich für die Beleidigung.	Elle se venge pour l'insulte.	She's avenging herself for the insult.
das **Rad**	la **roue**; le **vélo**	wheel (Laufrad); bicycle, bike (Fahrrad)
Rad fahren	faire du vélo	to ride a bike
der **Radar**	le **radar**	radar
das **Rädchen**	la **roulette**	small wheel, cog
der, die **Radfahrer/-in**	le, la **cycliste**	cyclist
radieren	**gommer, effacer**	erase
Radiere dieses Wort!	Gomme ce mot.	Erase this word.
der **Radiergummi**	la **gomme**	eraser, rubber (UK)
das **Radieschen**	le **radis**	radish
radikal	radical/-e	radical
das **Radio**	la radio	radio
radioaktiv	radioactif/-ve	radioactive
der **Radius**	le **rayon**	radius
der **Rahm**	la **crème**	cream
der **Rahmen**	le **cadre**; le **châssis** (Fahrzeug)	frame

die	**Rakete**	la **fusée**	rocket, missile
die	**Rampe**	la **rampe** (Auffahrt); la **plate-forme** (Laderampe)	**ramp** (Auffahrt); **loading ramp** (Laderampe); **platform** (Bahn)
der	**Rand**	le **bord**; la **bordure** (Strasse, Trottoir); le **rebord** (Sims)	edge
der	**Rang**	le **rang**; le **grade** (Militär)	**place** (Tabelle); **rank** (Militär)
der	**Rappen**	le **centime**	**cent** (Schweiz)
der, die	**Rapper/-in**	le, la **rappeur/-euse**	rapper
	rasch	rapide	quick, fast, rapid
	rasen	foncer	speed · sped · sped, race
	Dieser Idiot ist mit 190 km/h über die Autobahn gerast.	Cet idiot a foncé à 190 km/h sur l'autoroute.	The idiot was speeding at 190 km/h on the motorway.
der	**Rasen**	le **gazon**, la **pelouse**	lawn, grass
sich	**rasieren**	se **raser**	shave
	Papa rasiert sich jeden Morgen.	Papa se rase tous les matins.	Dad shaves every morning.
der	**Rasierer**	le **rasoir**	razor, shaver
die	**Rasse**	la **race**	**race** (Mensch); **breed** (Tier)
	rassistisch	raciste	racist
die	**Raststätte**	le **restoroute**	motorway service area, rest stop (US)
der	**Rat**	le **conseil**	advice

die	**Rate**	la **mensualité**; le **taux** (statistisch)	**instalment** (Teilzahlung); **rate** (statistisch)
	raten	**deviner**; **conseiller** (empfehlen)	**guess**; **advise** (empfehlen)
	Rate, wen sie geküsst hat!	Devine qui elle a embrassé.	Guess who she kissed!
das	**Rathaus**	la **mairie**, l'**hôtel de ville** m	**town hall**
	ratlos	**perplexe**	**perplexed**
das	**Rätsel**	la **devinette**, l'**énigme** f, le **mystère**	**puzzle, enigma, mystery**
	rätselhaft	**énigmatique**	**puzzling, enigmatic, mysterious**
die	**Ratte**	le **rat**	**rat**
	rau	**rugueux/-euse, rude**	**rough**
der, die	**Räuber/-in**	le, la **voleur/-euse**	**robber, thief, burglar**
das	**Raubtier**	le **prédateur**	**predator**
der	**Rauch**	la **fumée**	**smoke**
	rauchen	**fumer**	**smoke**
	Im Zug darf nicht geraucht werden.	Il est défendu de fumer dans le train.	It is not permitted to smoke in the train.
der, die	**Raucher/-in**	le, la **fumeur/-euse**	**smoker**
der	**Raum**	la **pièce** (Zimmer); l'**espace** m (Platz)	**room** (Zimmer); **space** (Platz)
das	**Rauschgift**	le **stupéfiant**, la **drogue**	**drug, dope, narcotic**
sich	**räuspern**	se **racler la gorge**, s'**éclaircir la voix**	**clear one's throat**
	Jemand hat sich geräuspert.	Quelqu'un s'est raclé la gorge.	Someone cleared his throat.

reagieren	**réagir, donner suite**	**react, respond**
Der Hund reagiert nicht.	Le chien ne réagit pas.	The dog doesn't react.
die **Reaktion**	la **réaction**	reaction
realisieren	**réaliser**	**realise**
Sie haben das Projekt realisiert.	Ils ont réalisé le projet.	They realised the project.
realistisch	**réaliste**	realistic
die **Realität**	la **réalité**	reality
die **Recherche**	la **recherche**	**research** (nachforschen); **search** (Internet)
recherchieren	**faire des recherches**	**research** (nachforschen); **search** (Internet)
Ich recherchiere für das Wörterbuch.	Je fais des recherches pour le dictionnaire.	I am doing research for the dictionary.
rechnen	**calculer**	**calculate, do arithmetic**
Ich rechne gerne.	J'aime calculer.	I like doing arithmetic.
die **Rechnung**	le **calcul**; l'**addition** f (Restaurant)	**calculation** (Rechenaufgabe); **invoice, bill, check** (Restaurant)
Diese Rechnung ist schwierig.	Ce calcul est difficile.	This calculation is difficult.
Die Rechnung, bitte.	L'addition, s'il vous plaît.	The bill, please.
das **Recht**	le **droit**; la **loi** (Gesetze)	**right**; **law** (Gesetze)
Recht haben	avoir raison	to be right
das **Rechteck**	le **rectangle**	rectangle

sich **rechtfertigen**	se **justifier**	justify, explain
Kannst du dich rechtfertigen?	Peux-tu te justifier?	Can you explain yourself?
rechts	à **droite**	right, on the right, to the right
der **Rechtsanwalt**, die **Rechtsanwältin**	l'**avocat**/-e m/f	lawyer, attorney-at-law
der **Rechtschreibfehler**	la **faute d'orthographe**	spelling mistake
die **Rechtschreibung**	l'**orthographe** f	spelling
rechtwinklig	**rectangle**	rectangular
rechtzeitig	à l'**heure**	on time, punctual
recyceln	**recycler**	recycle
Wir recyceln Glas.	Nous recyclons le verre.	We recycle glass.
die **Redaktion**	la **rédaction**	editorial staff
die **Rede**	le **discours**	speech
reden	**parler**	talk, speak · spoke · spoken
Reden wir nicht mehr davon!	N'en parlons plus.	Let's not speak about it any more.
die **Redewendung**	l'**expression** f	phrase, expression
der, die **Redner/-in**	l'**orateur**/-trice m/f	speaker
reduziert	**réduit**/-e	reduced
das **Regal**	l'**étagère** f	shelf
die **Regel**	la **règle**	rule
regelmässig	**régulier**/-ère, **régulièrement**	regular

regeln	régler	**regulate** (Verkehr); **settle** (Unstimmigkeiten)
Ich regle dieses Problem.	Je règle ce problème.	I'll settle this problem.
die **Regelung**	la **réglementation**	regulation
der **Regen**	la **pluie**	rain
der **Regenbogen**	l'**arc-en-ciel** m	rainbow
der **Regenmantel**	l'**imperméable** m le **manteau/-x de pluie**	raincoat
der **Regenschirm**	le **parapluie**	umbrella
regieren	gouverner, régner, être au pouvoir	rule, govern
Die Präsidentin regiert gut.	La présidente gouverne bien.	The president governs well.
die **Regierung**	le **gouvernement**	government
die **Region**	la **région**	region
regional	**régional/-e**	regional
der, die **Regisseur/-in**	le, la **metteur/-euse en scène**	director
registrieren	enregistrer; remarquer (wahrnehmen)	register, record; notice (wahrnehmen)
Das System registriert alle Zugriffe.	Le système enregistre tous les accès.	The system registers every log-in.

regnen	**pleuvoir**	**rain**
Es regnet.	Il pleut.	It's raining.
regnerisch	**pluvieux/-euse**	**rainy**
das **Reh**	le **chevreuil**	**deer**
reiben	**râper**	**grate; rub** (Tisch, Schuh)
Cloé reibt den Käse für die Teigwaren.	Chloé râpe du fromage pour les pâtes.	Chloe is grating cheese for the pasta.
sich **reiben**	se **frotter**	**rub**
Er reibt sich die Augen.	Il se frotte les yeux.	He rubs his eyes.
das **Reich**	l'**empire** m, le **royaume**	**empire, realm, kingdom**
reich	**riche**	**rich**
reichen	**suffire;** **passer** (herüberreichen)	**be enough;** **pass, hand** (herüberreichen)
Das reicht!	Ça suffit !	That's enough!
reichlich	**copieux/-euse** (Essen), **abondant/-e**	**ample, abundant**
der **Reichtum**	la **fortune**, la **richesse**	**wealth, riches**
reif	**mûr/-e**	**ripe** (Frucht); **mature** (Mensch)
der **Reifen**	le **pneu** (Fahrzeug); le **cerceau** (Sport)	**tyre**
die **Reihe**	le **rang** (Personen), la **rangée** (Sitzreihe); le **tour** (beim Spielen); la **collection** (Bücher)	**row** (Sitzreihe); **series** (Mathematik, Bücher); **line** (Folge); **turn** (beim Spielen)
Ich bin an der Reihe.	C'est mon tour.	It's my turn.

die	**Reihenfolge**	l'**ordre** m	order
der	**Reim**	la **rime**	rhyme
	rein	pur/-e	pure, clean
	reinigen	nettoyer	clean
	Sie reinigen ihre Instrumente.	Ils nettoient leurs instruments.	They're cleaning their instruments.
der	**Reis**	le **riz**	rice
die	**Reise**	le **voyage**	journey, trip, voyage
	Gute Reise.	Bon voyage !	Have a good trip!
das	**Reisebüro**	l'**agence de voyages** f	travel agent
der, die	**Reiseführer/-in**	le **guide (touristique)**	travel guide
	reisen	voyager	travel
	Meine Eltern reisen viel.	Mes parents voyagent beaucoup.	My parents travel a lot.
der, die	**Reisende**	le, la **voyageur/-euse**	traveller
die	**Reiseroute**	l'**itinéraire** m	route, itinerary
die	**Reisetasche**	le **sac de voyage**	travel bag
das	**Reiseziel**	la **destination**	destination
	reissen	tirer	tear · tore · torn
	an etwas reissen	tirer (violemment) sur quelque chose	to tear at something

der **Reissnagel**	la **punaise**	tack, thumbtack (US)
der **Reissverschluss**	la **fermeture éclair**	zip, zipper
reiten	**monter à cheval**	ride · rode · ridden
Katrin reitet gerne.	Catherine aime monter à cheval.	Katrin enjoys riding.
der **Reiz**	le **charme**	charm, appeal
reizen	**tenter;** **provoquer** (herausfordern)	**tempt;** **irritate** (ärgerlich machen); **provoke** (herausfordern)
Es reizt mich mit dir auf diese Reise zu kommen.	Cela me tente de faire ce voyage avec toi.	The idea of going with you on this trip tempts me.
die **Reklame**	la **pub**(**-licité**), la **réclame**	advertisement
reklamieren	**réclamer, revendiquer**	complain, protest
Der Spieler reklamiert beim Schiedsrichter.	Le joueur réclame auprès de l'arbitre.	The player protests to the referee.
der **Rekord**	le **record**	record
der, die **Rektor/-in**	le, la **directeur**/**-trice**	rector, principal
relativ	**relatif/-ve, relativement**	relative
relevant	**important/-e, pertinent/-e**	relevant, pertinent
die **Religion**	la **religion**	religion
religiös	**croyant/-e, religieux/-euse**	religious
das **Rendez-vous**	le **rendez-vous**	rendezvous, meeting, date
das **Rennen**	la **course**	race

rennen	courir	run · ran · run
Das Kaninchen rennt schneller als ich.	Le lapin court plus vite que moi.	The rabbit runs faster than me.
renovieren	rénover	renovate
Wir renovieren unsere Wohnung.	Nous rénovons notre appartement.	We are renovating our apartment.
die **Rente**	la retraite	pension
der, die **Rentner/-in**	le, la retraité/-e	pensioner, retiree
das **Rentier**	le renne	reindeer
die **Reparatur**	la réparation	repair
reparieren	réparer	repair, fix
Er repariert das Auto.	Il répare la voiture.	He's repairing the car.
die **Reportage**	le reportage	report, reportage
der, die **Reporter/-in**	le reporter	reporter, journalist
das **Reptil**	le reptile	reptile
die **Republik**	la république	republic
die **Reservation**	la réservation	reservation, booking
reservieren	réserver	reserve, book
Wir müssen unsere Plätze reservieren.	Nous devons réserver nos places.	We have to book our seats.
der **Respekt**	le respect	respect
respektieren	respecter	respect
Ich respektiere deine Wünsche.	Je respecte tes souhaits.	I respect your wishes.
die **Ressource**	la ressource	resource
der **Rest**	le reste	rest, remainder

das **Restaurant**	le **restaurant**	restaurant
restaurieren	**restaurer**	**restore**
Die Kirche ist restauriert worden.	L'église a été restaurée.	The church has been restored.
das **Resultat**	le **résultat**	result
retten	**sauver**	**rescue, save**
Er hat mir das Leben gerettet.	Il m'a sauvé la vie.	He saved my life.
die **Rettung**	le **sauvetage**	rescue
der **Rettungsdienst**	les **secours** m	rescue service
der **Rettungswagen**	l'**ambulance** f	ambulance
die **Revolution**	la **révolution**	revolution
das **Rezept**	la **recette** (kochen); l'**ordonnance** f (medizinisch)	**recipe** (kochen); **prescription** (medizinisch)
der **Rhein**	le **Rhin**	Rhine
der **Rhythmus**	le **rythme**	rhythm
richten	**pointer;** **adresser** (Brief, Frage)	**point; arrange** (Pläne); **direct** (Frage)
Carla richtet ihre Waffe auf die Zielscheibe.	Carla pointe son arme sur la cible.	Carla points her weapon at the target.
der, die **Richter/-in**	le, la **juge**	judge
richtig	**juste, correct/-e, exact/-e**	right, correct, accurate
die **Richtlinie**	la **directive**	guideline
die **Richtung**	la **direction**	direction

	riechen	sentir	smell
	Das riecht gut.	Ça sent bon.	That smells good.
der	**Riese**	le, la géant/-e	giant
die	**Riesin**		
	riesig	immense, gigantesque, énorme	gigantic, huge, enormous
das	**Riff**	le récif	reef
das	**Rind**	le bœuf	cattle (Tier); beef (Fleisch)
die	**Rinde**	l'écorce f, la croûte	bark (Baum); crust (Brot)
das	**Rindfleisch**	la viande de bœuf	beef
der	**Ring**	la bague, l'anneau m; le ring (Boxen)	ring
das	**Risiko**	le risque	risk
der	**Ritter**	le chevalier	knight
	robust	robuste, costaud/-e	robust
der	**Rock**	la jupe; le rock (Musik)	skirt (Kleidung); rock (Musik)
die	**Rodelbahn**	la piste de luge	toboggan run
	rodeln	faire de la luge, luger	go · went · gone sledging (UK), go · went · gone sledding (US)
	Wir rodeln jedes Jahr.	Nous faisons de la luge chaque année.	We go sledging every year.
	roh	cru/-e (Fleisch); rude (Natur)	raw (Fleisch); rough (Natur)
das	**Rohr**	le tuyau/-x	tube, pipe
der	**Rohstoff**	la matière première	raw material
die	**Rolle**	le rôle (Film); le rouleau (Papier)	role (Theater); roll (Papier)

rollen	rouler	roll
Der Ball ist unter den Tisch gerollt.	La balle a roulé sous la table.	The ball rolled under the table.
das **Rollenspiel**	le jeu/-x de rôle	role-playing
der **Roller**	le scooter (aus dem Englischen)	scooter
die **Rolltreppe**	l'escalier roulant m, l'escalator m	escalator
der **Roman**	le roman	novel
romantisch	romantique	romantic
rosa	rose	pink
die **Rose**	la rose	rose
der **Rost**	la rouille; la grille (Grill)	rust; grate (Grill)
rot	rouge	red
rothaarig	roux/rousse, rouquin/-e	redheaded
der **Rotwein**	le vin rouge	red wine
die **Route**	la route, l'itinéraire m	route
der **Rücken**	le dos	back
die **Rückfahrt**	le retour	return, return journey
der **Rückgang**	la diminution, la baisse, le recul	reduction, decline, decrease
die **Rückkehr**	le retour, la rentrée	return
das **Rücklicht**	le feu/-x arrière	rear light, back light, tail light
der **Rucksack**	le sac à dos	rucksack, backpack

der **Rückschlag**	l'**échec** m, le **contrecoup**	setback
die **Rücksicht**	l'**égard** m, le **ménagement**	regard, consideration
der **Rückspiegel**	le **rétroviseur**	rearview mirror
der **Rückstand**	le **résidu** (Rest); le **retard** (zeitlich)	**residue** (Rest); **arrears** (zeitlich)
der **Rücktritt**	la **démission**	resignation
rückwärts	en **arrière**, à **reculons**	backwards
das **Ruder**	la **rame** (rudern); la **barre** (steuern)	**oar** (rudern); **rudder** (steuern)
das **Ruderboot**	la **barque**	rowing boat, rowboat
rudern	ramer	row
Rudert gleichmässig!	Ramez de manière régulière.	Row smoothly.
der **Ruf**	la **réputation**	reputation
rufen	**appeler, crier**	call
Hans ruft seinen Hund.	Jean appelle son chien.	John calls his dog.
die **Ruhe**	le **silence**, le **calme**	peace, calm, quiet, rest
der **Ruhestand**	la **retraite**	retirement
ruhig	**calme, tranquille**	**quiet, peaceful, calm**
rühren	**remuer;** **bouger** (sich bewegen)	**stir** (kochen); **move** (sich bewegen)
Rührt ihr die Sauce?	Vous remuez la sauce ?	Are you stirring the sauce?

ruinieren	**ruiner** (zugrunde richten); **abîmer** (beschädigen)	**ruin, spoil, damage**
Du ruinierst dir deine Gesundheit.	Tu te ruines la santé.	You're ruining your health.
rülpsen	**roter**	**belch, burp**
Hör auf zu rülpsen!	Arrête de roter.	Stop belching!
rund	**rond/-e; environ** (ungefähr)	**round** (Form); **approximate** (ungefähr)
die **Runde**	le **tour**	round
die **Rundfahrt**	le **tour**	**tour, sightseeing trip**; **round trip** (hin und zurück)
der **Rundflug**	le **circuit aérien**	sight-seeing flight, scenic flight
der **Russe** / die **Russin**	le, la **Russe**	Russian
der **Rüssel**	la **trompe**	**trunk** (Elefant), **proboscis** (Tiere allg.)
russisch	russe	Russian
Russland	la **Russie**	Russia
die **Rüstung**	l'**armure** f (Ritter); l'**armement** m (Armee)	**armour** (Ritter); **armament** (Armee)

die **Rutschbahn**	le **toboggan**	**slide**
rutschen	**glisser**	**slip; slide · slid · slid**
Diese Rutschbahn rutscht nicht gut.	Ce tobbogan ne glisse pas bien.	This sledge doesn't slide well.
rütteln	**secouer**	**shake · shook · shaken, rattle**
Der Wind rüttelt an den Fensterläden.	Le vent secoue les volets.	The wind is rattling the shutters.

S

der **Saal**	la **salle**	room, hall
die **Sache**	la **chose**; l'**affaire** f (Angelegenheit)	thing; matter (Angelegenheit)
Das ist eine andere Sache.	Ça, c'est autre chose.	That's another thing.

sachlich — objectif/-ve, fonctionnel/-le — objective, material, factual

sächlich — neutre — neuter

der **Sack**	le **sac**; la **poche** (Hose)	bag; pocket (Hose)
die **Sackgasse**	le **cul-de-sac**, l'**impasse** f	cul-de-sac, dead-end

säen — semer — sow · sowed · sown, plant
Simon sät gelbe Blumen. — Simon sème des fleurs jaunes. — Simon is planting yellow flowers.

der **Saft**	le **jus** (Getränk); la **sève** (Pflanzen)	juice (Getränk); sap (Bäume)
die **Säge**	la **scie**	saw

sagen — dire — say · said · said, tell · told · told
Sagt mir eine Zahl zwischen 1 und 10! — Dites-moi un chiffre entre 1 et 10. — Say a number between 1 and 10.
Was sagst du dazu? — Qu'en dis-tu ? — What do you say to that?
Sag die Wahrheit! — Dis la vérité. — Tell the truth.

sägen — scier — saw
Er sägt Holz. — Il scie du bois. — He is sawing wood.

die **Sahne**	la **(crème) chantilly** (geschlagen)	cream, whipped cream (geschlagen)
die **Saison**	la **saison**	season

der **Salat**	la **salade**	salad
die **Salbe**	la **pommade**	ointment
das **Salz**	le **sel**	salt
Es hat zu viel Salz in der Sauce.	Il y a trop de sel dans la sauce.	There is too much salt in the sauce.
salzig	**salé/-e**	salty
der **Samen**	la **graine** (Pflanze); le **sperme** (Mensch, Tier)	seed (Pflanze); semen (Mensch, Tier)
sammeln	**collectionner**; **cueillir** (Pilze)	collect; pick (Pilze)
Sie sammelt T-Shirts.	Elle collectionne les tee-shirts.	She collects T-shirts.
der, die **Sammler/-in**	le, la **collectionneur/-euse**	collector
die **Sammlung**	la **collection**; la **collecte** (wohltätig)	collection
der **Samstag**	le **samedi**	Saturday
der **Sand**	le **sable**	sand
das **Sandwich**	le **sandwich**	sandwich
Ich möchte ein Schinken-sandwich.	J'aimerais un sandwich au jambon.	I'd like a ham sandwich.
sanft	**doux/douce**	soft, gentle
der, die **Sänger/-in**	le, la **chanteur/-euse**	singer
der **Sarg**	le **cercueil**	coffin
der **Satellit**	le **satellite**	satellite

	satt	rassasié/-e, ne plus avoir faim	full, satisfied
der	**Sattel**	la selle	saddle
der	**Satz**	la phrase; le bond (Sprung); le set (Tennis); le théorème (Mathematik)	sentence (Text); leap (Sprung); set (Tennis); theorem (Mathematik)
der	**Satzbau**	la syntaxe	syntax
der	**Satzteil**	l'élément de phrase m	part of a sentence, clause
das	**Satzzeichen**	le signe de ponctuation	punctuation mark
	sauber	propre	clean
die	**Sauberkeit**	la propreté	cleanliness
die	**Sauce**	la sauce	sauce
	sauer	acide, aigre; tourné/-e (Milch); contrarié/-e (Laune)	sour, acidic; angry (Laune)
	Die Zitrone ist sauer.	Le citron est acide.	The lemon is sour.
	saugen	aspirer (einsaugen); téter (Baby)	suck (einsaugen); suckle (Baby)
	Der neue Staubsauger saugt sehr gut.	Le nouvel aspirateur aspire très bien.	The new vacuum cleaner sucks very well.
das	**Säugetier**	le mammifère	mammal
der	**Säugling**	le nourrisson	baby
die	**Säule**	la colonne, la pompe (Zapfsäule)	column; pump (Zapfsäule)
die	**Säure**	l'acide m	acid
die	**S-Bahn**	le train de banlieue, le (train) régional	suburban railway, suburban train

das **Schach**	les **échecs** m	chess
die **Schachtel**	la **boîte**; le **paquet** (Zigaretten); le **carton** (Schuhe)	box, carton; packet (Zigaretten)
schade	dommage	pity
der **Schädel**	le **crâne** (Knochen), la **tête** (Kopf)	skull
der **Schaden**	les **dégâts** (durch Unwetter), le **dommage** (an Sachen), le **sinistre** (Schadenfall)	damage
schaden Das Rauchen schadet der Gesundheit.	**nuire, faire du mal** Fumer nuit à la santé.	**damage, harm** Smoking can harm your health.
das **Schaf**	le **mouton**	sheep
schaffen Er hat die Prüfung geschafft.	**réussir; créer** (kreieren) Il a réussi l'examen.	**succeed; create** (kreieren) He succeeded in passing the exam.
der **Schal**	l'**écharpe** f, le **foulard**	scarf, shawl
die **Schale**	le **bol** (Geschirr); la **pelure** (Kartoffel); la **coquille** (Eier); l'**écorce** f (Zitrone)	**bowl** (Geschirr); **peel** (Kartoffel, Zitrone); **shell** (Eier)
schälen Sie schälen die Kartoffeln.	**éplucher** Ils épluchent les pommes de terre.	**peel** They are peeling the potatoes.
die **Schallplatte**	le **disque**	record

schalten	**passer, changer de vitesse** (Auto); **piger** (begreifen)	**change gear; understand** (begreifen)
Ferdinand schaltet in den 3. Gang.	Ferdinand passe en troisième.	Ferdinand changes into third gear.
der **Schalter**	le **guichet;** l'**interrupteur** m (Licht)	**counter; switch** (Licht)
sich **schämen**	**avoir honte**	**be · was · been ashamed**
Du brauchst dich nicht zu schämen.	Tu ne dois pas avoir honte.	You do not need to be ashamed.
scharf	**tranchant/-e** (Messer); **pointu/-e** (Kralle); **épicé/-e** (Essen); **net/-te** (Foto)	**sharp** (Messer, Kralle); **pointed** (Bleistift); **spicy** (Essen); **in focus** (Foto)
der **Schatten**	l'**ombre** f	**shadow** (Umriss); **shade**
Komm in den Schatten!	Viens à l'ombre.	Come into the shade!
der **Schatz**	le **trésor;** le, la **chéri/-e** (Mensch)	**treasure** (Wertsachen); **darling** (Mensch)
schätzen	**estimer; apprécier, aimer**	**estimate; appreciate; like**
Die Kinder mussten die Anzahl Leute im Raum schätzen.	Les enfants ont dû estimer le nombre de personnes dans la salle.	The children had to estimate the number of people in the room.
Ich schätze deine Hilfe.	J'apprécie ton aide.	I appreciate your help.
schauen	**regarder**	**look (at)**
Er schaute ihr in die Augen.	Il l'a regardée dans les yeux.	He looked her in the eye.

der **Schauer**	l'**averse** f (Regen); le **frisson** (Frösteln)	**shower** (Regen); **shiver** (Frösteln)	
die **Schaufel**	la **pelle**	**shovel**	
das **Schaufenster**	la **vitrine**	**display window**	
die **Schaukel**	la **balançoire**	**swing**	
der **Schaum**	la **mousse**	**foam**, **suds** (Seife)	
der **Schaumstoff**	la **mousse synthétique**	**foam rubber**	
das **Schauspiel**	la **pièce** (Bühnenstück)	**play** (Bühnenstück)	
der, die **Schauspieler/-in**	l'**acteur/-trice** m/f	**actor** m, **actress** f	
die **Scheibe**	la **tranche** (Brot); la **vitre** (Glas)	**slice** (Brot); **pane** (Glas)	
die **Scheidung**	le **divorce**	**divorce**	
der **Schein**	la **lueur** (Licht); l'**apparence** f (Erscheinungsbild); le **billet** (Geld)	**shine** (Licht); **appearance** (Erscheinungsbild); **note** (UK), **bill** (US) (Geld)	
scheinbar	**apparemment**, **apparent/-e**	**apparently**	
scheinen	**briller**; **paraître** (den Anschein haben), **avoir l'air de**	**shine · shone · shone**; **appear**, **seem** (den Anschein haben)	
Die Sonne scheint.	Le soleil brille.	The sun is shining.	
der **Scheinwerfer**	le **phare** (Auto); le **projecteur** (Lampe)	**headlight** (Auto); **spotlight** (Theater)	
Scheisse!	**Merde !**	**Shit!**	
scheitern	**échouer**, **faillir**	**fail**	
Dieses Projekt ist gescheitert.	Ce projet a échoué.	This project has failed.	

der **Schenkel**	la **cuisse** (Oberschenkel); le **côté** (Dreieck)	**thigh** (Oberschenkel); **side** (Dreieck)
schenken Meine Eltern haben mir eine Reise geschenkt.	**offrir** Mes parents m'ont offert un voyage.	**give · gave · given (as a gift)** My parents gave me a holiday as a gift.
die **Schere**	les **ciseaux** m, la **paire de ciseaux**; la **pince** (Tiere)	**scissors**; **claw** (Tiere)
der **Scherz**	la **plaisanterie**	**joke**
scherzen Scherzen Sie?	**plaisanter** Vous plaisantez?	**joke, kid** Are you kidding?
scheusslich	**affreux/-euse, épouvantable, atroce**	**hideous, horrible, atrocious**
die **Schicht**	la **couche**; le **milieu** (Bevölkerung)	**layer**; **class** (Bevölkerung)
schick	**chic**	**chic**
schicken Sie schicken ihren Freundinnen eine E-Mail.	**envoyer** Elles envoient un e-mail à leurs amies.	**send · sent · sent** They are sending their friends an e-mail.
das **Schicksal**	le **destin**	**fate**
schieben Ich schiebe den Einkaufswagen.	**pousser** Je pousse le caddie.	**push** I'm pushing the shopping cart.
der, die **Schiedsrichter/-in**	l'**arbitre** m/f	**referee, umpire**

schief	penché/-e, incliné/-e	crooked, oblique, slanted, inclined
die Schiene	le rail (Bahn); la glissière (Vorhang); l'attelle f (Medizin)	rail (Bahn, Vorhang); splint (Medizin)
schiessen	tirer; abattre (Tier); marquer (Sport); faire (Foto)	shoot · shot · shot; take · took · taken (Foto)
Der Dieb hat auf das Auto geschossen.	Le voleur a tiré sur la voiture.	The thief shot at the car.
die Schiesserei	la fusillade	shootout
das Schiff	le bateau/-x	ship, boat
das Schild	le panneau/-x (Verkehr); l'enseigne f (Geschäft); l'étiquette f (Preis); la plaque (Auto)	sign, label (Preis); licence plate (Auto)
schildern	décrire	describe
Oliver und Marcel beschreiben ihre Motorräder.	Olivier et Marcel décrivent leurs motos.	Oliver and Marcel describe their motorbikes.
die Schilderung	la description	description
die Schildkröte	la tortue	turtle (Seeschildkröte); tortoise (Landschildkröte)
der Schimmel	la moisissure; le cheval blanc (Pferd)	mould (Nahrungsmittel); white horse (Pferd)
la Schimpanse	le chimpanzé	chimpanzee, chimp

	schimpfen	gronder; rouspéter (meckern)	scold; complain (sich beschweren)
	Grossmutter schimpft nicht oft mit den Kindern.	Grand-maman ne gronde pas souvent les enfants.	Grandmother does not often scold the kids.
der	**Schinken**	le jambon	ham
der	**Schirm**	le parapluie (Regen); le parasol (Sonne)	umbrella (Regen); sunshade (Sonne)
die	**Schlacht**	la bataille	battle
der	**Schlaf**	le sommeil	sleep
	schlafen	dormir	sleep · slept · slept
	Robert schläft immer lange.	Robert dort toujours longtemps.	Robert always sleeps late.
	schlaff	lâche (Seil), mou/molle (ohne Kraft), flasque (Haut)	slack (Seil); sluggish (ohne Kraft); limp, loose (Haut)
	schläfrig	somnolent/-e, l'air endormi	sleepy
der	**Schlafsack**	le sac de couchage	sleeping bag
der	**Schlafwagen**	le wagon-lit	sleeping car
das	**Schlafzimmer**	la chambre à coucher	bedroom
der	**Schlag**	le coup	blow
sich	**schlagen**	se battre	hit · hit · hit
	Hört auf, euch zu schlagen!	Arrêtez de vous battre.	Stop hitting each other!
	schlagen	battre, frapper; envoyer (Ball)	beat · beat · beat; hit · hit · hit (Ball, Person)
	Hör auf, den Hund zu schlagen!	Arrête de battre le chien.	Stop beating the dog!
der	**Schlager**	le tube	hit (Musik)
die	**Schlägerei**	la bagarre	fight, brawl

die **Schlagzeile**	la **une**, les **gros titres** m	headline
das **Schlagzeug**	la **batterie**, les **percussions** f	drums
der **Schlamm**	la **boue**	mud
die **Schlange**	le **serpent**	snake
schlank	**mince**	thin, slim
der **Schlauch**	le **tuyau**/-x; le **boyau**/-x (Reifen)	hose; inner tube (Reifen)
das **Schlauchboot**	le **canot pneumatique**	rubber dinghy
schlecht	**mauvais**/-e, **mal**	bad, poor
schleichen	se **glisser**, se **faufiler**	sneak · snuck · snuck (up on), crawl
Der Fuchs schleicht in den Hühnerstall.	Le renard se glisse dans le poulailler.	The fox is sneaking into the henhouse.
der **Schleier**	le **voile**	veil
schleppen	**traîner**, **remorquer**	drag, tow
Ich kann meinen Koffer nicht mehr schleppen.	Je ne peux plus traîner ma valise.	I can't drag my suitcase any longer.
schleudern	**lancer**; **essorer** (Waschmaschine); **déraper** (Fahrzeug)	**hurl** (werfen); **spin · spun · spun** (Waschmaschine); **skid · skid · skid** (Fahrzeug)
Sie schleuderte das Buch an die Wand.	Elle a lancé le livre contre le mur.	She hurled the book at the wall.
schlicht	**simple**, **sobre**	simple, plain
schliessen	**fermer**; **terminer** (beenden); **déduire** (ableiten)	**close** (zumachen); **finish** (beenden); **deduce** (ableiten)
Schliess die Tür!	Ferme la porte.	Close the door.

schliesslich	finalement, enfin, après tout	finally, at last, after all
schlimm	grave, terrible, mauvais/-e	serious, terrible, bad
der Schlitten	la luge, le traîneau (Pferdeschlitten)	sledge, sled (US), sleigh (Pferdeschlitten)
der Schlittschuh	le patin (à glace)	skate
Schlittschuh laufen	faire du patin, patiner	ice skate, skate
Mögt ihr Schlittschuh laufen?	Vous aimez faire du patin?	Do you like skating?
das Schloss	le château; la serrure (Tür)	castle (Burg); lock (Tür)
der Schluck	la gorgée	swallow, sip (kleine Menge Flüssigkeit)
schlucken	avaler	swallow
Die Schlange schluckt die Maus.	Le serpent avale la souris.	The snake is swallowing the mouse.
der Schluss	la fin; la conclusion (Folgerung)	end (Ende); conclusion (Folgerung)
der Schlüssel	la clé; la solution (Lösungen)	key
der Schlüsselanhänger	le porte-clés	keyring
schmal	étroit/-e, mince (Person)	narrow, thin (Person)
schmatzen	manger bruyamment	eat · ate · eaten noisily, smack one's lips
Das kleine Schwein schmatzte.	Le petit cochon à mangé bruyamment.	The little pig ate noisily.
schmecken	avoir un goût de, être bon/-ne	taste
Das schmeckt nach Erdbeeren.	Cela a un goût de fraises.	That tastes like strawberries.

schmelzen	fondre	melt
Die Glace schmilzt an der Sonne.	La glace fond au soleil.	The ice cream is melting in the sun.
der **Schmerz**	la **douleur**; la **peine** (seelisch)	**pain, sorrow** (seelisch)
schmerzhaft	**douloureux/-euse**	**painful**
der **Schmetterling**	le **papillon**	butterfly
sich **schminken**	se **maquiller**	wear · wore · worn make-up, put on make-up
Carla schminkt sich immer.	Carla se maquille toujours.	Carla always wears make-up.
der **Schmuck**	le **bijou/-x**	jewellery
schmusen	**faire des câlins, faire des mamours**	cuddle, kiss, smooch
Mein Bruder schmust mit seiner Freundin.	Mon frère fait des câlins à sa copine.	My brother is cuddling with his girlfriend.
der **Schmutz**	la **saleté**	dirt
schmutzig	**sale**	dirty
Sascha ist schmutzig.	Sacha est sale.	Sascha is dirty.
der **Schnabel**	le **bec**	beak
schnarchen	**ronfler**	snore
Er schnarcht fürchterlich.	Il ronfle terriblement.	He snores very loudly.
der **Schnauz**	la **moustache**	moustache
die **Schnauze**	le **museau/-x** (Hund), la **gueule**	snout (Tier)
die **Schnecke**	l'**escargot** m	snail

der	**Schnee**	la **neige**	snow
die	**Schneeflocke**	le **flocon de neige**	snowflake
	schneiden	**couper, trancher;** **tailler** (Büsche)	**cut, slice; trim** (Büsche)
	Natascha schneidet ihrer Schwester die Nägel.	Natacha coupe les ongles de sa sœur.	Natasha cuts her sister's nails.
der, die	**Schneider/-in**	le **tailleur,** le, la **couturier/-ère**	tailor
	schneien	**neiger**	snow
	Es schneit im Winter.	Il neige en hiver.	It snows in winter.
	schnell	**vite, rapide**	**quick, fast, rapid**
	Das ist schnell gemacht.	C'est vite fait.	That's quickly done.
die	**Schnelligkeit**	la **vitesse**, la **rapidité**	speed
der	**Schnitt**	la **coupure** (Wunde); la **coupe** (Kleidung, Haar); la **taille** (Hecke); la **moyenne** (Durchschnitt)	**cut** (Wunde, Kleidung, Haare); **trim** (Hecke); **average** (Durchschnitt)
der	**Schnittlauch**	la **ciboulette**	chive
das	**Schnitzel**	l'**escalope** f	schnitzel
der	**Schnupfen**	le **rhume**	cold
die	**Schnur**	la **ficelle**	string
der	**Schnurrbart**	la **moustache**	moustache
der	**Schock**	le **choc**	shock

schockieren	**choquer**	**shock**
Diese Nachricht hat uns schockiert.	Cette nouvelle nous a choqués.	The news shocked us.
die **Schokolade**	le **chocolat**	**chocolate**
schon	**déjà; si; vraiment**	**already; yes, sure; really**
Es ist schon 5 Uhr, ich gehe heim.	C'est déjà 5 heures, je rentre.	It's already 5 o'clock and I'm going home.
schon, aber …	si, mais …	yes, but … / sure, but …
Das war schon teuer.	C'était vraiment cher.	It was really expensive.
schön	**beau/belle**	**beautiful, pretty**
Es ist schönes Wetter.	Il fait beau temps.	The weather is beautiful.
die **Schönheit**	la **beauté**	**beauty**
schräg	**incliné/-e, en biais; farfelu/-e** (Person)	**sloping, diagonal; crooked** (ungerade); **eccentric** (Person)
der **Schrank**	l'**armoire** f, le **placard**	**cupboard**
die **Schraube**	la **vis**	**screw**
der **Schraubenzieher**	le **tournevis**	**screwdriver**
der **Schreck**	la **frayeur**, la **peur**	**fright, fear**
schreckhaft	**peureux/-euse**	**frightful**
schrecklich	**terrible, horrible**	**terrible, horrible**
der **Schrei**	le **cri**	**cry, scream**

	schreiben	écrire, rédiger (verfassen)	write · wrote · written
	Marcel schreibt Max einen Brief.	Marcel écrit une lettre à Max.	Marcel is writing Max a letter.
	Schreibt ihr einen Artikel?	Vous rédigez un article ?	Are you writing an article?
der	**Schreibtisch**	le bureau/-x	desk
	schreien	crier, hurler	cry, scream
	Geh hinaus oder ich schreie!	Sors, ou je crie !	Get out or I'll scream!
der	**Schreiner**	le, la menuisier/-ère	carpenter
die	**Schrift**	l'écriture f	writing
	schriftlich	écrit/-e, par écrit	written, in writing
die	**Schriftsprache**	la langue écrite	written language
der, die	**Schriftsteller/-in**	l'écrivain m/f	writer
der	**Schritt**	le pas; la démarche (Handlung)	step
der	**Schrott**	la ferraille; la camelote (wertlos)	scrap (Metall); junk (wertlos)
die	**Schublade**	le tiroir	drawer
	schüchtern	timide	shy
der	**Schuh**	la chaussure, le soulier (CH)	shoe
die	**Schuhgrösse**	la pointure	shoe size
der	**Schulanfang**	la rentrée	beginning of term, start of school
	schuld	responsable	be responsible, be to blame
die	**Schuld**	la faute (Fehler); la culpabilité (Verschulden); la dette (Geld)	guilt (moralisch); blame, fault (Verschulden); debt (Geld)

die	**Schulden**	les **dettes** f	debts
	schulden	devoir quelque chose à quelqu'un	owe
	Ich schulde niemandem etwas.	Je ne dois rien à personne.	I don't owe anyone anything.
	schuldig	coupable	guilty
die	**Schule**	l'**école** f	school
der, die	**Schüler/-in**	l'**élève** m/f, l'**écolier**/-**ère** m/f	pupil, student
der	**Schüleraustausch**	l'**échange scolaire** m	student exchange
der	**Schülerausweis**	la **carte d'identité scolaire**	student ID
die	**Schulferien**	les **vacances scolaires** f	school holidays, school vacation
	schulisch	scolaire	academic
das	**Schuljahr**	l'**année scolaire**	school year
der, die	**Schulleiter/-in**	le, la **directeur**/-**trice** de l'école	head, principal
die	**Schultasche**	le **cartable**	satchel, bookbag
die	**Schulter**	l'**épaule** f	shoulder
	schummeln	tricher	cheat
	Yvonne schummelt!	Yvonne triche !	Yvonne is cheating!
die	**Schuppe**	l'**écaille** f; les **pellicules** f (Haare)	**scale** (Fisch); **dandruff** (Haare)
der	**Schuss**	le **coup de feu**; le **tir** (Sport)	shot
die	**Schüssel**	le **plat**; le **saladier** (Salat)	bowl

schütteln	secouer, agiter	shake · shook · shaken
Irene schüttelt den Kopf.	Irène secoue la tête.	Irene is shaking her head.
der **Schutz**	la **protection**; l'**abri** m (Zuflucht)	**protection**; **shelter** (Zuflucht)
der **Schütze** die **Schützin**	le, la **tireur/-euse**	shooter
schützen	protéger, abriter	protect
Schützt euch vor der Sonne!	Protégez-vous du soleil.	Protect yourself against the sun.
schwach	faible; fragile (zerbrechlich)	**weak, fragile** (zerbrechlich)
die **Schwäche**	la **faiblesse**	weakness
der **Schwächling**	le **gringalet**, la **mauviette**	weakling
der **Schwager**	le **beau-frère, beaux-frères**	brother-in-law
die **Schwägerin**	la **belle-sœur, belles-sœurs**	sister-in-law
der **Schwamm**	l'**éponge** f	sponge
schwanger	enceinte	pregnant
die **Schwangerschaft**	la **grossesse**	pregnancy
der **Schwanz**	la **queue**	tail
schwänzen	sécher	**play truant, cut classes**
die Schule schwänzen	sécher les cours	to play truant from school
schwarz	noir/-e	black
Konstantin hat eine schwarze Jeans.	Constantin a un jean noir.	Konstantin has a pair of black jeans.
schwarzhaarig	aux cheveux noirs	black-haired
schwatzen	bavarder, papoter	chat, talk
Die Schüler schwatzen zu viel.	Les élèves bavardent trop.	The pupils chat too much.

	Schweden	la Suède	Sweden
	schwedisch	suédois/-e	Swedish
	schweigen	se taire	keep · kept · kept quiet, be · was · been quiet
	Schweigt!	Taisez-vous!	Keep quiet!
das	Schwein	le cochon, le porc	pig
das	Schweinefleisch	la viande de porc	pork
der	Schweiss	la sueur, la transpiration	sweat
die	Schweiz	la Suisse	Switzerland
der, die	Schweizer/-in	le Suisse, la Suissesse	Swiss
das	Schweizerdeutsch	le dialecte suisse alémanique, le suisse-allemand	Swiss German
	schweizerisch	suisse	Swiss
	schwer	lourd/-e (Gewicht); difficile (schwierig)	heavy (Gewicht); difficult (schwierig)
die	Schwerelosigkeit	l'apesanteur f	weightlessness
die	Schwester	la sœur	sister
die	Schwiegereltern	les beaux-parents m	parents-in-law, in-laws
	schwierig	difficile	difficult
die	Schwierigkeit	la difficulté	difficulty
das	Schwimmbad	la piscine	swimming pool

schwimmen	**nager**	**swim · swam · swum**
Sie schwimmen im See.	Ils nagent dans le lac.	They are swimming in the lake.
der, die **Schwimmer/-in**	le, la **nageur/-euse**	swimmer
schwindlig	avoir le **vertige**, **vertigineux**/-euse	dizzy
schwitzen	**transpirer**, **suer**	sweat · sweat (sweated) · sweat (sweated), perspire
Heute haben wir geschwitzt.	Aujourd'hui, nous avons transpiré.	We sweated a lot today.
schwören	**jurer**	swear · swore · sworn
Er schwört, nichts gehört zu haben.	Il jure n'avoir rien entendu.	He swears he heard nothing.
schwul	**homosexuel**/-le, **gay**	homosexual, gay
der **Schwung**	l'**élan** m, l'**entrain** m	momentum, liveliness
sechs	six	six
sechster, sechste, sechstes	sixième	sixth
sechzehn	seize	sixteen
sechzig	soixante	sixty
der **See**	le **lac**	lake
die **Seele**	l'**âme** f	soul
der **Seemann**	le **marin**	sailor
das **Segel**	la **voile**	sail

segeln	faire de la voile	sail
Wir segeln seit zwei Jahren.	Nous faisons de la voile depuis deux ans.	We started sailing two years ago.
sehen	voir	see · saw · seen
Wir sehen einen Regenbogen.	Nous voyons un arc-en-ciel.	We can see a rainbow.
die **Sehenswürdigkeit**	le monument, l'attraction touristique f, la curiosité	place of interest, tourist attraction, sight
die **Sehnsucht**	la nostalgie	longing
sehr	très, beaucoup	very
die **Seide**	la soie	silk
die **Seife**	le savon	soap
das **Seil**	la corde; le câble (Drahtseil)	rope, cable (Drahtseil)
seilspringen	sauter à la corde	jump rope
Pauline springt gerne Seil.	Pauline aime sauter à la corde.	Pauline likes jumping rope.
sein	être, avoir, faire	be · was · been
Wir sind in der Schule.	Nous sommes à l'école.	We are at school.
Mir ist kalt.	J'ai froid.	I am cold.
Heute ist es kalt.	Il fait froid aujourd'hui.	It is cold today.
sein, seine	son, sa	his
Das ist sein Vater.	C'est son père.	That is his father.
seit	depuis	since

	seitdem	depuis	ever since
die	**Seite**	la **page**; le **côté** (Körper, Gegenstand); l'**aspect** m (Eigenschaft)	**page**; **side** (Körper, Gegenstand); **aspect** (Eigenschaft)
	Öffnet eure Bücher auf Seite 12!	Ouvrez vos livres à la page 12.	Open your books to page 12.
	seither	depuis lors	since
der, die	**Sekretär/-in**	le, la **secrétaire**	secretary
der	**Sektor**	le **secteur**	sector
die	**Sekundarschule**	le **collège**, le **second cycle**, l'**école secondaire** f	secondary school
die	**Sekunde**	la **seconde**	second
	selbst	soi-même, moi-même, toi-même, lui-même, elle-même, nous-mêmes, vous-mêmes, eux-mêmes, elles-mêmes	myself, yourself, himself, herself, themselves, ourselves
die	**Selbstbedienung**	le **self-service**, le **libre-service**	self-service
	selbstbewusst	sûr/-e de soi, plein/-e d'assurance	self-assured
der	**Selbstmord**	le suicide	suicide
	selbstständig	indépendant/-e, autonome, tout/-e seul/-e	independent, autonomous
	selbstverständlich	évident/-e, bien entendu	naturally, of course
	selten	rare, rarement	rare
	seltsam	étrange, bizarre, bizarrement	strange, odd

das **Semester**	le **semestre**	semester
senden	**envoyer**; **émettre** (Signal); **diffuser** (Film, Nachrichten)	**send · sent · sent**; **transmit** (Signal); **broadcast** (Film, Nachrichten)
Sie schicken ihren Freundinnen eine E-Mail.	Elles envoient un e-mail à leurs amies.	They are sending their friends an e-mail.
der **Sender**	l'**émetteur** m	**transmitter**, **station** (TV, Radio)
die **Sendung**	l'**émission** f; l'**envoi** m (Post)	**broadcast**; **mail** (Post)
der **Senf**	la **moutarde**	mustard
senken	**baisser**	**lower**; **reduce** (abnehmen)
Senk den Kopf!	Baisse la tête.	Lower your head!
senkrecht	**vertical**/-e	vertical
der **September**	**septembre** m	September
die **Serie**	la **série**	series
der **Server**	le **serveur**	server
der **Service**	le **service**	service
servieren	**servir**	**serve**
Der Kellner serviert uns Tee.	Le serveur nous sert du thé.	The waiter serves us tea.
die **Serviette**	la **serviette**	serviette, napkin
der **Sessel**	le **fauteuil**	armchair

sich **setzen**	s'**asseoir**	**sit · sat · sat**
Setzt euch!	Asseyez-vous !	Sit down!
setzen	**planter; poser** (legen); **fixer** (Ziel)	**plant; put** (legen); **set** (Ziel)
Wir haben Kartoffeln gesetzt.	Nous avons planté des pommes de terre.	We have planted potatoes.
seufzen	**soupirer**	**sigh**
Warum seufzt du denn so?	Pourquoi soupires-tu ainsi ?	Why are you sighing like that?
die **Sexualität**	la **sexualité**	**sexuality**
das **Shampoo**	le **shampo(o)ing**	**shampoo**
die **Shorts**	le **short**	**shorts**
die **Show**	le **show**	**show**
sich	**se**	**each other, himself, herself, itself, oneself, themselves**
sicher	**certain/-e, sûr/-e**	**certain, sure**
Ich bin sicher, dass es richtig ist.	Je suis certain que c'est juste.	I am certain that is correct.
die **Sicherheit**	la **sécurité**	**security, safety**
sichern	**sauvegarder; relever** (Spuren)	**save; secure** (Spuren)
Ségolène hat vergessen, die Datei zu speichern.	Ségolène a oublié de sauvegarder le fichier.	Ségolène forgot to save the file.
die **Sicherung**	les **plombs** m	**fuse**
die **Sicht**	la **visibilité**; la **vue** (Betrachtungsweise)	**visibility; point of view** (Betrachtungsweise)

sichtbar	visible	visible
Sie	vous	you
Haben Sie Norbert gesehen?	Avez-vous vu Norbert ?	Have you seen Norbert?
sie	elle, ils, la, les	she; they; her; them
Sie ist da.	Elle est là.	She is there.
Sie sind noch da.	Ils sont encore là.	They are still here.
Wir sehen sie.	Nous la voyons.	We see her.
Ihr sucht sie.	Vous les cherchez.	You are looking for them.
sieben	sept	seven
siebter, siebte, siebtes	septième	seventh
siebzig	**septante** (CH), soixante-dix	seventy
die **Siedlung**	le **lotissement**, le **quartier**	housing development
der **Sieg**	la **victoire**	victory
siegen	gagner, triompher	win · won · won
Wir haben endlich gesiegt.	Nous avons enfin gagné.	We won at last.
der, die **Sieger/-in**	le **vainqueur**, le, la **gagnant/-e**	winner
die **Siegertreppe**	le **podium**	podium
das **Signal**	le **signal**	signal
die **Silbe**	la **syllabe**	syllable
das **Silber**	l'**argent** m	silver
das **Silvester**	la **Saint-Sylvestre**	New Year's Eve

singen	chanter	sing · sang · sung
Ich singe unter der Dusche.	Je chante sous la douche.	I sing under the shower.
der **Singular**	le **singulier**	singular
im Singular	au singulier	in the singular
sinken	**couler**; **tomber** (zu Boden/Temperatur); s'**enfoncer** (Matsch); **baisser** (Zahlen)	**sink, sank, sunk**; **fall, fell, fallen** (zu Boden/Temperatur)
Das Schiff ist gesunken.	Le bateau a coulé.	The ship has sunk.
der **Sinn**	le **sens**	sense, meaning
sinnlos	**absurde** (unsinnig); **inutile** (zwecklos)	**senseless** (unsinnig); **useless** (zwecklos)
sinnvoll	**sensé/-e; judicieux/-euse** (vernünftig)	**meaningful**; **sensible** (vernünftig)
der **Sirup**	le **sirop**	syrup
Da ist Sirup für die Kinder.	Voilà du sirop pour les enfants.	Here's some syrup for the kids.
die **Situation**	la **situation**	situation
der **Sitz**	le **siège**	seat
sitzen	**être assis/-e; aller** (Kleider)	**sit · sat · sat**; **to be seated** (Zustand); **fit** (Kleider)
Bleibt sitzen!	Restez assis.	Remain seated.
Ich sitze auf einem Stuhl.	Je suis assis sur une chaise.	I'm sitting on a chair.
der **Sitzplatz**	la **place assise**	seat

die **Sitzung**	la **conférence**, la **réunion**	meeting
die **Skala**	l'**échelle** (**graduée**) f; la **gamme** (Abstufung)	scale
der **Skandal**	le **scandale**	scandal
das **Skateboard**	le **skate** (**board**), la **planche à roulettes**	skateboard
das **Skelett**	le **squelette**	skeleton
der **Ski**	le **ski**	ski
Fahrt ihr im Winter Ski?	Vous faites du ski en hiver?	Do you ski in winter?
die **Skulptur**	la **sculpture**	sculpture
der **Slip**	le **slip**	panties (Frau), briefs, knickers (UK), underwear
die **SMS**	le **SMS**, le **texto** (F)	sms, text (message)
so	ainsi; si; comme ça	like this; so
Wir machen es so.	C'est ainsi que nous le faisons.	We do it like this.
Er ist so nett.	Il est si gentil.	He is so nice.
Das ist so.	C'est comme ça.	It's like this.
sobald	dès que	as soon as
die **Socke**	la **chaussette**	sock
soeben	à l'instant, juste	just this minute, a short while ago, just now
das **Sofa**	le **canapé**	sofa
sofern	à **condition que** (falls), si, **pour autant que** (insoweit)	if, provided

	sofort	tout de suite, immédiatement	immediately
die	Software	le logiciel	software
	sogar	même	even
die	Sohle	la semelle	sole
der	Sohn	le fils	son
	solange	tant que, pour autant que	as long as
	solcher, solche, solches	tel/-le, pareil/-le	such
der, die	Soldat/-in	le, la soldat/-e	soldier
	solidarisch	solidaire	jointly
der, die	Solist/-in	le, la soliste	soloist
	sollen	devoir, falloir	should
	Du sollst nicht immer schreien.	Tu ne dois pas toujours crier.	You should not always shout.
der	Sommer	l'été m	summer
die	Sommerferien	les vacances d'été f	summer holidays, summer vacation
das	Sonderangebot	l'offre spéciale f	special offer
	sondern	mais	but, rather
der	Song (aus dem Englischen)	la chanson	song
die	Sonne	le soleil	sun
der	Sonnenbrand	le coup de soleil	sunburn
die	Sonnenbrille	les lunettes de soleil f	sunglasses

der **Sonnenschirm**	le **parasol**	parasol, umbrella (US)
sonnig	ensoleillé/-e	sunny
der **Sonntag**	le **dimanche**	Sunday
Am Sonntag schauen wir einen Fussballmatch.	Dimanche, nous regardons un match de foot.	On Sunday we're watching a football match.
sonst	sinon; d'habitude (normalerweise); à part ça (abgesehen davon)	otherwise
die **Sorge**	le **souci**, l'**inquiétude** f; le **soin** (Pflege)	concern, worry, care
sorgen	veiller à quelque chose, s'occuper de quelque chose, se charger de quelque chose	make · made · made sure; provide for (Lebensunterhalt)
Ich sorge dafür, dass wir genug zu trinken haben.	Je veille à ce que nous ayons assez à boire.	I will make sure we have enough to drink.
die **Sorgfalt**	le **soin**	care, diligence
sorgfältig	soigneux/-euse, soigneusement	careful
die **Sorte**	la **sorte**	sort, type
sowjetisch	soviétique	Soviet
sowohl … als auch …	aussi bien … que …	both … and …
sozial	social/-e	social
die **Spaghetti** (Plural)	les **spaghetti** m	spaghetti
die **Spalte**	la **colonne** (Zeitung); la **crevasse** (Gletscher)	column (Zeitung); crevice (Gletscher)
Spanien	l'**Espagne** f	Spain

der, die	**Spanier/-in**	l'**Espagnol/-e** m/f	**Spanish, Spaniard** m
	spanisch	**espagnol/-e**	**Spanish**
	spannen	**tendre; contracter** (Muskel)	**tighten; tense** (Muskel)
	Spannt die Zeltschnüre.	Tendez les cordes de la tente.	Tighten the tent ropes.
	spannend	**passionnant/-e, captivant/-e**	**exciting, fascinating**
die	**Spannung**	la **tension**; le **voltage** (elektrisch)	**tension**; **voltage** (elektrisch)
	sparen	**économiser, épargner**	**save**
	Wir haben viel Energie gespart.	Nous avons économisé beaucoup d'énergie.	We saved a lot of energy.
	sparsam	**économe** (Person); **économique** (Verbrauch)	**economical**
der	**Spass**	le **plaisir**; la **plaisanterie** (Scherz)	**fun, joke** (Scherz)
	spät	**tard, tardif/-ve**	**late**
	später	**plus tard**	**later**
	spätestens	**au plus tard**	**at the latest**
	spazieren	**se promener**	**walk**
	Ich gehe mit dem Hund spazieren.	Je vais me promener avec le chien.	I'm taking the dog for a walk.
der	**Spaziergang**	la **promenade**	**walk**
der	**Speck**	le **lard**	**bacon**
die	**Speicherkapazität**	la **capacité de mémoire**	**storage capacity**
	speichern	**sauvegarder** (Datei); **mémoriser** (lernen)	**save**

die	**Speisekarte**	la **carte**, le **menu**	menu
die	**Spende**	le **don**	gift, donation, offering (Kirche)
	spenden	**faire don, donner**	**donate, give · gave · given**
	Er hat viel Geld gespendet.	Il a fait don de beaucoup d'argent.	He donated a lot of money.
	sperren	**fermer; verrouiller** (Konto); **couper** (Strom); **suspendre** (Sport)	**close; block** (Konto); **turn off** (Strom); **suspend** (Sport)
	Sie haben die Strasse gesperrt.	Ils ont fermé la route.	They've closed the road.
der, die	**Spezialist/-in**	le, la **spécialiste**	specialist
die	**Spezialität**	la **spécialité**	speciality (UK), specialty (US)
	speziell	**spécial/-e, particulier/-ère**	special, particular
der	**Spiegel**	le **miroir**, la **glace**	mirror
das	**Spiegelei**	l'**œuf au plat** m	fried egg
sich	**spiegeln**	se **refléter**, se **miroiter**	**reflect, mirror**
	Der Baum spiegelt sich auf der Wasseroberfläche.	L'arbre se reflète dans l'eau.	The tree is reflected on the surface of the water.
das	**Spiel**	le **jeu**	game
	spielen	**jouer**	**play**
	Die Kinder spielen den ganzen Nachmittag.	Les enfants jouent tout l'après-midi.	The children play all afternoon.
der, die	**Spieler/-in**	le, la **joueur/-euse**	player

die	**Spielfigur**	le **pion**	game piece
die	**Spielkarten** (Plural)	les **cartes à jouer** f	playing cards
der	**Spielraum**	la **marge**	scope, margin, room
die	**Spielregel**	la **règle du jeu**	rules of the game
die	**Spielzeit**	la **période de jeu** (Sport); la **saison** (Theater)	match time (Sport); season (Theater)
das	**Spielzeug**	le **jouet**	toy
die	**Spinne**	l'**araignée** f	spider
das	**Spinnennetz**	la **toile d'araignée**	spider's web
der, die	**Spion/-in**	l'**espion/-ne** m/f	spy
das	**Spital**	l'**hôpital** m, la **clinique**	hospital
	spitz	**pointu/-e** (Messer), **taillé/-e** (Bleistift), **aigu/aiguë** (Winkel)	**sharp** (Messer); **pointed** (Bleistift); **acute** (Winkel)
die	**Spitze**	la **pointe**; la **tête** (Führung)	**peak** (Berg); **tip** (Bleistift); **top** (Führung)
	spitzen Ich muss meinen Bleistift spitzen.	tailler Je dois tailler mon crayon.	sharpen I have to sharpen my pencil.
der	**Spitzer**	le **taille-crayon**	pencil sharpener
der, die	**Sponsor/-in**	le **sponsor**	sponsor
	spontan	**spontané/-e, spontanément**	spontaneous
der	**Sport**	le **sport**	sport
die	**Sportart**	le **sport**	sport

die **Sporthalle**	la **salle de sport**	sports hall
der, die **Sportler/-in**	le, la **sportif/-ve**	sportsman, sportswoman
sportlich	**sportif/-ve**	athletic
der **Sportplatz**	le **terrain de sport**	sports field
die **Sportveranstaltung**	la **manifestation sportive**	sporting event
spotten	se **moquer de**	make · made · made fun of, mock
Die Schüler spotten über die Lehrer – und umgekehrt.	Les élèves se moquent des profs – et vice versa.	The pupils make fun of the teachers – and vice versa.
die **Sprache**	la **langue**	language
sprachlich	**linguistique**	linguistically
die **Sprechblase**	la **bulle**	speech bubble
sprechen	**parler**	speak · spoke · spoken
Sprecht lauter!	Parlez plus fort.	Speak louder!
der, die **Sprecher/-in**	le, la **présentateur/-trice**; le, la **porte-parole** (Sprecher/-in einer Gruppe)	speaker, spokesperson (Sprecher/-in einer Gruppe)
die **Sprechstunde**	la **consultation**	consultation, appointment (Arzt)
springen	**sauter**	jump, leap · leaped (leapt) · leapt
Boris springt aus dem Bett.	Boris saute du lit.	Boris leaps out of bed.
die **Spritze**	la **piqûre**; la **seringue** (Instrument)	injection; syringe (Instrument)
der **Sprung**	le **saut**; le **bond** (Tier); la **fêlure** (Riss)	jump, leap (Tier); crack (Riss)

das **Spülbecken**	l'**évier** m	sink
spülen	rincer; faire la vaisselle (abwaschen)	rinse, wash (abwaschen)
Er spült das Glas gut ab, um den Schaum wegzukriegen.	Il rince bien le verre pour enlever la mousse.	He rinses the glass to get rid of the suds.
die **Spur**	la **trace** (Fussabdruck); la **voie** (Fahrbahn); la **piste** (Fährte)	**track** (Fussabdruck); **lane** (Fahrbahn); **trail** (Fährte)
spüren	sentir, ressentir	feel · felt · felt, sense
Spürst du etwas?	Est-ce que tu sens quelque chose ?	Can you feel anything?
der **Staat**	l'**Etat** m	state
staatlich	national/-e, de l'Etat	national, governmental
die **Staatsangehörigkeit**	la **nationalité**	nationality
das **Stäbchen**	la **baguette**	rod
stabil	**stable**; **solide** (widerstandsfähig)	stable
das **Stadion**	le **stade**	stadium
die **Stadt**	la **ville**	town, city
städtisch	urbain/-e; municipal/-e (der Stadtverwaltung)	urban, municipal
der **Stadtplan**	le **plan de ville**	city map
der **Stadtteil**	le **quartier**	district, suburb
das **Stadtzentrum**	le **centre-ville**	town centre

der	**Stall**	l'**étable** f (Kühe); l'**écurie** f (Pferde); la **porcherie** (Schweine); le **poulailler** (Hühner); le **clapier** (Kaninchen)	**barn** (Kühe); **stable** (Pferde); **sty** (Schweine); **henhouse** (Hühner); **hutch** (Kaninchen)
der	**Stamm**	le **tronc** (Baum); la **tribu** (Volk); la **racine** (Wort)	**trunk** (Baum); **tribe** (Volk); **root** (Wort)
	stammen	venir de, être originaire de, être de	come · came · come from, originate
	Er stammt aus der Schweiz.	Il vient de Suisse.	He comes from Switzerland.
der	**Stand**	le **stand** (Ausstellung)	**stand** (Ausstellung)
der	**Standard**	la **norme**; le **niveau**/-x (Stufe)	**standard** (Norm); **level** (Stufe)
	ständig	permanent/-e, continuellement, en permanence	permanent, constant, continuous
der	**Standort**	la **place**; le **site** (Betrieb)	**location**
der	**Stapel**	la **pile**; le **tas** (Holz)	**stack, pile** (Holz)
der	**Star**	la **star**, la **vedette**; l'**étourneau** m (Vogel)	**star** (Film); **starling** (Vogel)
	stark	fort/-e	strong
die	**Stärke**	la **force**; le **point fort** (Fähigkeit); l'**épaisseur** f (Brett)	**strength**; **thickness** (Brett)
der	**Start**	le **départ**; le **décollage** (Flugzeug)	**start; departure, take-off** (Flugzeug)

starten	mettre en marche (en route); démarrer (Motor); décoller (Flugzeug)	start; switch on (Gerät); take · took · taken off (Flugzeug)
Melanie startet den Computer.	Mélanie met l'ordinateur en marche.	Melanie is switching her computer on.
das **Startfeld** (bei Gesellschaftsspielen)	la case départ	start
die **Station**	la station (U-Bahn); l'arrêt m (Bahn); le service (Spital)	station
die **Statistik**	la statistique	statistics
statt	au lieu de, à la place de	instead of
stattfinden	avoir lieu	take · took · taken place
Unser grosses Fest findet morgen statt.	Notre grande fête aura lieu demain.	Our big party will take place tomorrow.
die **Statue**	la statue	statue
der **Stau**	le bouchon, l'embouteillage m	traffic jam
der **Staub**	la poussière	dust
staubig	poussiéreux/-euse	dusty
staubsaugen	passer l'aspirateur	vacuum
Hast du schon im Wohnzimmer Staub gesaugt?	As-tu déjà passé l'aspirateur dans le salon ?	Have you already vacuumed the living room?
der **Staubsauger**	l'aspirateur m	vacuum cleaner

staunen	être étonné/-e	marvel, be · was · been amazed
Ich staune über seine Fortschritte.	Je suis étonné de ses progrès.	I'm amazed by his progress.
das **Steak**	le **steak**	steak
stechen	piquer	sting · stung · stung, bite · bit · bitten
Die Mücken haben mich gestochen.	Les moustiques m'ont piqué.	The mosquitoes have bitten me.
die **Steckdose**	la **prise**	socket
der **Stecken**	le **bâton**	stick
der **Stecker**	la **prise**	plug
die **Stecknadel**	l'**épingle** f	pin
der **Steg**	la **passerelle** (d'embarquement)	jetty; catwalk (Modeschau)
stehen	être debout; être écrit/-e (geschrieben); être arrêté/-e (Uhr)	stand · stood · stood; say · said · said (geschrieben); stop (Uhr)
Er steht.	Il est debout.	He is standing.
stehlen	voler	steal · stole · stolen
Wer hat die Schokolade gestohlen?	Qui a volé le chocolat?	Who stole the chocolate?

steigen	**monter**; **escalader** (Berg)	**rise · rose · risen** (Anzahl, Menge); **climb**
Bernhard steigt auf den Stuhl.	Bernard monte sur la chaise.	Bernhard is climbing onto the chair.
steil	**raide**	**steep**
der **Stein**	la **pierre**; le **noyau** (Frucht)	**stone**; **pit** (Frucht)
die **Stelle**	l'**endroit** m (Ort); l'**emploi** m (Beruf)	**place**, **spot** (Ort); **job** (Beruf)
stellen	**mettre**, **poser**	**place**, **put**
Wir stellen die Milch in den Kühlschrank.	Nous mettons le lait dans le frigo.	We are putting the milk in the refrigerator.
das **Stellenangebot**	l'**offre d'emploi** f	**job offer**
der, die **Stellvertreter/-in**	le, la **suppléant/-e**, le, la **représentant/-e**	**deputy**, **substitute**, **representative**
der **Stempel**	le **tampon**; le **cachet (de la poste)**	**stamp**
sterben	**mourir**	**die**
Zwei Personen sind bei einem Unfall gestorben.	Deux personnes sont mortes dans un accident.	Two people died in an accident.
der **Stern**	l'**étoile** f	**star**
das **Sternzeichen**	le **signe**	**star sign**, **zodiac sign**
steuern	**conduire**; **piloter** (Flugzeug); **régler** (Verkehr)	**drive · drove · driven**, **fly · flew · flown** (Flugzeug); **steer** (Verkehr)
Doris steuert Dieters Wagen.	Doris conduit la voiture de Didier.	Doris is driving Didier's car.
der **Stich**	la **piqûre** (Insekt); le **coup** (Messer); le **point** (Nähen)	**sting**, **bite** (Insekt); **stab** (Messer); **stitch** (Nähen)

der **Stiefel**	la **botte**	**boot**
die **Stiefmutter**	la **belle-mère**	**stepmother**
der **Stiefvater**	le **beau-père**	**stepfather**
der **Stier**	le **taureau**/-x	**bull**
der **Stift**	le **crayon**; l'**apprenti**/-e m/f (Lehrling, umgangssprachlich CH)	**pen** (Stift); **pencil** (Bleistift); **crayon** (Farbstift); **apprentice** (Lehrling, umgangssprachlich CH)
der **Stil**	le **style**, le **genre**	**style**
still	**silencieux**/-euse, **calme**, en **silence**	**quiet**, **calm**, **silent**
die **Stille**	le **silence**, le **calme**	**silence**, **calm**
die **Stimme**	la **voix**	**voice** (sprechen); **vote** (abstimmen)
stimmen	être **juste**, être **exact**/-e; être **bon**/-ne (Rechnung); **accorder** (Instrument)	**be · was · been correct** (Rechnung); **tune** (Instrument)
Das stimmt.	C'est juste.	That's correct.
die **Stimmung**	l'**humeur** f; l'**ambiance** f (Atmosphäre)	**mood**, **ambience**, **atmosphere**
stinken	**puer**	**stink · stank · stunk**
Hier stinkt es!	Ici, ça pue !	It stinks in here!
die **Stirn**	le **front**	**forehead**
der **Stock**	l'**étage** m (Haus); le **bâton** (Stab); la **canne** (Gehhilfe)	**floor** (Haus); **stick** (Stab); **cane** (Gehhilfe)

das **Stockwerk**	l'**étage** m	storey/storeys
der **Stoff**	le **tissu**, l'**étoffe** f; la **matière**, le **sujet** (Inhalt)	material, fabric (Kleider); substance, material (Inhalt)
stolpern	trébucher, tituber	stumble
Hugo ist über einen Stein gestolpert.	Hugo a trébuché sur une pierre.	Hugo stumbled over a rock.
stolz	fier/fière	proud
der **Stolz**	la fierté	pride
stoppen	s'**arrêter**, stopper; chronométrer (Zeit)	stop
Zum Glück hat er noch rechtzeitig stoppen können.	Heureusement, il a pu s'arrêter à temps.	Luckily he was able to stop in time.
stören	gêner, déranger, perturber	disturb, bother, upset, trouble
Deine Musik stört mich.	Ta musique me gêne.	Your music is disturbing me.
die **Störung**	le **trouble**; le **brouillage** (Funk)	disturbance; interference (Funk)
stossen	pousser	push
Kannst du bitte den Einkaufswagen stossen?	Peux-tu pousser le chariot ?	Can you push the shopping cart, please?
die **Strafe**	la **punition**; la **peine** (Gefängnis)	punishment; sentence (Gefängnis)
der **Strahl**	le **rayon** (Licht); le **jet** (Wasser)	ray (Licht); jet (Wasser)

	strahlen	briller; rayonner de joie (vor Freude); irradier (radioaktiv)	shine (Licht); beam (vor Freude); radiate (radioaktiv)
	Die Sonne strahlt.	Le soleil brille.	The sun is shining.
die	**Strahlung**	le rayonnement; la radiation (radioaktiv)	radiation (radioaktiv); rays (Sonne)
der	**Strand**	la plage	beach
die	**Strasse**	la route, la rue	road, street
die	**Strategie**	la stratégie	strategy
	strategisch	stratégique	strategic
der	**Strauch**	le buisson	shrub
die	**Strecke**	le trajet (Weg), la route, la distance (Entfernung); l'itinéraire m (vorgegebener Weg)	stretch, route (Weg); distance (Entfernung)
der	**Streich**	le tour	trick
	streicheln	caresser	caress, stroke, pet
	Emil hat versucht, den Löwen zu streicheln.	Emile a essayé de caresser le lion.	Emil tried to pet the lion.
	streichen	peindre (anstreichen); rayer (durchstreichen)	paint (anstreichen); delete (löschen)
	Streicht ihr diese Wand?	Vous peignez ce mur?	Are you painting this wall?
das	**Streichholz**	l'allumette f	matchstick
der	**Streifen**	la bande (aus Papier, Stoff); la rayure (Muster); la raie (Strich)	strip (aus Papier, Stoff); stripe (Muster); streak (Strich)

der **Streik**	la **grève**	strike
streiken	faire **grève**	strike
Die Busfahrer streiken heute.	Aujourd'hui, les chauffeurs de bus font la grève.	The bus drivers are striking today.
der **Streit**	la **dispute**, la **bagarre** (handgreiflich)	argument, fight
sich **streiten**	se **disputer**, se **bagarrer** (handgreiflich)	argue, fight
Dustin und Luca streiten sich wegen Amélie.	Dustin et Luca se disputent à cause d'Amélie.	Dustin and Luca are fighting over Amelia.
streng	sévère	strict
der **Stress**	le **stress**	stress
Strich	le **trait**	line
stricken	tricoter	knit
Strickst du gerne?	Tu aimes tricoter ?	Do you like knitting?
das **Stroh**	la **paille**	straw
der **Strohhalm**	la **paille**	drinking straw
der **Strom**	l'**électricité** f; le **fleuve** (Fluss)	electricity; current (Fluss)
das **Stromkabel**	le **fil électrique**	power cable
die **Strömung**	le **courant**	current
die **Struktur**	la **structure**	structure

strukturieren Man muss diesen Artikel strukturieren.	structurer Il faut structurer cet article.	structure This article needs to be structured.
die **Strumpfhose**	le **collant**, le **bas**	tights, pantyhose, stockings
das **Stück**	le **morceau** (Brot); la **part** (Kuchen); la **pièce** (Theater)	piece; play (Theater)
der, die **Student/-in**	l'**étudiant**/-e m/f	student
die **Studie**	l'**étude** f	study
studieren Mein Bruder studiert Kunst.	étudier Mon frère étudie les beaux-arts.	study My brother is studying art.
das **Studio**	le **studio**	studio
das **Studium**	les **études** f	studies
die **Stufe**	la **marche** (Treppe); le **niveau**/-x	step (Treppe); level
der **Stuhl**	la **chaise**	chair
stumm	muet/-te	mute
stumpf	émoussé/-e (Klinge); usé/-e (Bleistift)	blunt, dull
die **Stunde**	l'**heure** f	hour
der **Stundenkilometer**	le **kilomètre-heure**	kilometres per hour
der **Stundenplan**	l'**horaire** m, l'**emploi du temps** m	timetable, schedule
der **Sturm**	la **tempête**	storm

	stürmisch	**orageux**/-**euse** (Wetter); **démonté**/-**e** (Meer); **déchaîné**/-**e** (heftig)	stormy
der	**Sturz**	la **chute**	fall
	stürzen	**tomber**; se **précipiter** (rennen); **renverser** (Backform)	fall · fell · fallen; turn over (Backform)
	Sie ist mit dem Fahrrad gestürzt.	Elle est tombée à vélo.	She fell off her bike.
	stützen	**soutenir**; **renforcer** (bestärken)	support
	Sie stützte ihren Grossvater.	Elle a soutenu son grand-père.	She supported her grandfather.
	subjektiv	**subjectif**/-**ve**	subjective
die	**Subtraktion**	la **soustraction**	subtraction
die	**Suche**	la **recherche**	search
	suchen	**chercher**	search, hunt for, look for
	An Ostern suchen wir Eier.	A Pâques, nous cherchons les œufs.	At Easter we hunt for eggs.
	süchtig	**dépendant**/-**e**	addicted
der	**Süden**	le **sud**	south
	südlich	du **sud**, au **sud**	south, southern
die	**Summe**	la **somme**	total, sum
	super	**super**	super
der	**Supermarkt**	le **supermarché**	supermarket
die	**Suppe**	la **soupe**	soup

	surfen	surfer; faire de la planche à voile (Sport)	surf
	Wir surfen gerne im Internet.	Nous aimons surfer sur Internet.	We enjoy surfing on the Internet.
	süss	sucré/-e, doux/douce (Wein); suave (Duft); mignon/-ne (Kind)	sweet; cute (Kind)
die	Süssigkeit	la sucrerie, la friandise	sweet
das	Symbol	le symbole	symbol
	symbolisch	symbolique	symbolic
	sympathisch	sympathique	likeable
das	Symptom	le symptôme	symptom
das	System	le système	system
	systematisch	systématique, de manière systématique	systematic
die	Szene	la scène; le milieu (sozial)	scene

T

der **Tabak**	le **tabac**	tobacco
die **Tabelle**	le **tableau**; le **classement** (Sport)	table
der **Tablet-PC**	l'**ordinateur à tablette graphique** m, la **tablette numérique**	**tablet** (PC)
das **Tablett**	le **plateau**	tray
die **Tablette**	le **comprimé**	**tablet** (Medizin)
das **Tabu**	le **tabou**	taboo
tadellos	**irréprochable**	perfect
die **Tafel**	le **tableau**	board
der **Tag**	le **jour**, la **journée**	day
Einen schönen Tag.	Bonne journée.	Have a nice day.
das **Tagebuch**	le **journal (intime)**	diary
die **Tageskarte**	le **forfait journalier** (Bahn); le **menu du jour** (Restaurant)	**day ticket** (Bahn); **menu of the day** (Restaurant)
die **Tageszeitung**	le **(journal) quotidien**	daily newspaper
täglich	**quotidien**/-ne, de tous les jours	daily
der **Takt**	la **mesure** (Musik); le **rythme** (Tanz); le **tact** (Gefühl); la **fréquence** (zeitlich)	**measure** (Musik); **rhythm** (Tanz); **tact** (Gefühl); **frequency** (zeitlich)
das **Tal**	la **vallée**	valley

das **Talent**	le **talent**	talent
der **Tampon**	le **tampon**	tampon
tanken	**faire le plein,** **prendre de l'essence**	fill up, refuel
Müssen wir schon wieder tanken?	Est-ce que nous devons de nouveau faire le plein ?	Do we need to fill up with petrol again?
die **Tankstelle**	la **station-service**	filling station
die **Tanne**	le **sapin**	fir tree
die **Tante**	la **tante**	aunt
der **Tanz**	la **danse**	dance
tanzen	danser	dance
Meine Schwester hat die ganze Nacht getanzt.	Ma sœur a dansé toute la nuit.	My sister danced all night.
der, die **Tänzer/-in**	le, la **danseur/-euse**	dancer
die **Tapete**	le **papier peint**	wallpaper
tapfer	**courageux/-euse**	brave
die **Tasche**	le **sac**	**pocket** (Hosen); **bag** (einkaufen)
das **Taschengeld**	l'**argent de poche** m	pocket money, allowance
das **Taschenmesser**	le **couteau de poche**	pocket knife
der **Taschenrechner**	la **calculatrice de poche**	calculator
das **Taschentuch**	le **mouchoir**	handkerchief
die **Tasse**	la **tasse**	cup
die **Tastatur**	le **clavier**	keyboard

die **Taste**	la **touche**	key	
die **Tat**	l'**action** f, l'**acte** m (Handlung); le **délit** (Straftat)	**action**, **deed** (Handlung); **crime** (Straftat)	
der, die **Täter/-in**	le, la **coupable**	perpetrator	
die **Tätigkeit**	l'**activité** f	activity	
der **Tatort**	le **lieu du crime**	crime scene	
die **Tätowierung**	le **tatouage**	tattoo	
die **Tatsache**	le **fait**	fact	
tatsächlich	en **réalité**, **vraiment**, **réellement**	in fact, truly, really	
taub	**sourd/-e**	deaf	
die **Taube**	le **pigeon**	pigeon	
tauchen Taucht nicht hier!	**plonger** Ne plongez pas ici !	**dive · dived (dove) · dived** Do not dive here!	
tauschen Wir haben die Plätze getauscht.	**échanger**, **inverser** (Rollen) Nous avons échangé les places.	**change**, **exchange**, **trade** We have changed places.	
sich **täuschen** Ich habe mich getäuscht.	se **tromper** Je me suis trompé.	**be · was · been mistaken** I was mistaken.	
die **Täuschung**	la **tromperie** (Irreführung); l'**illusion** f (falscher Eindruck)	**deception** (Irreführung); **illusion** (falscher Eindruck)	
tausend	**mille**	thousand	
das **Taxi**	le **taxi**	taxi	
das **Team**	l'**équipe** f	team	
die **Technik**	la **technique**	technology	
der, die **Techniker/-in**	le, la **technicien/-ne**	technician	
technisch	**technique**	technical	

der Tee	le thé, l'infusion f (Kräuter)	tea
der Teebeutel	le sachet de thé	teabag
der Teich	l'étang m	pond
der Teig	la pâte	pastry, dough
die Teigwaren	les pâtes f	pasta
der Teil	la partie (eines Ganzen), la part (Anteil)	part (eines Ganzen), portion (Anteil)
teilen	partager; diviser (Mathematik)	divide; share (gemeinsam verwenden)
Wir haben den Kuchen in vier Stücke geteilt.	Nous avons partagé le gâteau en quatre.	We divided the cake into four pieces.
die Teilnahme	la participation	participation
teilnehmen	participer	participate, take · took · taken part
Wir nehmen am Wettbewerb teil.	Nous participons au concours.	We are taking part in the competition.
der, die Teilnehmer/-in	le, la participant/-e	participant
teilweise	partiellement, en partie	partly, partially
das Telefon	le téléphone	telephone, phone
das Telefonbuch	l'annuaire m	phone book, directory
Man sucht die Telefonnummern im Online-Telefonbuch.	On cherche les numéros de téléphone dans l'annuaire en ligne.	Look for the number in the online directory.
telefonieren	téléphoner	telephone, phone, call, ring · rang · rung
Ich telefoniere dem Arzt.	Je téléphone au médecin.	I'll phone the doctor.

die **Telefonnummer**	le **numéro de téléphone**	**phone number, number**
der **Teller**	l'**assiette** f	**plate**
die **Temperatur**	la **température**	**temperature**
das **Tempo**	l'**allure** f (Geschwindigkeit); la **vitesse** (Fahrzeug); le **tempo** (Musik)	**speed, pace, tempo** (Musik)
das **Tennis**	le **tennis**	**tennis**
der **Tennisplatz**	le **court de tennis**	**tennis court**
der **Teppich**	le **tapis**	**carpet, rug**
der **Termin**	le **rendez-vous**	**rendezvous, appointment, date** (Treffen); **deadline** (Frist)
die **Terrasse**	la **terrasse**	**terrace**
der **Terror**	les **actes de terrorisme** m (Anschlag); la **terreur** (Angst)	**terror**
der **Terrorismus**	le **terrorisme**	**terrorism**
der, die **Terrorist/-in**	le, la **terroriste**	**terrorist**
der **Test**	le **test**; le **contrôle** (Kontrolle)	**test**
das **Testament**	le **testament**	**will**
testen Fiona testet Autos.	**tester** Fiona teste des voitures.	**test** Fiona tests cars.
teuer	**cher/chère, coûteux/-euse**	**expensive**
der **Teufel**	le **diable**	**devil**

der	**Text**	le **texte**	text
	Wir müssen auf morgen einen Text schreiben.	Nous devons écrire un texte pour demain.	We have to write a text by tomorrow.
das	**Theater**	le **théâtre**	theatre
das	**Theaterstück**	la **pièce de théâtre**	play
das	**Thema**	le **sujet**, le **thème**	subject, topic, theme
	theoretisch	**théorique**, **théoriquement**	theoretical
die	**Theorie**	la **théorie**	theory
der, die	**Therapeut/-in**	le, la **thérapeute**	therapist
die	**Therapie**	la **thérapie**	therapy
das	**Thermometer**	le **thermomètre**	thermometer
der	**Thunfisch** (Thon)	le **thon**	tuna
das	**Ticket**	le **ticket**	ticket
	tief	**profond/-e**	deep
die	**Tiefe**	la **profondeur**	depth
	tiefgekühlt	**congelé/-e**, **surgelé/-e**	deep-frozen
der	**Tiefkühlschrank**	le **congélateur**	freezer
das	**Tier**	l'**animal** m, la **bête**	animal, beast
der	**Tiger**	le **tigre**	tiger
die	**Tinte**	l'**encre** f	ink
der	**Tintenkiller**	l'**effaceur** m	ink eraser
der	**Tipp**	le **tuyau/-x**; le **pronostic** (Wette); le **conseil** (Ratschlag)	tip

	tippen	**taper** (Computer); **deviner** (erraten); **parier** (wetten)	**type** (Computer); **guess** (erraten); **bet · bet · bet** (wetten)
	Sie tippt einen Brief.	Elle tape une lettre.	She is typing a letter.
der	**Tisch**	la **table**	table
das	**Tischtuch**	la **nappe**	table cloth
der	**Titel**	le **titre**	title
das	**Toastbrot**	le **pain de mie**	bread for toasting
	toben	être **furieux**/-**euse**; être **déchaîné**/-**e** (Wetter); se **défouler** (Kinder)	be · was · been **furious**; **rage** (Wetter); **throw · threw · thrown a tantrum** (Kinder)
	David tobt vor Wut.	David est furieux.	David is furious.
die	**Tochter**	la **fille**	daughter
der	**Tod**	la **mort**	death
	tödlich	**mortel**/-**le**	fatal, deadly
das	**Töffli** (CH)	le **vélomoteur**	moped
die	**Toiletten** (Plural)	les **toilettes**	toilets
das	**Toilettenpapier**	le **papier hygiénique**	toilet paper
	tolerant	**tolérant**/-**e**	tolerant
	toll	**formidable, chouette, génial**/-**e**	great, cool, terrific
die	**Tomate**	la **tomate**	tomato/tomatoes
der	**Ton**	le **ton** (Tonfall); le **son** (Musik); l'**argile** f (Lehm)	**tone** (Tonfall); **sound** (Musik); **clay** (Lehm)

die	**Tonne**	la **tonne**; le **tonneau** (Behälter)	**tonne** (UK), **ton** (US)
der	**Topf**	le **pot**; la **casserole** (Kochtopf)	**pot** (Blumen); **saucepan** (Kochtopf)
das	**Tor**	le **but** (Sport); la **porte** (Tür); le **portail** (Garage)	**goal** (Sport); **gate** (Tür)
	Sie hat ein Tor geschossen.	Elle a marqué un but.	She scored a goal.
der die	**Torschütze** **Torschützin**	le, la **buteur**/**-euse**	**goal scorer**
die	**Torte**	le **gâteau**/**-x**	**cake, pie**
der, die	**Torwart**/**-in**	le, la **gardien**/**-ne (de but)**	**goalkeeper**
	tot	**mort**/**-e**, **décédé**/**-e**	**dead**
	total	**total**/**-e**	**total**
der, die	**Tote**	le, la **mort**/**-e**, le, la **défunt**/**-e**	**deceased, dead person**
	töten	**tuer**	**kill**
	Er hat die Spinne getötet.	Il a tué l'araignée.	He killed the spider.
der	**Touchscreen**	l'**écran tactile** m	**touchscreen**
der	**Tourismus**	le **tourisme**	**tourism**
der, die	**Tourist**/**-in**	le, la **touriste**	**tourist**
die	**Touristeninformation**	l'**office du tourisme** m	**tourism office**
	touristisch	**touristique**	**touristic**

die **Tournee**	la **tournée**	tour
die **Tradition**	la **tradition**	tradition
tragen	**porter**	carry
Tina trägt ein grosses Paket.	Tina porte un grand paquet.	Tina is carrying a large parcel.
tragisch	**tragique**	tragic
der, die **Trainer/-in**	l'**entraîneur**/**-euse** m/f	trainer
trainieren	s'**entraîner**	train
Mein Onkel trainiert drei Mal die Woche.	Mon oncle s'entraîne trois fois par semaine.	My uncle trains three times a week.
das **Training**	l'**entraînement** m	training
der **Traktor**	le **tracteur**	tractor
das **Tram**	le **tram**	tram
die **Träne**	la **larme**	tear
der **Transport**	le **transport**	transport
transportieren	**transporter**	transport
Der Lastwagen transportiert Sand.	Le camion transporte du sable.	The lorry is transporting sand.
die **Traube**	le **raisin** (Obst); la **grappe** (Obst, Blüten, Menschen)	grape
die **Traubenernte**	la **vendange**	grape harvest
sich **trauen**	**oser**	dare
Nils traut sich nicht zu fragen.	Nils n'ose pas demander.	Nils does not dare to ask.

die **Trauer**	le **deuil**	grief
der **Traum**	le **rêve**	dream
träumen	rêver	dream · dreamt · dreamt
Träumst du?	Tu rêves ?	Are you dreaming?
traurig	triste	sad
das **Treffen**	la **rencontre** (Begegnung), le **rendez-vous** (Verabredung)	meet
treffen	rencontrer, rejoindre; toucher (Ballspiel)	meet · met · met; hit · hit · hit (Ballspiel)
Wir haben sie im Kino getroffen.	Nous les avons rencontrés au cinéma.	We met them in the cinema.
Triffst du uns später?	Tu nous rejoins plus tard ?	Are you going to meet us later?
der **Treffpunkt**	le **(lieu de) rendez-vous**, le **lieu de rencontre**	meeting place
treiben	mener (Herde); chasser (Tier)	herd; drift
Der Hund treibt die Schafe auf die Wiese.	Le chien mène les moutons au pré.	The dog is herding the sheep into the meadow.
der **Trend**	la **tendance**	trend
sich **trennen**	se **séparer**, se **quitter**	split up, say goodbye (sich verabschieden); separate (Ehe)
Wir trennen uns am Bahnhof.	Nous nous séparons à la gare.	We'll split up at the station.
trennen	**séparer; couper** (Telefon); **trier** (Abfall)	separate; cut off, interrupt
das Eiweiss vom Eigelb trennen	séparer le blanc du jaune d'œuf	separate the egg white from the yolk

die **Trennung**	la **séparation**; la **césure** (Grammatik)	**separation**; **hyphenation** (Grammatik)
die **Treppe**	l'**escalier** m	**stairway, stairs, steps**
treten Elena hat mich getreten.	**donner un coup de pied**; **appuyer sur** (Bremse) Elena m'a donné un coup de pied.	**kick**; **step (on)** (Bremse) Elena kicked me.
treu Mein Hund ist ein treuer Freund.	**fidèle** Mon chien est un ami fidèle.	**faithful, loyal** My dog is a loyal companion.
die **Treue**	la **fidélité**	**loyalty, faithfulness** (Ehe)
der **Trichter**	l'**entonnoir** m	**funnel**
der **Trick**	le **truc**, la **combine**, l'**astuce** f	**trick, scheme**
der **Trickfilm**	le **dessin animé**	**animated cartoon**
trinken Möchtest du etwas zu trinken?	**boire** Tu voudrais quelque chose à boire ?	**drink · drank · drunk** Would you like something to drink?
das **Trinkgeld**	le **pourboire**	**tip**
das **Trinkwasser**	l'**eau potable** f	**drinking water**
der **Tritt**	le **coup de pied** (Fusstritt); le **pas** (Schritt); la **marche** (Treppe)	**kick** (Fusstritt); **footstep** (Schritt); **stair** (Treppe), **step** (Treppe)
trocken	**sec/sèche**	**dry**
trocknen Die Wäsche trocknet an der Sonne.	**sécher** Le linge sèche au soleil.	**dry** The laundry is drying in the sun.

sich **trocknen**	se **sécher**	**dry**
Sandra trocknet sich die Haare.	Sandra se sèche les cheveux.	Sandra is drying her hair.
trödeln	**traîner**	**dawdle**
Trödelt nicht!	Ne traînez pas !	Don't dawdle!
die **Trommel**	le **tambour**	**drum**
die **Trompete**	la **trompette**	**trumpet**
der **Tropfen**	la **goutte**	**drop**
trösten	**consoler**	**comfort, console**
Das tröstet mich.	Cela me console.	That is a comfort for me.
das **Trottoir**	le **trottoir**	**pavement, sidewalk** (US)
trotz	**malgré, en dépit de**	**despite, inspite of**
trotzdem	**quand même, tout de même**	**nonetheless, even so**
trüb	**trouble** (Flüssigkeit); **sombre** (Wetter); **morne** (Stimmung)	**cloudy** (Flüssigkeit); **overcast** (Wetter); **gloomy** (Stimmung)
die **Trümmer** (Plural)	les **ruines** f (Gebäude); les **débris** m (Flugzeug)	**ruins** (Gebäude); **wreckage** (Flugzeug)
der **Trumpf**	l'**atout** m	**trump**
der **Truthahn**	le **dindon**; la **dinde** (Fleisch)	**turkey**
das **T-Shirt**	le **tee-shirt**	**T-shirt**
die **Tube**	le **tube**	**tube**

die **Tulpe**	la **tulipe**	tulip
tun Er hat nichts getan.	**faire** Il n'a rien fait.	do · did · done He didn't do anything.
der **Tunnel**	le **tunnel**	tunnel
die **Tür**	la **porte**	door
die **Türkei**	la **Turquie**	Turkey
türkisch	turc	Turkish
der **Turm**	la **tour**	tower
turnen Wir turnen.	**faire de la gymnastique** Nous faisons de la gymnastique.	do · did · done gymnastics We are doing gymnastics.
die **Turnhalle**	la **salle de gymnastique**	gym, gymnasium
das **Turnier**	le **tournoi**	tournament
der **Turnschuh**	le **tennis**, la **basket**, la **chaussure de gymnastique**	sports shoe, gym shoe, sneaker
das **Turnzeug**	les **affaires de gymnastique** f	gym kit, gym clothes, gym equipment
die **Tüte**	le **sac** (en papier/plastique)	bag (Tragtasche); carton (Milch)
der **Typ**	le **type**	type
typisch	typique	typical

U

die **U-Bahn**	le **métro**	**underground** (UK), **subway** (US)
die **Übelkeit**	la **nausée**	**nausea**
üben	s'**exercer**; s'**entraîner** (Sport); **travailler** (Instrument)	**practise**
Wir üben.	Nous nous exerçons.	We are practising.
über	**au-dessus de**	**above; via**
Die Lampe ist über dem Tisch.	La lampe est au-dessus de la table.	The light is above the table.
überall	**partout**	**everywhere**
überarbeiten	**remanier, retravailler, retoucher**	**revise**
Wir müssen diesen Text überarbeiten.	Nous devons remanier ce texte.	We have to revise this text.
der **Überblick**	la **vue d'ensemble**, l'**aperçu** m	**overview**
der **Überfall**	l'**agression** f, le **hold-up**	**assault, hold-up**
überflüssig	**superflu/-e, inutile**	**superfluous**
übergeben	**remettre**	**hand over**
Ich habe ihm das Dokument übergeben.	Je lui ai remis le document.	I handed over the document to him.
sich **übergeben**	**vomir**	**vomit, throw · threw · thrown up, be · was · been sick**
Er übergibt sich.	Il vomit.	He is vomitting.

überhaupt	de toute façon, absolument	at all
überheblich	présomptueux/-euse, arrogant/-e	arrogant
überholen	dépasser, doubler	overtake · overtook · overtaken
Sabine überholt mich mit ihrem neuen Fahrrad.	Sabine me dépasse avec son nouveau vélo.	Sabine is overtaking me on her new bike.
überlassen	céder, laisser (entscheiden)	give · gave · given up; leave · left · left something to someone (Entscheidung)
Mia überlässt ihren Platz ihrer Grossmutter.	Mia cède sa place à sa grand-mère.	Mia gave up her seat to her grandmother.
überleben	survivre	survive
Wie konnten sie in der Wüste überleben?	Comment ont-ils-pu survivre dans le désert ?	How could they survive in the desert?
überlegen	réfléchir	think · thought · thought about, consider
Sie überlegen.	Ils réfléchissent.	They're thinking about it.
überlegen	supérieur/-e	superior
die **Überlegung**	la réflexion	consideration
überlisten	duper, tromper	outwit, outsmart
Sie haben mich überlistet.	Ils m'ont dupé.	They've outsmarted me.
übermorgen	après-demain	day after tomorrow
übernachten	passer la nuit	stay the night
Meine Eltern haben in Bern übernachtet.	Mes parents ont passé la nuit à Berne.	My parents stayed the night in Bern.

die **Übernachtung**	la **nuitée**	accommodation
übernehmen	**reprendre**; **assumer** (Schuld); **accepter** (Auftrag)	take · took · taken over; assume (Schuld); accept (Auftrag)
Wir haben dieses Haus vor einem Jahr übernommen.	Nous avons repris cette maison il y a un an.	We took over this house a year ago.
überprüfen	**vérifier**	verify, check
Sie überprüft die Telefonnummer.	Elle vérifie le numéro de téléphone.	She is checking the phone number.
überqueren	**traverser, franchir**	cross (over)
Überquert die Strasse!	Traversez la rue.	Cross the street.
Wir haben die Schweizer Grenze überquert.	Nous avons franchi la frontière suisse.	We crossed over the Swiss border.
überraschen	**surprendre**	surprise
Sie überraschen mich mit einem Geschenk.	Ils me surprennent avec un cadeau.	They surprise me with a present.
überraschend	**surprenant/-e, inattendu/-e**	surprising, unexpected
die **Überraschung**	la **surprise**	surprise
überreden	**convaincre**	convince
Alessia und Leonardo haben mich überredet.	Alessia et Léonard m'ont convaincu.	Alessia and Leonardo convinced me.
überreichen	**remettre**	give · gave · given, present, hand over
Wir haben ihnen die Einladung überreicht.	Nous leur avons remis l'invitation.	We gave them their invitation.

die **Überschrift**	le **(gros) titre**	**headline, title**
die **Überschwemmung**	l'**inondation** f	**flood**

übersehen — **ne pas voir** — **overlook**
Ich habe diesen Fehler übersehen. — Je n'ai pas vu cette faute. — I overlooked this mistake.

übersetzen — **traduire** — **translate**
Können Sie das auf Deutsch übersetzen? — Est-ce que vous pouvez traduire ça en allemand ? — Could you translate that into German please?

der, die **Übersetzer/-in** — le, la **traducteur/-trice** — **translator**

die **Übersetzung** — la **traduction** — **translation**

überstehen — **supporter, surmonter** (Krise); **survivre à** (überleben) — **overcome · overcame · overcome** (Krise); **survive** (überleben)
Er hat die Operation überstanden. — Il a supporté l'opération. — He survived the operation.

übertragen — **diffuser** (TV); **transmettre** (Mobilfunk) — **show · shown · shown** (TV), **broadcast** (TV, Radio); **transmit** (Signal); **transfer** (Geld, Rechte)
Der Match wird am Radio übetragen. — Le match est diffusé à la radio. — The match will be broadcast on the radio.

die **Übertragung** — la **retransmission**; la **diffusion** (TV) — **transmission**; **broadcast** (TV, Radio)

übertreffen	surpasser; dépasser (Erwartung)	beat · beat · beaten; exceed (Erwartung)
Das übertrifft alles.	Cela surpasse tout.	That beats it all!
übertreiben	exagérer	exaggerate
Ihr übertreibt immer.	Vous exagérez toujours.	You always exaggerate.
überwachen	surveiller	monitor
Der Patient wird die ganze Nacht überwacht.	Le patient est surveillé toute la nuit.	The patient will be monitored all night.
überweisen	virer	transfer
Meine Mutter hat mir Geld überwiesen.	Ma mère m'a viré de l'argent.	My mother transferred some money to me.
überwinden	surmonter, vaincre	overcome · overcame · overcome
Er hat seine Angst nicht überwinden können.	Il n'a pas réussi à surmonter sa peur.	He has not been able to overcome his fear.
überzeugen	persuader	persuade
Ich habe meinen Bruder überzeugt, mit uns zu kommen.	J'ai persuadé mon frère de venir avec nous.	I persuaded my brother to come with us.
überzeugt	persuadé/-e	convinced, sure
die **Überzeugung**	la conviction	conviction
üblich	habituel/-le, comme d'habitude	usual, normal
das **U-Boot**	le sous-marin	submarine

	übrig	restant/-e, qui reste	left, remaining
	Es ist nichts mehr übrig.	Il ne reste rien.	There is nothing left.
	übrigens	d'ailleurs, du reste	by the way
die	**Übung**	l'**exercice** m	exercise, practice
das	**Ufer**	le **bord**; la **rive** (Fluss)	shore, bank (Fluss)
die	**Uhr**	la **montre** (Arm); l'**horloge** f (Wand, Kirche); l'**heure** f (Zeit)	watch (Arm); clock (Wand); time (Zeit)
	Ich habe eine neue Uhr.	J'ai une nouvelle montre.	I've got a new watch.
	Um wie viel Uhr kommst du an?	Tu arrives à quelle heure ?	At what time will you be arriving?
	um	à; autour de	at; around
	Morgen beginnt die Schule um 9 Uhr.	Demain, l'école commence à 9 heures.	School starts at 9 o'clock tomorrow.
	Wir spazieren um den See.	Nous nous promenons autour du lac.	We're walking around the lake.
	um … zu	pour	in order to
	umarmen	embrasser, serrer dans ses bras	hug, embrace
	Sie haben sich umarmt.	Ils se sont embrassés.	They hugged.
der	**Umbau**	la transformation, être en travaux	renovation, alteration
	umbringen	tuer	kill
	Dieser Mann hat jemanden umgebracht.	Cet homme a tué quelqu'un.	This man killed someone.
	umdrehen	retourner; faire demi-tour (umkehren)	turn over; turn around (umkehren)
	Dreht das Blatt um!	Retournez la feuille.	Turn the sheet of paper over.

umfallen	tomber	**fall · fell · fallen** (down, over)
Sie ist umgefallen.	Elle est tombée.	She fell down.

der **Umfang** — le **tour** (Kopf); la **circonférence** (Mathematik); l'**ampleur** f (Arbeit) — **size** (Kopf); **circumference** (Mathematik); **extent** (Arbeit)

umfangreich — important/-e, d'envergure — comprehensive

das **Umfeld** — le **cadre** (Umgebung); le **milieu** (sozial) — **environment** (Umfeld); **milieu** (sozial)

die **Umfrage** — le **sondage**, l'**enquête** — survey

der **Umgang** — les **fréquentations** f, les **relations** f — dealings

die **Umgangssprache** — le **langage familier** — colloquial language, slang

die **Umgebung** — les **environs** m, les **alentours** m — surroundings, vicinity

umgehen — **éviter** (vermeiden); **contourner** (örtlich) — avoid
Können wir das umgehen? — Pouvons-nous éviter cela ? — Can we avoid it?

umgekehrt — inverse — vice versa, other way round

die **Umleitung** — la **déviation** — deviation, detour

umrühren — remuer — stir
Man muss gut umrühren! — Il faut bien remuer ! — Stir well.

sich **umsehen**	jeter un coup d'œil, regarder	look around
Wir wollten uns nur mal umsehen.	Nous voulions juste jeter un coup d'œil.	We just wanted to look around.
umsetzen	mettre en pratique; convertir (umwandeln)	implement, put into practice
Kannst du deine Idee umsetzen?	Peux-tu mettre ton idée en pratique ?	Can you put your idea into practice?
umsonst	pour rien; gratuit/-e (gratis)	in vain (nutzlos); for free (gratis)
umständlich	compliqué/-e	complicated
umsteigen	changer	change
Man muss bei der nächsten Station umsteigen.	Il faut changer de train à la prochaine station.	Change at the next stop.
umstellen	modifier	rearrange, change
Sie stellt alles um.	Elle modifie tout.	She is rearranging everything.
umstossen	renverser	spill (ausleeren); knock over
Ich habe meinen Tee umgestossen.	J'ai renversé mon thé.	I spilled my tea.
umtauschen	échanger; changer (Geld)	exchange; change (Geld)
Ich werde es morgen umtauschen.	Je l'échangerai demain.	I will exchange it tomorrow.
der **Umweg**	le détour	detour
die **Umwelt**	l'environnement m	environment
umweltfreundlich	écologique	environment-friendly, ecological
der **Umweltschutz**	la protection de l'environnement	protection of the environment

die	**Umweltverschmutzung**	la **pollution** (de l'environne-ment)	environmental pollution
	umziehen	déménager	move
	Wir ziehen in eine andere Stadt um.	Nous déménageons dans une autre ville.	We are moving to another town.
der	**Umzug**	le **déménagement**; le **défilé** (Festumzug)	relocation, move; procession (Festumzug)
	unabhängig	indépendant/-e	independent
die	**Unabhängigkeit**	l'**indépendance** f	independence
	unabsichtlich	sans le vouloir, involontaire	unintentional
	unangenehm	désagréable	unpleasant
	unanständig	indécent/-e	indecent, improper, rude
	unaufmerksam	inattentif/-ve	inattentive
	unbedingt	absolument	absolutely, unconditionally
	unbekannt	inconnu/-e	unknown
der, die	**Unbekannte**	l'**inconnu/-e** m/f	stranger
	Wer ist dieser Unbekannte?	Qui est cet inconnu ?	Who is this stranger?
	unbeliebt	peu apprécié/-e	disliked, unpopular
	unbequem	inconfortable	uncomfortable
	unbestimmt	indéfini/-e	uncertain, indefinite
	unbewusst	inconscient/-e	unaware
	unbrauchbar	inutile	unusable, useless
	und	et	and
	undankbar	ingrat/-e	ungrateful

unendlich	infini/-e, sans fin	infinite, neverending, unending
unentschieden	match nul (Sport); indécis/-e (unentschlossen)	tied (Sport); undecided (unentschlossen)
unerträglich	insupportable	intolerable
unerwartet	inattendu/-e, imprévu/-e	unexpected
unfähig	incapable	incapable
unfair	injuste	unfair
der Unfall	l'accident m	accident
unfreundlich	peu aimable, désagréable	unfriendly, unpleasant
ungarisch	hongrois/-e	Hungarian
Ungarn	la Hongrie	Hungary
ungeduldig	impatient/-e	impatient
ungefähr	à peu près, environ	approximately, around, about, roughly
ungenau	imprécis/-e, inexact/-e, vague	imprecise, inaccurate, vague
ungenügend	insuffisant/-e	insufficient
ungerecht	injuste	unjust
ungeschickt	maladroit/-e	clumsy
ungewöhnlich	inhabituel/-le, exceptionnel/-le	unusual, exceptional

	unglaublich	incroyable	unbelievable
das	**Unglück**	le **malheur** (Leid); l'**accident** m (Unfall); la **malchance** (Pech)	**suffering** (Leid); **accident** (Unfall); **misfortune** (Pech)
	unglücklich	malheureux/-euse	**unhappy** (unzufrieden); **unlucky** (Pech haben)
	ungültig	non valable	invalid
	unheimlich	inquiétant/-e (Begegnung); terrible (Angst)	creepy, weird, terrible
	unhöflich	impoli/-e	impolite
die	**Uniform**	l'uniforme m	uniform
die	**Universität**	l'université f	university
das	**Universum**	l'univers m	universe
	unklar	peu clair/-e, flou/-e, confus/-e	**unclear, confusing** (verwirrend); **blurred** (unscharf)
	unkompliziert	simple	uncomplicated
	unmenschlich	inhumain/-e, monstrueux/-euse	inhuman, monstrous
	unmöglich	impossible	impossible
	unnötig	inutile	unnecessary
	unordentlich	désordonné/-e (Person); en désordre	messy, disorderly, untidy
die	**Unordnung**	le désordre	mess, disorder
	unpraktisch	peu pratique	impractical

unpünktlich	en retard, qui n'est pas ponctuel/-le	late
das Unrecht	le tort, l'injustice f	injustice
unregelmässig	irrégulier/-ère	irregular
die Unruhe	l'agitation f; l'inquiétude f (Sorge)	unrest, disturbance; worry (Sorge)
uns Lass uns in Frieden.	nous Laisse-nous en paix.	us Leave us in peace.
die Unschuld	l'innocence f	innocence
unschuldig	innocent/-e	innocent
unser, unsere	notre	our
unserer, unsere, unseres	le, la nôtre	our
unsicher	incertain/-e, peu sûr/-e, précaire	uncertain, unsafe
die Unsicherheit	le manque d'assurance	uncertainty
unsichtbar	invisible	invisible
der Unsinn	la bêtise (Unfug), le non-sens	nonsense, rubbish
unten	en bas; au bas (Liste); au fond (Tal)	downstairs (Haus), at the bottom (Liste)
unter Die Familie Huber wohnt unter uns. Die Katze ist unter dem Sofa.	au-dessous de, sous; parmi (zwischen) La famille Huber habite au-dessous de chez nous. Le chat est sous le canapé.	downstairs; underneath, under, below (unterhalb); among (zwischen) The Hubers live downstairs from us. The cat is underneath the sofa.
unterbrechen Unterbrechen Sie mich nicht!	interrompre Ne m'interrompez pas.	interrupt Don't interrupt me!

unterbringen	loger, caser	accommodate, house
Sie haben uns gut untergebracht.	Ils nous ont bien logés.	They offered us accommodation.
unterdessen	pendant ce temps, entre-temps	in the meantime, since then
unterdrücken	**opprimer** (Menschen); **réprimer** (Gefühl); **censurer** (Informationen)	**oppress** (Menschen); **suppress** (Gefühl); **censor** (Information)
Dieses Volk wurde unterdrückt.	Ce peuple a été opprimé.	These people were oppressed.
untereinander	entre eux, entre elles, entre nous, entre vous; **mutuellement** (gegenseitig)	one below the other; among each other (gegenseitig)
untergehen	se **coucher**; **sombrer** (Schiff)	set · set · set; sink (Schiff); perish (Kultur, Volk)
Die Sonne geht unter.	Le soleil se couche.	The sun is setting.
das **Untergeschoss**	le **sous-sol**	basement
der **Unterhalt**	l'**entretien** m (Haus, Auto); la **pension alimentaire** (Zahlung)	maintenance
sich **unterhalten**	discuter; se **divertir** (amüsieren)	chat with, talk with, discuss; entertain (amüsieren)
Du unterhältst dich mit deinen Freunden.	Tu discutes avec tes amis.	You are chatting with your friends.

die **Unterhaltung**	la **conversation** (Gespräch); le **divertissement** (Vergnügen)	**discussion** (Gespräch); **entertainment** (Vegnügen)
die **Unterhose**	le **slip** (kurz), le **caleçon** (lang)	**underpants**
die **Unterkunft**	l'**hébergement** m (für kurze Zeit)	**accommodation**
die **Unterlagen** (Plural)	le **dossier**	**documentation**
unterlegen	**inférieur**/-e	**inferior, not as good as**
jemandem unterlegen sein	être inférieur à quelqu'un	to be inferior to someone
das **Unternehmen**	l'**entreprise** f	**company, firm, corporation**
unternehmen	**entreprendre**	**go · gone · went** (on a trip); **do · did · done**; **undertake · undertook · undertaken**
Nächste Woche unternehmen wir eine kleine Reise.	La semaine prochaine, nous entreprenons un petit voyage.	Next week we are going on a trip.
der, die **Unternehmer**/-in	l'**entrepreneur**/-euse m/f	**entrepreneur, business person**
der **Unterricht**	le **cours**	**lesson, class**
unterrichten	**enseigner**	**teach · taught · taught**
Herr Moser unterrichtet gerne.	M. Moser aime enseigner.	Mr Moser enjoys teaching.
das **Unterrichtsfach**	la **matière**	**subject**
unterscheiden	**distinguer**, **faire la distinction**	**distinguish (between)**
Ich kann die Zwillinge nie unterscheiden.	Je n'arrive pas à distinguer les jumeaux.	I can never distinguish between the twins.

der **Unterschied**	la **différence**	difference
unterschiedlich	**différent**/-e	different
unterschreiben	**signer**	sign
Inès unterschreibt den Brief.	Inès signe la lettre.	Inès is signing the letter.
die **Unterschrift**	la **signature**	signature
unterstreichen	**souligner**	underline, underscore
Unterstreicht die Verben im Text!	Soulignez les verbes dans le texte.	Underline the verbs in the text.
die **Unterstufe**	les **classes inférieures** f	lower grade, lower level
unterstützen	**soutenir**	support
Wir unterstützen unseren Fussballklub.	Nous soutenons notre club de football.	We support our football club.
die **Unterstützung**	le **soutien**	support
untersuchen	**examiner**; **analyser** (Naturwissenschaft)	examine, study, investigate
Der Arzt untersucht mein Knie.	Le médecin examine mon genou.	The doctor is examining my knee.
die **Untersuchung**	l'**examen** m (Arzt); l'**enquête** f (Polizei)	examination (Arzt); study (Wissenschaft); investigation (Polizei)
die **Unterwäsche**	les **sous-vêtements** m	underwear
unterwegs	en route, en chemin	on the way, en route, under way
untreu	infidèle	unfaithful

	unveränderlich	invariable, constant/-e	unchangeable, constant
	unverändert	inchangé/-e	unchanged, constant
	unvorsichtig	imprudent/-e	careless, imprudent
	unwahrscheinlich	improbable, invraisemblable	unlikely, improbable
	unwichtig	sans importance	unimportant
	unzufrieden	mécontent/-e	unhappy
	unzuverlässig	pas fiable	unreliable
die	Urkunde	le document (officiel)	deed
der	Urlaub	le congé	holiday, vacation
der, die	Urlauber/-in	le, la vacancier/-ère	holidaymaker, vacationer
die	Ursache	la cause	cause
der	Ursprung	l'origine f	origin
	ursprünglich	initial/-e (anfänglich), premier/-ère, primitif/-ve (naturhaft)	original
das	Urteil	le jugement	judgement, ruling
der	Urwald	la forêt vierge	jungle
die	USA	les Etats-Unis m, les USA m	US, USA, United States of America
der	USB-Stick	la clé USB	USB stick

V

die **Vanille**	la **vanille**	vanilla
die **Variante**	la **variante**	version, option
die **Vase**	le **vase**	vase
der **Vater**	le **père**, le **papa**	father
der, die **Vegetarier/-in**	le, la **végétarien/-ne**	vegetarian
vegetarisch	**végétarien/-ne**	vegetarian
das **Velo**	le **vélo**, la **bicyclette**	bicycle, bike
Ich gehe mit dem Velo zur Schule.	Je vais à l'école à vélo.	I ride my bike to school.
Ich fahre gern Velo.	J'aime faire du vélo.	I like riding my bicycle.
die **Veloklingel**	la **sonnette**	bell
sich **verabreden**	prendre rendez-vous avec quelqu'un	arrange to meet (with) someone, arrange a date or an appointment with someone
Ich habe mich mit Marietta verabredet.	J'ai pris rendez-vous avec Marietta.	I arranged to meet Marietta.
die **Verabredung**	le **rendez-vous**	meeting, date, appointment
sich **verabschieden**	dire au revoir à quelqu'un, prendre congé de quelqu'un	say · said · said goodbye
Sie hat sich von uns verabschiedet.	Elle nous a dit au revoir.	She said goodbye to us.
verändern	**changer**; **modifier** (Text)	change, modify; edit (Text)
Hier hat sich alles verändert.	Ici, tout a changé.	Everything has changed here.
die **Veränderung**	le **changement**	change

veranstalten	**organiser; faire** (Lärm)	**organise**
Die Gemeinde veranstaltet am Nationalfeiertag ein Feuerwerk.	La commune organise un feu d'artifice lors de la fête nationale.	The town is organising fireworks to celebrate Indepence Day.
der, die **Veranstalter/-in**	l'**organisateur**/**-trice** m/f	**organiser**
die **Veranstaltung**	la **manifestation**, le **spectacle**	**event**
verantwortlich	**responsable**	**responsible**
die **Verantwortung**	la **responsabilité**	**responsibility**
verärgert	**fâché**/**-e**	**angry, annoyed**
verarschen	se **ficher de quelqu'un**	**make · made · made a fool out of someone**
Er hat mich verarscht.	Il s'est fichu de moi.	He made a fool out of me.
das **Verb**	le **verbe**	**verb**
der **Verband**	le **pansement** (Wunde); l'**association** f (Vereinigung)	**bandage** (Wunde); **association** (Vereinigung)
verbessern	**corriger**	**correct;** **improve** (Situation)
Er hat den Aufsatz noch nicht verbessert.	Il n'a pas encore corrigé la rédaction.	He has not yet corrected the essay.
die **Verbesserung**	la **correction** (Korrektur); l'**amélioration** f (Situation)	**correction** (Korrektur); **improvement** (Situation)
verbieten	**interdire, défendre**	**forbid · forbid · forbidden, not allow**
Du kannst mir nicht verbieten zu kommen.	Tu ne peux pas m'interdire de venir.	You can't forbid me to come.
Das ist verboten.	C'est interdit.	That is not allowed.

	verbinden	**panser** (Wunde); **bander** (Augen); **relier** (Punkte); **associer** (Gedanken)	**bandage** (Wunde); **blindfold** (Augen); **connect** (Punkte); **associate** (Gedanken)
	Meine Mutter hat meinen Arm verbunden.	Ma mère a pansé mon bras.	My mother bandaged my arm.
die	**Verbindung**	la **correspondance** (Verkehr); le **contact** (Kontakt)	**connection** (Verkehr, Beziehung); **combination** (Mix); **contact** (Kontakt)
das	**Verbot**	l'**interdiction** f, la **défense**	**ban, prohibition**
	verboten	**interdit**/-e, **défendu**/-e	**forbidden, not allowed**
	verbrauchen	**consommer**	**use**
	Dieses Auto verbraucht viel Benzin.	Cette voiture consomme beaucoup d'essence.	This car uses a lot of petrol.
der, die	**Verbraucher/-in**	le, la **consommateur/-trice**	**consumer**
das	**Verbrechen**	le **crime**	**crime**
der, die	**Verbrecher/-in**	le, la **criminel/-le**	**criminal**
sich	**verbrennen**	se **brûler**	**burn**
	Ich habe mir die Finger verbrannt.	Je me suis brûlé les doigts.	I burned my finger.
	verbringen	**passer**	**pass time, spend · spent · spent time**
	Früher haben wir viel Zeit bei unserer Tante verbracht.	Autrefois, nous avons passé beaucoup de temps chez notre tante.	We used to spend a lot of time at my aunt's.

der **Verdacht**	le **soupçon**	**suspicion**
verdächtig	**suspect**/-e	**suspicious**
verdauen	**digérer**	**digest**
Die Schlange verdaut sehr langsam.	Le serpent digère très lentement.	The snake digests its food very slowly.
verdienen	**mériter; gagner**	**deserve; earn**
Nick hat eine Glace verdient.	Nick a mérité une glace.	Nick deserved an ice cream cone.
Sie verdient viel Geld.	Elle gagne beaucoup d'argent.	She earns a lot of money.
verdoppeln	**doubler**	**double**
Er hat seinen Einsatz verdoppelt.	Il a doublé sa mise.	He doubled his efforts.
verdünnen	**diluer; allonger** (Getränk, Sauce)	**dilute, thin**
Der Maler hat die Farbe verdünnt.	Le peintre a dilué la peinture.	The painter thinned the paint.
der **Verein**	l'**association** f; le **club** (Sport)	**association, club**
vereinbaren	**convenir de**	**agree** (Abmachung); **arrange**
Wir haben ein Treffen vereinbart.	Nous avons convenu d'un rendez-vous.	We arranged a meeting.
vereinfachen	**simplifier**	**simplify**
Diese Erfindung vereinfacht uns das Leben.	Cette invention nous simplifie la vie.	This invention will simplify our lives.

sich **verfahren**	se **perdre**	lose · lost · lost one's way, get · got · got lost
Sie hat sich verfahren.	Elle s'est perdue.	She lost her way.
das **Verfahren**	la **méthode**	procedure, process, method
das **Verfallsdatum**	la **date de péremption**	expiry date, expiration date
verfehlen	**manquer, rater**	miss
Sie haben ihr Ziel verfehlt.	Ils ont manqué leur but.	They missed their target.
Sie haben sich verfehlt.	Elles se sont ratées.	They missed each other.
verflucht	**maudit/-e**	cursed, damned
verfolgen	**poursuivre; persécuter** (unterdrücken)	pursue, chase; persecute (Religion)
Der Polizist verfolgt den Dieb.	Le policier poursuit le voleur.	The policeman is chasing the thief.
verfügbar	disponible	available
verführerisch	**séduisant/-e**	seductive
die **Vergangenheit**	le **passé**	past
vergeben	**pardonner; donner** (Stelle)	forgive · forgave · forgiven; assign, fill, give · gave · given (Stelle)
Kannst du mir vergeben?	Peux-tu me pardonner?	Can you forgive me?
vergeblich	**en vain, vain/-e**	in vain
vergehen	**passer; disparaître** (Wut)	pass; **fade** (Duft, Schönheit); wear · wore · worn off (Wut)
Die Zeit ist zu schnell vergangen.	Le temps a passé trop vite.	The time passed too quickly.

vergessen	oublier	forget · forgot · forgotten
Vergiss nicht, die Türe zu schliessen!	N'oublie pas de fermer la porte.	Don't forget to shut the door.
vergesslich	distrait/-e	forgetful
vergeuden	gaspiller	waste
Ihr solltet nicht so viel Papier vergeuden.	Vous ne devriez pas gaspiller autant de papier.	You shouldn't waste so much paper.
vergiften	empoisonner	poison
Das Opfer wurde vergiftet.	La victime a été empoisonnée.	The victim was poisoned.
der **Vergleich**	la comparaison	comparison
vergleichen	comparer	compare
Vergleicht eure Resultate!	Comparez vos résultats.	Compare your results.
das **Vergnügen**	le plaisir	pleasure, fun, enjoyment
vergrössern	agrandir; grossir (Lupe)	enlarge; magnify (Lupe)
Wir vergrössern dieses Bild.	Nous agrandissons cette image.	We are enlarging this picture.
verhaften	arrêter	arrest
Die Polizei hat den Dieb verhaftet.	La police a arrêté le voleur.	The police arrested the thief.
sich **verhalten**	se comporter	behave
Sie verhalten sich gut.	Ils se comportent bien.	They are behaving themselves.
das **Verhalten**	le comportement	behaviour

das **Verhältnis**	le **rapport** (Vergleich); la **liaison** (Beziehung)	relationship
verhältnismässig	relativement	relatively
verhandeln Er verhandelt den Preis mit dem Verkäufer.	négocier Il négocie le prix avec le vendeur.	negotiate He's negotiating the price with the seller.
verheilen Die Wunde verheilt gut.	guérir La plaie guérit bien.	heal The wound is healing nicely.
verheiratet	marié/-e	married
verhindern Sie können den Streit nicht verhindern.	empêcher, éviter Ils ne peuvent pas empêcher la dispute.	prevent, avoid They can't prevent the fight.
Verhütungsmittel	le **contraceptif**	contraceptive
sich **verirren** Er hat sich im Wald verirrt.	se **perdre**, s'**égarer** Il s'est perdu dans la forêt.	get · got · got lost He got lost in the woods.
der **Verkauf**	la **vente**	sale
verkaufen Verkaufst du mir dieses Spiel?	vendre Tu me vends ce jeu ?	sell · sold · sold Will you sell me this game?
der, die **Verkäufer/-in**	le, la **vendeur/-euse**	salesperson
der **Verkehr**	la **circulation**	traffic
verkehren Die alten Züge verkehren nur am Sonntag.	circuler (Fahrzeug); fréquenter quelqu'un (Person) Les vieux trains circulent seulement le dimanche.	run · ran · run (Fahrzeug); frequent, visit (Restaurant) The old trains only run on Sundays.

das **Verkehrsmittel**	le **moyen de transport**	means of transport
das **Verkehrsschild**	le **panneau de circulation**	traffic sign, street sign
der **Verkehrsunfall**	l'**accident de la route** m	traffic accident, road accident
sich **verkleiden**	se **déguiser**	dress up, disguise oneself
Der Einbrecher hat sich als Clown verkleidet.	Le cambrioleur s'est déguisé en clown.	The burglar was dressed up as a clown.
verkleinern	**réduire, rapetisser**	make · made · made smaller, reduce
Verkleinert ihr dieses Bild?	Vous réduisez cette image ?	Are you going to make the picture smaller?
verkraften	**supporter**	cope with, bear · bore · born
Er hat das schlecht verkraftet.	Il a mal supporté ça.	He didn't cope with it well.
verlangen	**exiger, demander; réclamer** (Ausweis)	demand, request
Wir verlangen eine Erklärung.	Nous exigeons une explication.	We demand an explanation.
verlängern	**prolonger** (Ferien); **rallonger** (Kleid)	**prolong** (Ferien); **lengthen** (Kleid)
Wir konnten unsere Ferien verlängern.	Nous avons pu prolonger nos vacances.	We were able to prolong our holiday.
das **Verlängerungskabel**	la **rallonge**	extension cord
verlassen	**sortir, quitter**	get · got · got out, leave · left · left
Verlasst mein Zimmer!	Sortez de ma chambre.	Get out of my room!
der **Verlauf**	le **déroulement**, le **cours**	course, progress

	verlaufen	**passer** (Weg); se **dérouler** (Prüfung); **fondre** (Butter)	run · ran · run (Weg); go · went · gone (Prüfung); melt (Butter)
	Der Weg verläuft dem Seeufer entlang.	Le chemin passe au bord du lac.	The road runs along the lake.
	verlegen	embarrassé/-e, gêné/-e	embarrassed
sich	**verletzen**	se **blesser**	hurt · hurt · hurt, injure
	Sie hat sich beim Fussballspielen verletzt.	Elle s'est blessée en jouant au foot.	She injured herself playing soccer.
der, die	**Verletzte**	le, la **blessé**/-e	injured
die	**Verletzung**	la **blessure**	injury
sich	**verlieben**	**tomber amoureux**/-euse de	fall · fell · fallen in love
	Tanja hat sich schon wieder in einen andern verliebt.	Tanja est déja tombée amoureuse d'un autre.	Tanja has already fallen in love with someone else.
	verliebt	amoureux/-euse	in love
	verlieren	**perdre**	lose · lost · lost
	Hast du dein Buch verloren?	As-tu perdu ton livre ?	Did you lose your book?
der, die	**Verlierer/-in**	le, la **perdant**/-e	loser
	verlinken	**mettre en lien**	link
	auf eine Webseite verlinken	mettre en lien vers un site Web	to link to a website
sich	**verloben**	se **fiancer**	get · got · got engaged
	Sie haben sich verlobt.	Ils se sont fiancés.	They got engaged.
die	**Verlobung**	les **fiançailles** f	engagement

der **Verlust**	la **perte**	loss
vermeiden	éviter	avoid
Ich vermeide es, Max zu treffen.	J'évite de rencontrer Max.	I'm trying to avoid meeting Max.
vermieten	louer	rent (out)
Meine Mutter vermietet unsere Wohnung während der Ferien.	Ma mère loue notre appartement pendant les vacances.	My mother is renting out our apartment during our holidays.
der, die **Vermieter/-in**	le, la **propriétaire**	landlord
vermissen	manquer, ne pas trouver	miss
Ich vermisse dich.	Tu me manques.	I miss you.
das **Vermögen**	la **fortune**, les **biens** m	wealth, fortune, assets
vermuten	supposer, présumer	think · thought · thought, suppose
Was vermutet ihr?	Qu'est-ce que vous supposez ?	What do you think?
vermutlich	probable, probablement	probably
die **Vermutung**	la **supposition**, la **présomption**	assumption
vernachlässigen	négliger	neglect
Er vernachlässigt seine Pflichten.	Il néglige ses devoirs.	He is neglecting his duties.
vernichten	détruire	destroy
Das Dorf wurde vernichtet.	Le village a été détruit.	The village was destroyed.
die **Vernunft**	la **raison**	reason
vernünftig	raisonnable	reasonable

veröffentlichen	**publier**	**publish**
Mein Buch wurde veröffentlicht.	Mon livre a été publié.	My book was published.
verpassen	**rater**	**miss**
Wir verpassen den Zug.	Nous ratons le train.	We will miss the train.
die **Verpflegung**	le **ravitaillement**	**food, meals**
die **Verpflichtung**	l'**obligation** f	**obligation**
verraten	**trahir, dire**	**betray; tell · told · told** (Geheimnis, Antwort)
Sie hat uns verraten.	Elle nous a trahis.	She betrayed us.
Kannst du mir verraten, wohin wir fahren?	Peux-tu me dire où nous allons ?	Can you tell me where we're going?
verreisen	**partir (en voyage)**	**go · went · gone (on a journey), travel**
Wir sind verreist.	Nous sommes partis.	We went on a journey.
verrückt	**fou/folle, cinglé/-e**	**crazy, insane**
versagen	**échouer**	**fail**
Die Nationalmannschaft hat versagt.	L'équipe nationale a échoué.	The national team failed badly.
sich **versammeln**	se **réunir**, se **rassembler**	**meet · met · met, assemble**
Versammelt euch vor der Schule!	Réunissez-vous devant l'école.	Assemble in front of the school.
die **Versammlung**	la **réunion**	**meeting**

verschieben	remettre, reporter; déplacer (Möbel)	postpone (Termin); move (Möbel)
Sie haben ihr Treffen auf morgen verschoben.	Ils ont remis leur rendez-vous à demain.	They postponed their meeting until tomorrow.

verschieden	différent/-e	different

sich **verschlafen**	se réveiller trop tard	oversleep · overslept · overslept
Er hat sich schon wieder verschlafen.	Il s'est encore réveillé trop tard.	He overslept again.

verschütten	renverser	spill
Er hat alles verschüttet.	Il a tout renversé.	He spilled it all.

verschwenden	gaspiller	waste
Man darf das Wasser nicht verschwenden.	Il ne faut pas gaspiller l'eau.	You musn't waste water.

verschwinden	disparaître	disappear
Das Kaninchen ist im Wald verschwunden.	Le lapin a disparu dans la forêt.	The rabbit disappeared in the forest.

die **Versicherung**	l'**assurance** f	insurance, assurance

versinken	sombrer; s'enfoncer (Schnee)	sink · sank · sunk
Das Schiff versinkt.	Le bateau sombre.	The ship is sinking.

die **Version**	la **version**	version
sich **verspäten**	être en retard; avoir du retard (Bus)	be · was · been late
Ich habe mich verspätet.	Je suis en retard.	I am late.
die **Verspätung**	le **retard**	delay
das **Versprechen**	la **promesse**	promise
versprechen	**promettre**	promise
Versprochen, wir gehen ins Theater.	C'est promis, nous allons au théâtre.	I promise, we're going to the theatre.
der **Verstand**	l'**intelligence** f; la **raison** (Vernunft)	mind, intellect; reason (Vernunft)
die **Verständigung**	la **communication**	communication; comprehension (Begreifen); understanding
verständlich	compréhensible	understandable
das **Verständnis**	la **compréhension**	understanding
verstärken	renforcer, consolider	back up, strengthen, reinforce
Wir haben unsere Mannschaft verstärkt.	Nous avons renforcé notre équipe.	We backed up our team.
die **Verstärkung**	le **renforcement**	reinforcement
verstecken	cacher	hide · hid · hidden
Tobias hat seine Zigaretten im Schrank versteckt.	Tobias a caché ses cigarettes dans l'armoire.	Toby hid his cigarettes in the cupboard.

sich **verstecken** Die Katze versteckt sich unter dem Bett.	se **cacher** Le chat se cache sous le lit.	**hide · hid · hidden** The cat is hiding under the bed.
verstehen Ich verstehe nicht. Verstehst du?	**comprendre, piger; entendre** (hören) Je ne comprends pas. Tu piges ?	**understand · understood · understood** I don't understand. Do you understand?
der **Versuch**	la **tentative**, l'**essai** m; l'**expérience** (Chemie)	**attempt, try; experiment** (Chemie)
verteidigen Mein Hund verteidigt mich.	**défendre** Mon chien me défend.	**defend, protect** My dog protects me.
der, die **Verteidiger/-in**	le **défenseur;** l'**avocat/-e** m/f (Gericht)	**defender; advocate** (Recht)

verteilen Alina, verteil die Hefte!	**distribuer** Aline, distribue les cahiers!	**distribute, pass out** Aline, please pass out the notebooks.
der **Vertrag**	le **contrat**	**contract**
vertragen Ich vertrage die Hitze nicht gut.	**supporter** Je ne supporte pas bien la chaleur.	**tolerate** I don't tolerate the heat well.
vertrauen Ich vertraue ihm nicht.	**faire confiance à, avoir confiance en** (Sache) Je ne lui fais pas confiance.	**trust, have · had · had confidence in** I don't trust him.

das **Vertrauen**	la **confiance**	**trust, confidence**
vertraut	**familier**/-ère	**familiar**
vertreiben	**chasser**	**chase off or away**
Wir haben sie vom Pausenplatz vertrieben.	Nous les avons chassés de la cour de récré.	We chased them off the playground.
vertreten	**remplacer;** **représenter** (Gruppe)	**substitute for;** **represent** (Delegierte)
Wer kann mich vertreten?	Qui peut me remplacer ?	Who can substitute for me?
verursachen	**causer**	**cause**
Diese Arbeit verursacht viele Probleme.	Ce travail cause beaucoup de problèmes.	This work causes a lot of problems.
verurteilen	**condamner**	**condemn, sentence**
Er wurde zu 20 Tagen Arbeit verurteilt.	Il a été condamné à 20 jours de travail.	He was sentenced to 20 days of community service.
verwandeln	**transformer**	**transform, turn something into something else**
Der Zauberer verwandelt die Blume in einen Hasen.	Le magicien transforme la fleur en lapin.	The magician turns the flowers into a rabbit.
verwandt	**parent**/-e	**related**
der, die **Verwandte**	le, la **parent**/-e	**relative**
verwechseln	**confondre**	**confuse, mix up**
Ich verwechsle euch immer.	Je vous confonds toujours.	I always get you two mixed up.

verweigern	**refuser**	**refuse, deny**
jemandem Hilfe verweigern	refuser d'aider quelqu'un	refuse to help someone
verwenden	**utiliser**	**use**
Wir verwenden nur frisches Gemüse.	Nous n'utilisons que des légumes frais.	We use only fresh vegetables.
verwirklichen	**réaliser**	**realise, achieve**
Rahel verwirklicht ihren Traum.	Rachel réalise son rêve.	Rachel is realising her dream.
verwirrt	**confus/-e**	**confused, mixed up**
verwöhnen	**gâter**	**spoil**
Grossmutter verwöhnt uns immer mit Kuchen.	Grand-maman nous gâte toujours avec du gâteau.	Grandma always spoils us with cake.
verwundert	**étonné/-e**	**surprised**
verwundet	**blessé/-e**	**wounded**
verzeihen	**pardonner**	**forgive · forgave · forgiven**
Meine Mutter hat mir diese kleine Lüge verziehen.	Ma mère m'a pardonné ce petit mensonge.	My mother forgave me for this little white lie.
verzichten	**renoncer**	**refrain from, sacrifice, forgo · forwent · forgone**
Ich verzichte auf die Reise.	Je renonce au voyage.	I am forgoing the trip.
verzögern	**retarder**	**delay**
Unsere Abreise wurde verzögert.	Notre départ a été retardé.	Our departure was delayed.

verzollen	dédouaner	declare, pay · paid · paid duty on
Habt ihr etwas zu verzollen?	Avez-vous quelque chose à dédouaner?	Do you have anything to declare to customs?
verzweifeln	désespérer	despair
Es ist zum Verzweifeln.	C'est à désespérer.	It can drive a person to despair.
die **Verzweiflung**	le désespoir	desperation
das **Video**	la vidéo	video
das **Vieh**	le bétail	livestock
viel	beaucoup	many, much, a lot
Vielen Dank!	Merci beaucoup.	Thank you very much!
vielleicht	peut-être, par hasard	maybe, perhaps, possibly
Es wird vielleicht regnen.	Il va peut-être pleuvoir.	Maybe it will rain.
vier	quatre	four
das **Viereck**	le rectangle	square
viereckig	rectangulaire	square
das **Viertel**	le quart	quarter
die **Viertelstunde**	le quart d'heure	quarter of an hour
vierter, vierte, viertes	quatrième	fourth
vierzig	quarante	forty

die **Villa**	la **villa**	villa
violett	**violet**/-te	violet
die **Violine**	le **violon**	violin
virtuell	**virtuel**/-le	virtual
der **Virus**	le **virus**	virus
die **Visitenkarte**	la **carte** (de visite)	business card
Visp	**Viège**	Visp
das **Visum**	le **visa**	visa
Um in gewisse Länder einzureisen, braucht man ein Visum.	Pour entrer dans certains pays, il faut avoir un visa.	You need a visa in order to enter certain countries.
das **Vitamin**	la **vitamine**	vitamin
der **Vogel**	l'**oiseau** m	bird
das **Vogelnest**	le **nid** (d'oiseau)	bird's nest
das **Volk**	le **peuple**	people
voll	**plein**/-e	full
der **Volleyball**	le **volley-ball**	volleyball
völlig	**entier**/-ère, **total**/-e, **totalement**	entire, total
vollständig	**complet**/-ète	complete, whole
das **Volumen**	le **volume**	volume

	von	de	from; of; off
	von … bis	de … à	from … to
	Die Katze springt vom Baum.	Le chat saute de l'arbre.	The cat is jumping off the tree.
	vor	**devant** (räumlich); **il y a** (Zeitangabe); **avant** (Ereignis)	**in front of** (räumlich); **to** (Zeitangabe); **before** (Ereignis)
	vor allem	surtout	above all
die	**Voraussetzung**	la condition	condition, prerequisite
	voraussichtlich	probablement	probably
	vorbeigehen	passer	pass by
	Die Mädchen gehen am Museum vorbei.	Les filles passent devant le musée.	The girls are passing by the museum.
	vorbeikommen	passer	come · came · come by
	Sie sind bei uns vorbeigekommen.	Ils sont passés chez nous.	They came by our place.
	vorbereiten	préparer	prepare
	Er hat sich gut vorbereitet.	Il s'est bien préparé.	He has prepared well.
die	**Vorbereitung**	la préparation	preparation
das	**Vorbild**	le modèle, l'exemple m	model, example
	vorbildlich	exemplaire	exemplary
der	**Vordergrund**	le premier plan	foreground
	vorerst	pour l'instant	for the time being
die	**Vorfahrt**	la priorité	right of way

der **Vorfall**	l'**incident** m	**incident**
vorführen	**présenter**; **projeter** (Film)	**demonstrate**; **show** (Film)
Sie haben uns ihre Erfindung vorgeführt.	Ils nous ont présenté leur invention.	They demonstrated their invention to us.
die **Vorführung**	la **présentation**; la **démonstration** (Elektrogeräte); la **séance** (Kino)	**performance**, **show**; **presentation** (Produkt); **demonstration** (Elektrogeräte); **screening** (Kino)
der **Vorgang**	le **processus** (Ablauf); l'**événement** m (Geschehen)	**process** (Ablauf); **occurrence** (Geschehen)
vorgehen	**procéder**; **avancer** (Uhr)	**proceed**; **be · was · been fast** (Uhr)
Wie willst du vorgehen?	Comment veux-tu procéder ?	How do you want to proceed?
vorgestern	avant-hier	day before yesterday
vorhaben	**projeter**, **prévoir quelque chose**, **avoir l'intention de faire quelque chose**	**plan**, **intend**
Wir haben vor, Ostern in Italien zu verbringen.	Nous projetons de passer Pâques en Italie.	We plan to spend Easter in Italy.
vorhanden	**existant/-e**; **disponible** (verfügbar)	**existing**; **available** (verfügbar)
der **Vorhang**	le **rideau/-x**	**curtain**

vorher	avant	before, previously
vorhin	tout à l'heure	just now, earlier, a short while ago
vorkommen	arriver	occur, happen
Wie oft kommt das vor?	Combien de fois est-ce que cela arrive ?	How often does that happen?
die **Vorlage**	le **modèle**	**model** (Modell); **pattern** (Muster)
vorläufig	**pour l'instant** (zunächst); **provisoirement** (vorübergehend)	**for the time being** (zunächst); **temporary** (vorübergehend)
vorlesen	lire (à haute voix)	read · read · read out loud
Wir mussten unsere Texte vorlesen.	Nous avons dû lire nos textes à haute voix.	We had to read our texts out loud.
vormachen	montrer	demonstrate, show
Sie hat uns die Übung vorgemacht.	Elle nous a montré l'exercice.	She demonstrated the exercise.
der **Vormittag**	le **matin**; la **matinée** (im Verlauf)	morning, mid-morning, before noon
vormittags	le matin	in the morning, mornings
vorn	devant	in front, ahead
der **Vorname**	le **prénom**	first name
sich **vornehmen**	prévoir (de), avoir l'intention de	plan, intend
Er hat sich vorgenommen tanzen zu gehen.	Il a prévu d'aller danser.	He planned to go dancing.
der **Vorort**	la **banlieue**	suburb

der **Vorrat**	les **réserves** f (Material); les **provisions** f (Lebensmittel)	**reserves** (Material); **supplies** (Lebensmittel)
der **Vorschlag**	la **proposition**	suggestion, proposal
vorschlagen Ich schlage euch vor, zu mir zu kommen.	**proposer** (de) Je vous propose de venir chez moi.	suggest, propose I suggest you come to my place.
die **Vorschrift**	l'**instruction** f; le **règlement** (Reglement)	**instruction** (Anweisung); **rule** (Bestimmung); **regulation** (Reglement)
die **Vorsicht**	la **prudence** (Verhalten); la **précaution** (mit Gegenständen)	caution
vorsichtig	**prudent** /-e; **prudemment** (Autofahren)	cautious, careful
die **Vorsilbe**	le **préfixe**	prefix
die **Vorspeise**	l'**entrée** f	starter, first course, **appetizer** (US)
der **Vorsprung**	l'**avance** f	lead, advance, head start
sich **vorstellen** Stellt euch vor! Ich kann mir nicht vorstellen, mit meinen Nachbarn in die Ferien zu fahren.	se **présenter**; s'**imaginer** (in Gedanken) Présentez-vous. Je ne peux pas m'imaginer partir en vacances avec nos voisins.	**introduce oneself**; **imagine** (in Gedanken) Please introduce yourselves. I cannot imagine going on holiday with my neighbours.
vorstellen Paul stellt Anna Lena seiner Mutter vor.	**présenter** Paul présente Anna Lena à sa mère.	introduce Paul introduces Anna Lena to his mother.

die **Vorstellung**	l'**idée** f (geistiges Bild); la **représentation** (Aufführung)	**idea** (geistiges Bild); **presentation, performance** (Aufführung)
das **Vorstellungsgespräch**	l'**entretien (d'embauche)** m	**interview**
der **Vorteil**	l'**avantage** m	**advantage, benefit**
der **Vortrag**	la **conférence**	**lecture**
vortragen	**réciter** (Gedicht); **interpréter** (Musik)	**recite** (Gedicht); **perform, play** (Musik)
Sie werden ihre Gedichte morgen vortragen.	Ils vont réciter leurs poèmes demain.	They are going to recite their poems tomorrow.
der **Vortritt**	la **priorité**	**right of way**
vorübergehend	**temporaire, passager/-ère**	**temporary**
das **Vorurteil**	le **préjugé**	**prejudice**
der **Vorverkauf**	la **location**	**advance sale**
die **Vorwahl**	l'**indicatif** m	**dialling code, area code** (US)
vorwärts	**en avant**	**forwards**
vorwärtsgehen	**avancer**	**progress, move ahead**
Mit den Arbeiten am Haus geht es vorwärts.	Les travaux avancent.	The construction work is progressing.
vorwerfen	**reprocher**	**accuse**
Was wirfst du mir vor?	Qu'est-ce que tu me reproches ?	What are you accusing me of?
der **Vorwurf**	le **reproche**	**accusation**
vorziehen	**préférer**	**prefer**
Richard bevorzugt diese Musik.	Richard préfère cette musique.	Richard prefers this music.

W

die **Waage**	la **balance**	scale
waagrecht	**horizontal**/-e	horizontal
wach	**réveillé**/-e	awake
der **Wachs**	la **cire**	wax
wachsen	**grandir**; **pousser**; **cirer** (mit Wachs)	**grow**; **polish** (mit Wachs)
Die Welpen wachsen schnell.	Les chiots grandissent vite.	The puppies are growing fast.
Dieses Jahr wächst das Gemüse gut.	Cette année, les légumes poussent bien.	This year the vegetables are growing well.
das **Wachstum**	la **croissance**	growth
die **Waffe**	l'**arme** f	weapon
der **Wagen**	la **voiture**; le **wagon** (Zug)	**car**; **carriage** (Zug)
wagen	**oser**; **risquer** (sein Leben)	**dare**; **risk** (sein Leben)
Wagst du es zu springen?	Tu oses sauter?	Do you dare to jump?
die **Wahl**	le **choix**; l'**élection** f (politisch)	**choice**; **election** (politisch)
wählen	**choisir**; **voter** (abstimmen); **composer** (Telefonnummer)	**choose · chose · chosen**; **elect, vote** (abstimmen); **dial** (Telefonnummer)
Wir wählen ein kurzes Spiel.	Nous choisissons un jeu court.	We'll choose a game that doesn't take long.
der, die **Wähler/-in**	l'**électeur**/-**trice** m/f	voter
das **Wahlfach**	la **matière facultative**/ à option	optional subject, elective course (US)
der **Wahlkampf**	la **campagne électorale**	election campaign
der **Wahnsinn**	la **folie**	madness
Das ist Wahnsinn!	C'est de la folie!	That's madness!

wahnsinnig	fou/folle; terrible (Hunger)	mad, crazy; terrible (Hunger)
wahr	vrai/-e	true
während	pendant	during, while
die Wahrheit	la vérité	truth
wahrnehmen	percevoir; saisir (Gelegenheit)	notice; perceive (Sinne); take · took · taken (Gelegenheit)
Florian nahm den Geruch nicht wahr.	Florian n'a pas perçu l'odeur.	Florian did not notice the smell.
wahrscheinlich	probablement, probable, vraisemblable	probably, likely
Sie hat wahrscheinlich unser Rendez-vous vergessen.	Elle a probablement oublié notre rendez-vous.	She probably forgot our appointment.
die Wahrscheinlichkeit	la vraisemblance, la probabilité	probability, likelihood
die Währung	la monnaie	currency
der Wald	la forêt, le bois	forest, woods
die Wand	le mur (Haus); la paroi (Gefäss, Zelt)	wall
wandern	faire de la randonnée, faire de la marche; se déplacer (Sonne)	hike, walk; wander, roam, travel (Sonne)
Ich wandere gerne.	J'aime faire de la randonnée.	I like to hike
die Wanderung	la randonnée, l'excursion f, la balade	hike, walk (Ausflug); migration (Völker)

die **Wandtafel**	le **tableau** (noir)	blackboard
die **Wange**	la **joue**	cheek
wann	**quand**	when
die **Wanze**	la **punaise** (Insekt); le **micro clandestin** (Abhörgerät)	**bedbug** (Insekt); **bug** (Abhörgerät)
die **Ware**	la **marchandise** (Handelsgut); l'**article** m (einzeln); le **produit** (einzeln)	merchandise, goods
das **Warenhaus**	le **grand magasin**	department store
warm	**chaud**/-e	warm
die **Wärme**	la **chaleur**	warmth
warnen	**avertir**	warn
Ich warne dich zum letzten Mal.	Je t'avertis pour la dernière fois.	I'm warning you for the last time.
die **Warnung**	l'**avertissement** m	warning
warten	**attendre**	wait
Sie warten auf ihre Freunde.	Ils attendent leurs copains.	They are waiting for their friends.
die **Warteschlange**	la **file d'attente**	**queue** (UK), **line** (US)
das **Wartezimmer**	la **salle d'attente**	waiting room
warum	**pourquoi**	why
Warum nicht?	Pourquoi pas?	Why not?
was	**qu'est-ce qui, qu'est-ce que, ce qui, ce que, quoi**	what
Was geht nicht?	Qu'est-ce qui ne marche pas?	What won't work?
Was ist das?	Qu'est-ce que c'est?	What is that?
Macht, was euch interessiert.	Faites ce qui vous intéresse.	Do what interests you.
Wiederhole, was ich dir gesagt habe.	Répète ce que je t'ai dit.	Repeat what I say.

die **Wäsche**	le **linge**; la **lessive** (schmutzig)	**laundry**
die **Wäscheklammer**	la **pince à linge**	**clothes peg** (UK), **clothespin** (US)
waschen	**laver**; **faire la lessive** (Wäsche)	**wash**; **launder** (Wäsche)
Wir waschen den Hund.	Nous lavons le chien.	We are washing the dog.
sich **waschen**	se **laver**	**wash**
Der Chirurg wäscht sich die Hände vor der Operation.	Le chirurgien se lave les mains avant l'opération.	The surgeon washes his hands before operating.
der **Waschlappen**	le **gant de toilette**	**flannel** (UK), **washcloth** (US)
die **Waschmaschine**	la **machine à laver**, le **lave-linge**	**washing machine**
das **Waschmittel**	la **lessive**	**detergent**
das **Wasser**	l'**eau** f	**water**
die **Wasserfarbe**	la **peinture à l'eau**	**watercolour**
der **Wasserhahn**	le **robinet**	**tap** (UK), **faucet** (US)
Dreh den Wasserhahn zu!	Ferme le robinet.	Turn off the tap.
der **Wassersport**	les **sports nautiques** m	**watersport**
die **Watte**	le **coton**, la **ouate**	**cotton wool**, **cotton** (US)
das **WC**	les **toilettes** f, les **W.-C.** m	**toilet**
die **Webcam**	la **webcam**	**webcam**
die **Webseite**	la **page Web**	**web page**
der **Wechsel**	le **changement** (Veränderung); l'**alternance** f (das Abwechseln)	**change**

das **Wechselgeld**	le **change**	change
wechseln	**changer**; **échanger** (austauschen)	**change**; **exchange** (aus-, umtauschen)
Die Farbe wechselt alle drei Minuten.	La couleur change toutes les trois minutes.	The colour changes every three minutes.
wecken	**réveiller**; **susciter** (Neugier)	**wake · woke · woken up**; **awaken** (Neugier)
Der Donner hat mich geweckt.	Le tonnerre m'a réveillé.	The thunder woke me up.
der **Wecker**	le **réveil**	alarm clock
weder … noch	**ni … ni**	**neither … nor**
Der Igel will weder essen noch trinken.	Le hérisson ne veut ni manger ni boire.	The hedgehog will neither eat nor drink.
der **Weg**	le **chemin**	way
wegen	**à cause de**	because of
wegfliegen	**s'envoler**	**fly · flew · flown away**
Die Vögel sind weggeflogen.	Les oiseaux se sont envolés.	The birds have flown away.
weggehen	**partir**	**leave · left · left, depart, go · went · gone away**
Sie sind vor einer Stunde weggegangen.	Ils sont partis il y a une heure.	They left an hour ago.
weglassen	**laisser tomber**; **renoncer à** (verzichten); **laisser partir** (Person)	**omit, leave · left · left out, skip**
Du kannst die erste Übung weglassen.	Tu peux laisser tomber le premier exercice.	You can leave out the first exercise.

wegnehmen	enlever, ôter	take · took · taken off, take · took · taken away, remove
Nimm deine Jacke vom Sofa weg!	Enlève ta veste du canapé.	Take your jacket off the sofa.
wegräumen	débarrasser; écarter (Hindernis)	clear something away, put · put · put something away; remove, eliminate (Hindernis)
Räum deine Sachen weg!	Débarrasse tes affaires.	Put your things away.
wegwerfen	jeter	throw · threw · thrown away, discard
Wirf mein Buch nicht weg!	Ne jette pas mon livre.	Don't throw my book away.
wehen	souffler (Wind); flotter (Fahne)	blow · blew · blown (Wind); wave (Fahne)
Der Wind weht stark heute.	Le vent souffle fort aujourd'hui.	The wind is blowing strongly today.
sich **wehren**	se défendre	defend
Christian hat sich endlich gewehrt.	Christian s'est enfin défendu.	Christian defended himself at last.
wehtun	faire mal	hurt · hurt · hurt
Mein Knie tut mir weh.	Mon genou me fait mal.	My knee hurts.
weiblich	féminin/-e	female, feminine
weich	mou/molle (nicht hart); doux/douce (Haut), moelleux/-euse (Kissen)	soft

die **Weiche**	l'**aiguillage** m	**points** (Bahn, UK); **switch** (Bahn, US)
sich **weigern**	**refuser** (de)	**refuse**
Die Schüler haben sich geweigert zu tanzen.	Les élèves ont refusé de danser.	The pupils refused to dance.
Weihnachten	**Noël** m	**Christmas**
Fröhliche Weihnachten!	Joyeux Noël !	Merry Christmas!
weil	**parce que, puisque**	**because, since**
Ich rufe nicht an, weil ich keine Zeit habe.	Je n'appelle pas parce que je n'ai pas le temps.	I'm not calling because I don't have the time.
Weil es regnet, bleiben wir zu Hause.	Puisqu'il pleut, nous restons à la maison.	Since it's raining we are staying home.
der **Wein**	le **vin**	**wine**
weinen	**pleurer**	**cry**
Weine nicht!	Ne pleure pas.	Don't cry.
die **Weinlese**	la **vendange**	**grape harvest**

weiss	**blanc/blanche**	**white**
weit	**loin** (gehen); **large** (Kleidung); **long/longue** (Strecke)	**far** (gehen); **big, loose** (Kleidung); **long** (Strecke); **wide** (breit)
die **Weiterbildung**	la **formation continue**	**further education**
weiterer, weitere, weiteres	**autre**	**other, further**

weitergeben	**transmettre; passer** (Ball)	**pass on; pass** (Ball)
Diese Nachricht wurde uns vor wenigen Minuten weitergegeben.	Ce message nous a été transmis il y a quelques minutes.	The message was passed on to us a few minutes ago.
weitergehen	**continuer; poursuivre son chemin**	**continue; go · went · gone on**
So kann es nicht weitergehen.	Ça ne peut pas continuer comme ça.	It can't continue like this.
Er geht weiter zum Chalet.	Il poursuit son chemin vers le chalet.	He went on ahead to the chalet.
weiterleiten	**transmettre**	**forward**
Kannst du mir die Mail weiterleiten?	Peux-tu me transmettre l'e-mail ?	Can you forward the mail to me?
weitermachen	**continuer**	**continue, keep · kept · kept going**
Mach weiter!	Continue.	Please continue.
welcher, welche, welches	**quel/-le, lequel, laquelle**	**which**
Welche ist deine Lieblingsfarbe?	Quelle est ta couleur préférée ?	Which is your favourite colour?
die **Welle**	la **vague** (Wasser); l'**onde** f (Schall)	**wave**
der **Welpe**	le **chiot**	**puppy**
die **Welt**	le **monde**	**world**
der **Weltkrieg**	la **guerre mondiale**	**world war**
der, die **Weltmeister/-in**	le, la **champion/-ne du monde**	**world champion**
die **Weltmeisterschaft**	le **championnat du monde**	**world championship**

der **Weltraum**	l'**espace** m	**space**
weltweit	**mondial**/-e, **universel**/-le	**worldwide, global, universal**
wenden	**tourner; faire demi-tour** (kehrtmachen); **retourner** (Kleidungsstück); **tourner** (Kopf)	**turn; turn around** (kehrtmachen)
Ihr könnt nach der Ampel wenden.	Vous pouvez tourner après le feu.	You can turn around after the traffic lights.
wenig	**peu**	**little, few**
weniger	**moins**	**less**
wenigstens	**au moins, du moins**	**at least**
wenn	**si**	**if, when**
wer	**qui**	**who**
werben	**faire de la publicité**	**advertise**
Er wirbt für sein neues Produkt.	Il fait de la publicité pour son nouveau produit.	He is advertising his new product.
der **Werbespot**	le **spot publicitaire**	**commercial**
die **Werbung**	la **publicité**	**publicity, advertising**
werden	**devenir**	**become · became · become**
Sie möchte Pilotin werden.	Elle aimerait devenir pilote.	She wants to become a pilot.
werfen	**jeter, lancer**	**throw · threw · thrown**
Sie wirft sich in seine Arme.	Elle se jette dans ses bras.	She throws herself into his arms.
Wir werfen euch den Ball.	Nous vous lançons la balle.	We will throw you the ball.
das **Werk**	l'**œuvre** f (Arbeit); l'**usine** f (Fabrik)	**work** (Arbeit); **works** (Fabrik)

die Werkstatt	l'atelier m	studio, workshop	
der Werktag	le jour ouvrable	weekday, workday, working day	
das Werkzeug	l'outil m	tool	
der Wert	la valeur	value, worth	
wertvoll	précieux/-euse, de valeur	precious, valuable	
wesentlich	essentiel/-le	considerable, significant	
weshalb	pourquoi	why	
die Wespe	la guêpe	wasp	
der Westen	l'ouest m	west	
westlich	à l'ouest	to the west, west of	
die Westschweiz	la Suisse romande	French-speaking Switzerland	
der Wettbewerb	le concours	competition	
wetten	parier, faire un pari	bet · bet · bet, make · made · made a bet	
Finn hat mit Maya gewettet.	Finn a parié avec Maya.	Finn made a bet with Maya.	
das Wetter	le temps	weather	
Das Wetter ist schön/schlecht.	Il fait beau/mauvais temps.	The weather is fine/bad.	
der Wetterbericht	la météo	weather report	
der Wettkampf	la compétition, le concours	contest	

	wichtig	important/-e; essentiel/-le (wesentliel)	important
	wickeln	langer	**wrap**, **wind · wound · wound**; **change a nappy** (UK), **change a diaper** (US)
	Hast du schon mal ein Baby gewickelt?	As-tu déjà langé un bébé ?	Have you ever changed a baby's nappy?
	widersprechen	contredire	contradict
	Meine Schwester widerspricht mir immer.	Ma sœur me contredit toujours.	My sister always contradicts me.
der	**Widerspruch**	la **contradiction**	contradiction
der	**Widerstand**	la **résistance**	resistance
	wie	comme; comment	like; how
	Das ist wie zu Hause.	C'est comme à la maison.	It's just like home.
	Wie sagt man «vielleicht» auf Französisch?	Comment dit-on « vielleicht » en français ?	How do you say "perhaps" in French?
	Wie geht es dir?	Comment vas-tu ?	How are you?
	wie viel	combien	how much
	Wie viel kostet das?	Combien ça coûte ?	How much does it cost?
	wieder	de nouveau	again
	wiederholen	répéter; réviser (Lernstoff)	**repeat**; **revise** (Lernstoff, UK); **review** (Lernstoff, US)
	Könnten Sie wiederholen, bitte?	Pourriez-vous répéter, s'il vous plaît ?	Could you repeat that, please?
die	**Wiederholung**	la **répétition**; la **révision** (Lernstoff)	**repetition**; **revision** (Lernstoff, UK); **review** (Lernstoff, US)

wiederkommen	**revenir**	**come · came · come back**
Hansjürg und Klaus kommen heute Abend wieder.	Hansjürg et Klaus reviennent ce soir.	Hansjürg and Klaus are coming back this evening.
wiedersehen	**revoir**	**meet · met · met again, see · saw · seen again**
Ich möchte dich wiedersehen.	J'aimerais te revoir.	I'd like to see you again.
wiegen	**peser; bercer** (Baby)	**weigh; cradle** (Baby)
Wie viel wiegt ein Elefant?	Combien pèse un éléphant ?	How much does an elephant weigh?
die **Wiese**	le **pré**, la **prairie**	meadow
wieso	**pourquoi**	why, how come
wild	**sauvage; violent/-e** (Kampf)	**wild; violent** (Kampf)
das **Wildschwein**	le **sanglier**	wild boar
der **Wille**	la **volonté**; l'**intention** f (Absicht)	**will; wish** (Wunsch); **intention** (Absicht)
willkommen	**bienvenu/-e**	welcome
die **Wimper**	le **cil**	eyelash
der **Wind**	le **vent**	wind
windig	**venteux/-euse**	windy
der **Winkel**	l'**angle** m; le **coin** (Zimmer)	**angle; corner** (Zimmer)
winken	**faire signe**	wave
Pascal hat mir gewunken.	Pascal m'a fait signe.	Pascal waved to me.

der **Winter**	l'**hiver** m	winter
der **Winterschlaf**	l'**hibernation** f	hibernation
der **Wintersport**	les **sports d'hiver** m	winter sport
winzig	**minuscule**	tiny
wir	**nous**	we
die **Wirbelsäule**	la **colonne vertébrale**	spine
wirken	avoir l'**air**; **agir** (Medikament)	seem, appear; take · took · taken effect (Medikament)
Martina wirkt glücklich.	Martine a l'air heureuse.	Martina seems happy.
wirklich	**vraiment**, **réel**/**-le**	truly, really
die **Wirklichkeit**	la **réalité**	reality
wirksam	**efficace**	effective
die **Wirkung**	l'**effet** m	effect, impact
der, die **Wirt/-in**	le, la **patron**/**-ne**	landlord, host
die **Wirtschaft**	le **restaurant**, l'**économie** f (System)	restaurant; economy (System)
wissen	**savoir**	know
Ich weiss gar nichts.	Je ne sais absolument rien.	I know absolutely nothing.
das **Wissen**	le **savoir**	knowledge
die **Wissenschaft**	la **science**	science
der, die **Wissenschaftler/-in**	le, la **scientifique**	scientist

wissenschaftlich	scientifique	scientific
der **Witwer**	le **veuf**,	**widower** m,
die **Witwe**	la **veuve**	**widow** f
der **Witz**	la **blague**	joke
witzig	drôle, marrant/-e	funny, witty
wo	où	where
Wo ist meine Brille?	Où sont mes lunettes ?	Where are my glasses?
die **Woche**	la **semaine**	week
das **Wochenende**	le **week-end**, la **fin de semaine**	weekend
Schönes Wochenende!	Bon week-end !	Have a good weekend!
der **Wochentag**	le **jour de la semaine**	weekday
wöchentlich	chaque semaine, toutes les semaines	weekly
wofür	pour quoi; à quoi	what for, why
Wofür hat er dich gelobt?	Pour quoi t'a-t-il félicité ?	What did he praise you for?
Wofür ist das gut?	A quoi est-ce que ça sert ?	What is that good for?
woher	d'où	from where
wohin	où	where to
wohl	sans doute, probablement	probably
wohnen	**habiter** (ständig); **loger** (vorübergehend)	reside, live
Ich wohne in Paris.	J'habite à Paris.	I live in Paris.
das **Wohnhaus**	l'**immeuble** m	house

der **Wohnort**	le **lieu de résidence**	place of residence
die **Wohnung**	l'**appartement** m	apartment
der **Wohnwagen**	la **caravane** (Urlaub); la **roulotte** (Zirkus)	caravan (UK), mobile home
das **Wohnzimmer**	le **salon**, la **salle de séjour**	living room
der **Wolf**	le **loup**	wolf
die **Wolke**	le **nuage**	cloud
Heute Morgen hat es dicke Wolken.	Ce matin, il y a de gros nuages.	This morning there are heavy clouds.
die **Wolle**	la **laine**	wool
wollen	vouloir	want
Ich will nach Hause gehen.	Je veux aller à la maison.	I want to go home.
womit	avec quoi	with which
das **Wort**	le **mot**	word
die **Wortart**	la **catégorie grammaticale**	part of speech
das **Wörterbuch**	le **dictionnaire**	dictionary
wörtlich	**littéral**/-e	literally, verbatim
der **Wortschatz**	le **vocabulaire**	vocabulary
wozu	à quoi	what for
das **Wrack**	l'**épave** f	wreck

die **Wucht**	la **force**	force
die **Wunde**	la **blessure**, la **plaie**	wound
das **Wunder**	le **miracle**	miracle
wunderbar	merveilleux/-euse	wonderful
sich **wundern**	être étonné/-e, être surpris/-e, s'étonner	wonder, be surprised
Er hat sich über meine Fortschritte gewundert.	Il s'est étonné de mes progrès.	He was surprised by my progress.
wunderschön	magnifique, superbe	beautiful
der **Wunsch**	le **souhait**, le **désir**, le **vœu**	wish, desire
wünschen	souhaiter, désirer	wish; want
Ich wünsche Ihnen viel Glück.	Je vous souhaite beaucoup de bonheur.	I wish you lots of happiness.
Ich wünsche mir ein neues Natel zu Weihnachten.	Je désire un nouveau portable pour Noël.	I want a new mobile phone for Christmas.
der **Würfel**	le **dé**	cube; dice (Spiel)
der **Würfelzucker**	le **sucre en morceaux**	sugar cube
würgen	étrangler	strangle
Die Schlange würgt ihre Beute.	Le serpent étrangle sa proie.	The snake is strangling its prey.
der **Wurm**	le **ver**	worm
die **Wurst**	la **saucisse**, le **saucisson**	sausage
das **Würstchen**	la **saucisse**	sausage

die **Wurzel**	la **racine**	root
würzen	**assaisonner, épicer**	season, spice
Kannst du bitte das Fleisch würzen?	Peux-tu assaisonner la viande ?	Could you season the meat, please?
die **Wüste**	le **désert**	desert
die **Wut**	la **colère**	anger
wütend	**furieux/-euse**	angry

Z

	zäh	dur/-e (Fleisch); résistant/-e (ausdauernd)	tough (Fleisch); tenacious (ausdauernd)
die	**Zahl**	le **nombre**; le **chiffre** (Ziffer)	**number**; **digit** (Ziffer)
	zahlen Zahlst du die Getränke?	payer, régler Est-ce que tu payes les boissons ?	pay · paid · paid Will you pay for the drinks?
	zählen Das zählt nicht!	compter Cela ne compte pas.	count That doesn't count!
	zahlreich	nombreux/-euse	numerous
die	**Zahlung**	le **paiement**	payment
	zahm	apprivoisé/-e	tame
der	**Zahn**	la **dent**	tooth/teeth
der die	**Zahnarzt** **Zahnärztin**	le, la **dentiste**	dentist
die	**Zahnbürste**	la **brosse à dents**	toothbrush
die	**Zahnpasta**	le **dentifrice**	toothpaste
die	**Zahnschmerzen** (Plural)	le **mal de dent**	toothache
die	**Zange**	la **pince**	pliers
der	**Zapfen**	le **bouchon**	cork
	zappeln Der Fisch zappelt im Netz.	frétiller, gigoter Le poisson frétille dans le filet.	wriggle The fish is wriggling in the net.
	zart	tendre	tender

	German	French	English
	zärtlich	tendre	tender, affectionate
der	**Zauberer**	le, la **magicien/-ne**,	magician, conjuror, wizard
die	**Zauberin**	le, la **prestidigitateur/-trice**	
der	**Zauberspruch**	la **formule magique**	magic spell
der	**Zauberstab**	la **baguette magique**	magic wand
der	**Zaubertrick**	le **tour de magie**	conjuring trick, magic trick
der	**Zaun**	la **clôture**	fence
die	**Zecke**	la **tique**	tick
der	**Zeh**	l'**orteil** m	toe
	zehn	dix	ten
	zehnter, zehnte, zehntes	dixième	tenth
das	**Zeichen**	le **signe**	sign
	zeichnen	dessiner	draw · drew · drawn
	Thomas zeichnet während der Geschichtslektion.	Thomas dessine pendant le cours d'histoire.	Thomas draws during the history lesson.
der, die	**Zeichner/-in**	le, la **dessinateur/-trice**	draughtsman
die	**Zeichnung**	le **dessin**	drawing
der	**Zeigefinger**	l'**index** m	index finger
	zeigen	montrer; passer (Kino); indiquer (anzeigen)	show; point (hinweisen)
	Er zeigt mir ein Foto seiner neuen Freundin.	Il me montre une photo de sa nouvelle amie.	He shows me a photo of his new girlfriend.
der	**Zeiger** (Uhr)	l'**aiguille** f	hand
die	**Zeile**	la **ligne**	line
die	**Zeit**	le **temps**	time
das	**Zeitalter**	l'**époque** f	cpoque, era

die **Zeitlupe**	le **ralenti**	slow motion
der **Zeitpunkt**	le **moment**	moment
der **Zeitraum**	la **période**	period
die **Zeitschrift**	le **magazine**, la **revue**	magazine, journal
die **Zeitung**	le **journal**	newspaper
zeitweise	**par moments**	at times, from time to time
die **Zelle**	la **cellule**	cell
das **Zelt**	la **tente**	tent
zelten	**faire du camping**	camp, go · went · gone camping
Wir könnten am Neuenburgersee zelten.	Nous pourrions faire du camping au bord du lac de Neuchâtel.	We could camp by Lake Neuchatel.
der **Zentimeter**	le **centimètre**	centimetre
zentral	**central/-e**	central
das **Zentrum**	le **centre**	centre
zerbrechen	**casser**	break · broke · broken
Sandro hat die Vase zerbrochen.	Sandro a cassé le vase.	Sandro has broken the vase.
zerbrechlich	**fragile**	fragile
zerkleinern	**couper en morceaux**	chop; crush
das Gemüse zerkleinern	couper les légumes en morceaux	to chop the vegetables
zerkratzen	**égratigner, griffer**	scratch
Er hat mein Velo zerkratzt.	Il a égratigné mon vélo.	He scratched my bike.

zerreissen	**déchirer**	**tear · tore · torn (up)**
Agnes zerreisst den Brief von Nadia.	Agnès déchire la lettre de Nadia.	Agnes tears up the letter from Nadia.
zerstören	**démolir, détruire**	**destroy, ruin**
Dieser Dummkopf hat meine Sandburg zerstört.	Ce con a démoli mon château de sable.	This idiot ruined my sandcastle.
die **Zerstörung**	la **destruction**	**destruction**
zerstreuen	**éparpiller**	**scatter**
Er hat die Zeitung im ganzen Haus zerstreut.	Il a éparpillé le journal dans toute la maison.	He scattered the paper all over the house.
zerstreut	**distrait/-e**	**absent-minded**
der **Zettel**	le **bout de papier**	**slip of paper**
der **Zeuge** / die **Zeugin**	le **témoin**	**witness**
das **Zeugnis**	le **bulletin scolaire**	**school report** (UK), **report card** (US)
die **Ziege**	la **chèvre**	**goat**
der **Ziegel**	la **brique** (Stein); la **tuile** (Dach)	**brick** (Stein); **tile** (Dach)
ziehen	**tirer**; **tracer** (Linie); **cultiver** (Planzen)	**pull**; **draw · drew · drawn** (Linie), **cultivate** (Pflanzen)
Waldi zieht an der Leine.	Waldi tire sur la laisse.	Waldi is pulling on the lead.

das **Ziel**	l'**objectif** m (lernen); le **but** (Zweck); la **destination** (örtlich)	objective, goal, target (lernen); aim (Zweck)
zielen Er zielt auf den Baum.	viser Il vise l'arbre.	target, aim at He aims at the tree.
das **Zielfeld** (bei Gesellschaftsspielen)	la **case d'arrivée**	home
die **Ziellinie**	la **ligne d'arrivée**	finishing line (UK), finish line (US)
die **Zielscheibe**	la **cible**	target
ziemlich	assez	quite
die **Ziffer**	le **chiffre**	number, digit
die **Zigarette**	la **cigarette**	cigarette
die **Zigarre**	le **cigare**	cigar
das **Zimmer**	la **chambre**, la **pièce**	room
der **Zins**	le **loyer** (Miete); l'**intérêt** m (Geld)	rent (Miete); interest (Geld)
der **Zirkel**	le **compas**	compass
der **Zirkus**	le **cirque**	circus
das **Zirkuszelt**	le **chapiteau**	circus tent
die **Zitrone**	le **citron**	lemon
zittern Kevin zittert vor Kälte.	trembler Kevin tremble de froid.	tremble, shiver Kevin is shivering with cold.
das **Znüni** (CH)	la **pause-café**	tea (coffee) break

zögern	**hésiter**	**hesitate**
Simone zögert, ihre Freundin anzurufen.	Simone hésite à téléphoner à son amie.	Simone hesitates to call her friend.
der **Zoll**	la **douane**; le **pouce** (Masseinheit)	**customs**; **inch** (Masseinheit)
die **Zone**	la **zone**	**zone**
der **Zoo**	le **zoo**	**zoo**
der **Zopf**	la **tresse** (Gebäck); la **natte** (Haare)	**plaited loaf**; **plait** (Haare, UK); **braid** (Haare, US)
der **Zorn**	la **colère**	**fury**
zornig	en **colère**, **fâché**/-e	**furious**
zu	**chez** (einer Person); **à** (einem Ort oder einer Zeit); **pour** (einem Zweck, Ziel)	**to** (einer Person); **to**, **at** (einem Ort); **at** (Zeit); **for** (einem Zweck, Ziel)
Ich gehe zu Kathrin.	Je vais chez Catherine.	I'm going to Catherine's house.
zu Hause	à la maison	at home
zum Schreiben	pour écrire	for writing
zu viel	**trop**	**too much**
zubereiten	**préparer**, **faire**	**prepare**
Lina und Patrick bereiten die Mahlzeit vor.	Lina et Patrick préparent le repas.	Lina and Patrick are preparing the meal.
die **Zubereitung**	la **préparation**	**preparation**
züchten	**élever**; **cultiver** (Planzen)	**breed · bred · bred**; **cultivate** (Pflanzen)
Herr Zumbühl züchtet Hasen.	M. Zumbühl élève des lapins.	Mr Zumbühl breeds rabbits.

der	**Zucker**	le **sucre**	**sugar**
	zuerst	**d'abord** (vor dem anderen); **au début** (am Anfang); le, la **premier**/**-ère** (als Erster, Erste)	**first of all** (vor dem anderen); **initially** (am Anfang); **first** (als Erster, Erste)
die	**Zufahrt**	l'**accès** m	**access**
der	**Zufall**	le **hasard**	**chance**
	zufällig	**par hasard**	**by chance**
	zufrieden	**content**/-e, **satisfait**/-e	**happy, content**
der	**Zug**	le **train**	**train**
der	**Zugang**	l'**accès** m	**entrance, admittance, access**
	zugeben Sie gibt zu, dass sie die Antwort nicht weiss. Gib es zu!	**avouer; admettre; ajouter** (hinzufügen) Elle avoue qu'elle ne sait pas la réponse. Admets-le.	**admit; add** (hinzufügen) She admits she does not know the answer. Admit it.
	zuhören Hört zu!	**écouter** Ecoutez !	**listen** Listen!
der, die	**Zuhörer**/-in	l'**auditeur**/-**trice** m/f	**listener; audience** (Publikum)
die	**Zukunft**	l'**avenir** m; le **futur** (Grammatik)	**future**

	zulassen	**permettre;** **admettre** (Prüfung)	**permit;** **admit** (Prüfung)
	Frau Iseli lässt es nicht zu, dass wir während der Stunde schwatzen.	Mme Iseli ne permet pas que nous bavardions pendant le cours.	Mrs Iseli does not permit talking during lessons.
	zuletzt	**à la fin, pour la dernière fois** (zum letzten Mal); le, la **dernier/-ère** (als Letzter, Letzte)	**finally** (schliesslich); **last** (zum letzten Mal, als Letzter, Letzte)
	zumachen	**fermer**	**close**
	Mach die Türe zu!	Ferme la porte.	Please close the door.
	zunächst	**tout d'abord** (anfangs); **pour l'instant** (vorläufig)	**to begin with** (anfangs); **for the time being** (vorläufig)
die	**Zunahme**	l'**augmentation** f	**increase**
das	**Zündholz**	l'**allumette** f	**match, matchstick**
	zunehmen	**grossir;** **augmenter** (mehr werden)	**gain** (Gewicht); **increase** (mehr werden)
	Ich habe während der Ferien zwei Kilo zugenommen.	J'ai grossi de deux kilos pendant les vacances.	I gained two kilos during my holidays.
die	**Zunge**	la **langue**	**tongue**
der	**Zungenbrecher**	le **virelangue**	**tongue twister**
	zuordnen	**classer, ranger**	**classify**
	Ordne die Wörter nach Wortarten.	Classe les mots d'après les catégories grammaticales.	Classify the words by part of speech.

die **Zuordnung**	le **classement**	classification
zurück	de retour	back
zurückbringen	**rapporter; ramener**	**bring · brought · brought back, return**
Nicole bringt die Bücher in die Bibliothek zurück.	Nicole rapporte les livres à la bibliothèque.	Nicole brings the books back to the library.
Nach dem Fest bringt mich Robert nach Hause zurück.	Après la fête, Robert me ramène à la maison.	Robert will bring me back home after the party.
zurückgeben	**rendre**	**give · gave · given back, return**
Gibst du mir meine Tasche zurück?	Tu me rends mon sac?	Will you give me back my bag?
zurückgehen	**retourner; reculer; diminuer**	**return; go · went · gone back; ease**
Sie gehen nach Paris zurück.	Ils retournent à Paris.	They are returning to Paris.
Geht noch etwas zurück!	Reculez encore un peu.	Go back a few steps.
Das Fieber geht zurück.	La fièvre diminue.	The fever is easing.
sich **zurückhalten**	se **retenir**, se **contenir**	**refrain from** (verzichten); **keep · kept · kept one's distance**
Sie halten sich zurück.	Ils se retiennent.	They are keeping their distance.
zurückkommen	**revenir**	**come · came · come back, return**
Wann kommst du zurück?	Quand est-ce que tu reviens?	When are you coming back?
zurückrufen	**rappeler quelqu'un; répondre** (als Antwort)	**call back; reply** (als Antwort)
Kann sie mich zurückrufen?	Est-ce qu'elle peut me rappeler?	Can she call me back?

zurücktreten	reculer; démissionner (eines Amtes)	step back; resign (eines Amtes)
Zurücktreten!	Reculez !	Step back!
zurückzahlen	rembourser, rendre	reimburse, pay · paid · paid back
Ich muss meine Schulden zurückzahlen.	Je dois rembourser mes dettes.	I have to pay back my debts.
sich **zurückziehen**	se retirer	withdraw · withdrew · withdrawn, retire
Die Jury zieht sich zurück.	Le jury se retire.	The jury is retiring.
zurzeit	actuellement	currently
die **Zusage**	la réponse positive, l'acceptation f	consent, acceptance, positive response
zusagen	accepter; promettre (versprechen); plaire (gefallen)	accept; promise, agree (versprechen); appeal to or suit someone (gefallen)
Ich sage zu.	J'accepte.	I accept.
zusammen	ensemble	together
die **Zusammenarbeit**	la collaboration, la coopération	cooperation

	zusammenarbeiten	travailler ensemble, collaborer	work together, cooperate
	Wir arbeiten sehr gut zusammen.	Nous travaillons très bien ensemble.	We work well together.
	zusammenfassen	résumer, récapituler	summarise
	Kannst du den Text für mich zusammenfassen?	Peux-tu résumer le texte pour moi ?	Could you summarise the text for me?
die	**Zusammenfassung**	le résumé	summary
der	**Zusammenhang**	le **rapport** (Beziehung); le **contexte** (Sinn)	**connection** (Beziehung); **context** (Sinn)
	zusammensetzen	**assembler**; se **composer de** (sich zusammensetzen)	put · put · put together; be · was · been composed of (sich zusammensetzen)
	Mein Vater hat schon alle Puzzleteile zusammengesetzt.	Mon père a déjà assemblé toutes les pièces du puzzle.	My father put the puzzle together.
die	**Zusammensetzung**	la **composition**	composition
	zusammenstellen	**composer**; **rassembler** (Unterlagen)	put · put · put together, **compile** (Unterlagen)
	Wir konnten unser Menü zusammenstellen.	Nous avons pu composer notre menu.	We were able to put together the menu ourselves.
	zusammenzählen	additionner	add up
	Zählt eure Punkte zusammen!	Additionnez vos points.	Add up all your points.
	zusätzlich	supplémentaire, additionnel/-le	additional
der, die	**Zuschauer/-in**	le, la **spectateur**/-trice	spectator

zusehen	regarder	watch
Ich kann nicht arbeiten, wenn alle zusehen.	Je ne peux pas travailler quand tout le monde me regarde.	I can't work when everyone is watching.
der **Zustand**	l'**état** m	condition, status
zuständig	responsable	responsible
zustimmen	être d'accord, approuver	agree
David stimmt einem Verkauf zu.	David est d'accord avec la vente.	David agrees to the sale.
die **Zutaten** (Plural)	les **ingrédients** m	ingredients
zutrauen	croire quelqu'un capable de	believe someone is capable of something
Meine Lehrerin traut mir diese Arbeit zu.	Mon institutrice me croit capable de faire ce travail.	My teacher believes I can do this.
der **Zutritt**	l'**accès** m, l'**entrée** f	entry, admission, access
zuverlässig	fiable, consciencieusement	reliable
zuversichtlich	confiant/-e	confident, optimistic
das **Zvieri** (CH)	le **goûter**	afternoon break, snack time
der **Zwang**	la **contrainte**	force, pressure, coercion
zwangsläufig	forcément, inévitablement	inevitable, unavoidable
zwanzig	vingt	twenty
zwar	certes	although
der **Zweck**	le **but** (Ziel); le **sens** (Sinn)	purpose
zwei	deux	two
der **Zweifel**	le **doute**	doubt

zweifellos	sans aucun doute	undoubtedly
zweifeln	douter de	doubt
Ich zweifle an seiner Aussage.	Je doute de son témoignage.	I doubt what he says is true.
der **Zweig**	la branche	branch
zweimal	deux fois	twice
zweisprachig	bilingue	bilingual
zweiter, zweite, zweites	deuxième	second
der, die **Zwerg/-in**	le, la nain/-e	dwarf
die **Zwetschge**	le pruneau (CH), la quetsche	plum
die **Zwiebel**	l'oignon m	onion
der **Zwilling**	le, la jumeau, jumelle	twin
zwingen	forcer, obliger	force, pressure, coerce
Meine Kumpels haben mich gezwungen zu lügen.	Mes copains m'ont forcé à mentir.	My friends pressured me into lying.
zwischen	entre	between
zwischendurch	de temps en temps	in between

der **Zwischenraum**	l'**espace** m (räumlich); l'**écart** m (zeitlich)	**space** (räumlich); **interval** (zeitlich)
zwölf	douze	twelve
der **Zylinder**	le **haut-de-forme** (Hut); le **cylindre** (Auto)	**top hat** (Hut); **cylinder** (Auto)

INDEX FRANZÖSISCH

A

à	19, 31, 323, 381
à cause de	362
à cette époque	78
à condition que	285
à côté de	79, 215
à court terme	187
à droite	248
à gauche	196
à guichets fermés	41
à haute voix	191
à jeun	219
à l'avenir	187
à l'est de	226
à l'extérieur	40
à l'heure	240, 248
à l'instant	285
à l'intérieur	165
à l'occasion	134
à l'ouest	367
à la fin	383
à la place de	25, 294
à long terme	189
à midi	207
à part ça	287
à partir de	6
à peine	175
à peu près	327
à plusieurs reprises	203
à quoi	371
à reculons	257
à tour de rôle	14
à tout moment	169
à travers	88, 243
à voile	303
à volonté	56
abandonner	32
abattre	267
abeille	68
abîmer	59, 258
abondant/-e	250
abonnement	10
aboyer	56
abréviation	8
abri	276
abricot	28
abriter	276
absence	14
absent/-e	14
absolu/-e	12
absolument	319, 326
absurde	284
abstenir s'	102
accélérer	60
accent	17
accentuer	64
acceptation	385
accepter	17, 23, 157, 320, 385
accès	382, 387
accident	327, 328
accident de la route	341
accompagnateur/-trice	52
accompagner	51
accomplir	108, 193
accord	94
accordéon	16
accorder	95, 297
accrocher	22, 32
accueil	52
accueillir	100
accumuler s'	20
accuser	60
achat	94, 175
acheter	62, 175
acheteur/-euse	175
acide	262
acrobate	16
acte	306
actes de terrorisme	308
acteur/-trice	265
actif/-ve	16, 192
action	16, 150, 306
activité	16, 59, 306
activité physique	66
actuel/-le	16
actuellement	385
adapter	23, 48
addition	15, 247
additionnel/-le	386
additionner	386
adéquat/-e	132
adieu/-x	11
adjectif	15
admettre	33, 95, 382, 383
admirer	67
admission	33
adolescent/-e	170
adorable	216
adorer	195
adresse	15
adresse électronique	99
adresser	254
adroit/-e	138
adulte	111
adverbe	15
adversaire	133
aéroport	122
affaire	21, 137, 260
affaires de gymnastique	316
affichage (sur l'écran)	80
affiche	24, 234, 236
affirmation	53
affreux/-euse	129, 266
afin que	78
Africain/-e	15
africain/-e	15
Afrique	15
agaçant/-e	190
âge	18
âgé/-e	18
agence	119
agence de voyages	251
agenda	16
agent	16
agent de police	236
agir	149, 370
agitation	34, 329
agiter	276
agneau/-x	189
agrandir	111, 339
agréable	21, 135, 216
agressif/-ve	16
agression	318
agriculture	189
aide	155
aider	152
Aïe !	43
aigle	15
aigre	262
aigu/aiguë	290
aiguillage	364
aiguille	213, 377
ail	179
aile	122
ailleurs	20
aimable	127
aimant	200
aimer	195, 208, 264
ainsi	18, 285
air	198, 204
air endormi	268
ajouter	22, 158, 382
ajuster	23
alarme	17
album	17
alcool	17
alentours	214, 324
aliment	214
alimentation	109
aliments	191
Allemagne	83
Allemand/-e	83
allemand/-e	83
aller	133, 230, 284
aller chercher	8, 159
aller retour	156
Allô !	149
allonger	337
allonger s'	156
allumer	25, 27, 96
allumette	299, 383
allure	308
alors	18, 78, 79, 82
Alpes	18
alphabet	18
alternance	361
alternative	18
altitude	159
aluminium	18
ambassade	72
ambiance	297
ambulance	18, 184, 254
âme	278
amélioration	335
aménagement	95
aménager	95
amende	75
amener	206
amer/-ère	70
Américain/-e	19
américain/-e	19
Amérique	19
ami/-e	50, 127
amitié	127
amour	195
amoureux/-euse	342
ampleur	324
ampoule	69
amusant/-e	198
amuser s'	19
an	168
analyser	332
ananas	19
ancien/-ne	18
ancre	23
âne	112
ange	101
Anglais/-e	101
anglais/-e	101
angle	369
Angleterre	101
animal	309
animal/-aux domestique	151
animé/-e	192
anneau	255
année	168
année scolaire	275

anniversaire	131	arc-en-ciel	249	assortir	13	aujourd'hui	155
annonce	165	archet	71	assumer	320	aussi	31, 90
annoncer	23	architecte	29	assurance	345	aussi bien … que …	287
annuaire	307	argent	134, 283	astronaute	30	Australie	41
annuel/-le	168	argent de poche	305	astuce	314	autant que possible	208
annulation	11	argent liquide	46	atelier	30, 367	auteur	43
annuler	11	argile	310	Atlantique	30	authentique	90
août	36	Argovie	6	atome	30	auto	42
aperçu	243, 318	argument	29	atout	315	automatique	43
apesanteur	277	arme	358	atroce	266	automne	153
apogée	159	armé/-e	66	attachement	69	automobiliste	42
apparaître	110	armée	29	attacher	50, 69	autonome	280
appareil	27, 137	armement	258	attaque	22	autorisation	108
appareil photo	124, 172	armoire	273	attaquer	22	autoriser	108
apparemment	24, 265	armure	258	atteindre	109	autoroute	42
apparence	265	arracher	11	attelle	267	autour de	323
apparent/-e	265	arrangement	94	attendre	14, 106, 111, 360	autre	20, 364
appartement	372	arrêt	149, 294	attentat	24	autre jour	217
appartenir	134	arrêter	11, 13, 22, 119, 339	attentif/-ve	33	autrefois	128
appel	24	arrêter (de)	33	attention	33	autrement	20
appeler	216, 257	arrêter s'	22, 298	Attention !	15	Autriche	226
appeler s'	152	arrière-plan	157	atterrir	189	Autrichien/-ne	226
Appenzell Rhodes-		arriver	23, 97, 138, 354	attester	62	autrichien/-ne	226
Extérieures	27	arrogant/-e	319	attirant/-e	30	aux cheveux noirs	276
Appenzell Rhodes-		arroser	141	attirer	27, 197	avaler	270
Intérieures	27	arrosoir	141	attirer s'	27	avance	355
appétit	27	art	187	attitude	97	avancer	353, 356
applaudir	28, 178	article	29, 54, 360	attraction	30	avant	81, 352, 354
applaudissements	28	articulation	135	attraction touristique	279	avant de	66
application	26	artificiel/-le	187	attrait	30	avant que	66
appliqué/-e	121	artisan/-e	150	attraper	111, 116	avant-hier	353
appliquer	26	artiste	187	au	163	avantage	356
apporter	73, 206	artistique	187	au bas	329	avec	78, 206
appréciation	66	ascenseur	35, 196	au bord de	19	avec (cela)	78
apprécié/-e	56	ascension	35	au cas où	115	avec cela	81
apprécier	20, 264	Asiatique	30	au chômage	28	avec efficacité	90
apprendre	53, 104, 194	asiatique	30	au début	382	avec humour	160
apprenti/-e	192, 297	Asie	30	au fond	329	avec précision	237
apprentissage	192	aspect	280	au lieu de	25, 294	avec quoi	372
apprivoisé/-e	376	aspirateur	294	au maximum	158, 202	avec sang-froid	172
approcher s'	214	aspirer	262	au milieu de	208	avenir	382
approprié/-e	103, 132	assaisonner	374	au minimum	206	avent	15
approuver	387	assassin	209	au moins	206, 366	aventure	7
approximatif/-ve	144	assassinat	209	au nord	218	averse	265
appuyer	87	assassiner	109	au plus tard	288	avertir	360
appuyer sur	314	assembler	386	au sud	302	avertissement	360
après	212	asseoir s'	282	au total	165	aveugle	70
après (que)	212	assez	136, 380	au-delà	169	avion	122
après tout	163, 270	assiette	308	au-dessous de	329	avis	25, 203
après-demain	319	assistant/-e	152	au-dessus de	222, 318	avocat/-e	248, 347
après-midi	213	assister	152	auberge de jeunesse	170	avoir	148, 279
araignée	290	association	335, 337	aucun/-e	175	avoir besoin de	56, 72
arbitre	266	associé/-e	229	auditeur/-trice	382	avoir confiance en	347
arbre	47	associer	330	augmentation	106, 383	avoir congé	125
arc	71	assoiffé/-e	89	augmenter	106, 383	avoir du retard	346

avoir froid	127
avoir honte	264
avoir l'air	40, 370
avoir l'air de	265
avoir l'intention de	47, 354
avoir l'intention de faire quelque chose	353
avoir le vertige	278
avoir lieu	294
avoir peur	110
avoir peur de	129
avoir tendance à	215
avoir un goût de	270
avouer	139, 382
avril	28
axe	14

B

B.D. (bande dessinée)	77
baby-sitter	44
bac	114, 185
bagages	136
bagarre	268, 300
bagarrer se	240, 300
bague	255
baguette	45, 292
baguette magique	377
baigner se	44
baignoire	45
bain	44
baiser	187
baisse	256
baisser	155, 281, 284
balade	359
balai	61
balance	358
balançoire	265
balcon	45
Bâle	46
balle	45
ballon	45
banal/-e	140
banane	45
banc	46
bande	46, 299
bander	336
banlieue	354
banque	46
bar	46
barbe	46
barbecue	144
barque	71, 257

barre	257
barrer	89
bas	301
bas/-se	137, 218
base	145
basket	316
bataille	268
bateau/-x	71, 267
bâtiment	46, 131
bâton	295, 297
batterie	46, 269
battre	61, 268
battre se	240, 268
bavarder	235, 276
bavarder en ligne	76
beau/belle	273
beau-frère	276
beau-père	297
beaucoup	279, 350
beauté	273
beaux-frères	276
beaux-parents	277
bébé	44
bec	271
bédé	77
Belge	55
belge	56
Belgique	55
belle-mère	297
belle-sœur	276
belles-sœurs	276
bénéfice	140
bénévole	126
bénin/-igne	150
bercer	369
berger/-ère	158
Berne	58
besoin	49
bétail	350
bête	70, 88, 309
bêtise	88, 242, 329
beurre	75
Bible	68
bibliothèque	68
bicyclette	115, 334
bien	146
bien entendu	280
bien que	222
biens	61, 91, 343
bientôt	45
bienvenu/-e	369
bière	68
biffer	89
bijou/-x	271
bikini	68

bilingue	388
bille	210
billet	68, 265
billet (d'entrée)	98
billet (de banque)	134
biologie	69
biologique	69
bise	187
bisou	187
bizarre	180, 280
bizarrement	280
blague	371
blanc/blanche	364
blanc d'œuf	99
blessé/-e	342, 349
blesser	55
blesser se	342
blessure	342, 373
bleu/-e	70
bloc	70
bloc-note	70, 219
blond/-e	70
bob	71
bœuf	255
boire	314
bois	159, 359
boisson	139
boîte	85, 86, 177, 263
boîte aux lettres	73
boîte de conserve	182
bol	263
bombe	71
bombe atomique	30
bon/-ne	146
bon marché	69, 146, 237
bonbon	71
bond	262, 291
bonheur	142
bonnet	211
bord	245, 323
bordure	245
bosse	65
botte	297
bouche	210
boucher/-ère	205
boucherie	205
bouchon	183, 294, 376
boucle d'oreille	224
boucler	197
boue	269
bouger	66, 257
bougie	176
boulanger/-ère	44
boulangerie	44
boule	185

boulot	28, 169
boum	230
bouquet	71
bousculer se	86
boussole	180
bout	100
bout de papier	379
bouteille	121
bouteille en plastique (consignée)	231
boutique	188
boutique en ligne	224
bouton	179, 233
bouton de souris	202
boyau/-x	269
bracelet	29
branche	30, 72, 388
brancher	97
bras	29
brave	72
Brésil	72
bricoler	46
brillant/-e	141
briller	141, 195, 265, 299
brique	379
briquet	119
briser	72
britannique	73
bronzé/-e	131
brosse	75, 148
brosse à dents	376
brouillage	298
brouillard	215
brousse	75
bruit	137, 184, 190
brûlant/-e	152
brûler	73
brûler se	336
brume	215
brumeux/-euse	215
brun/-e	72
brusquement	235
brut/-e	213
bruyant/-e	190, 191
buffet	75
buisson	75, 299
bulle	70, 291
bulletin scolaire	379
bureau/-x	75, 274
bureau/-x des objets trouvés	128
bus	75
but	311, 380, 387
buteur/-euse	311

C

ça	112
cabane	161
cabine	172
cabinet	237
câble	172, 279
cacao	172
cacher	346
cacher se	347
cachet (de la poste)	296
cadavre	193
cadeau/-x	138
cadre	117, 244, 324
café	76, 172
café au lait	205
cafetière (électrique)	172
cage	172
cahier	151
caisse	174, 177
calcul	247
calculatrice de poche	305
calculer	39, 57, 108, 247
caleçon	331
caleçon de bain	44
calendrier	172
calme	193, 257, 297
calmer	58
calmer se	59
cambriolage	92
cambrioleur/-euse	92
camelote	274
caméra	172
camion	190
camomille	172
camp	188
campagne électorale	358
camping	76
Canada	173
Canadien/-ne	173
canal/-aux	173
canapé	285
canard	101
candidat/-e	67, 173
candidature	67
canne	297
canon	173
canot pneumatique	269
cantine	173
canton	173
capable	114
capacité	114
capacité de mémoire	288
capitaine	173
capitale	150
captivant/-e	288
captivé/-e	139
car	82
caractère	76
caractéristique	204
caravane	372
caresser	299
carnet	219
carotte	174
carré	242
carré/-e	242
carrefour	185
cartable	275
carte	174, 289
carte (de visite)	351
carte (géographique)	189
carte d'identité	42, 162
carte d'identité scolaire	275
carte de crédit	184
carte postale	236
cartes à jouer	290
carton	174, 263
cas	115
case	117
case d'arrivée	380
case départ	294
caser	330
casier	114
casque	153
casquette	211
cassé/-e	174
casse-croûte	163
casser	6, 72, 174, 378
casser les pieds	216
casserole	232, 311
catalogue	174
catastrophe	174
catégorie grammaticale	372
catégorique	103
cathédrale	174
cauchemar	17
cause	333
causer	24, 235, 348
cave	175
caverne	159
CD-ROM (CD)	76
ce	84
ce que	360
ce qui	360
céder	212, 319
ceinture	146
cela/ça	80
célèbre	59
célibataire	192
celle	82
celle-là	169
cellule	378
celui	82
celui-là	169
cendre	29
censurer	330
cent	160
centime	245
centime d'euro	76
centimètre	378
central/-e	378
centrale nucléaire	176
centre	165, 208, 378
centre/-s commercial/-aux	94
centre de formation	58
centre-ville	165, 292
cerceau	250
cercle	184
cercueil	261
céréales	139
cérémonie de clôture	11
cerise	177
certain	63
certain/-e	282
certainement	63
certes	387
cerveau/-x	134
cesser	100
césure	314
cet	84
cette	84
cette fois-ci	84
chacun/-e	169
chaîne	176
chaise	301
chaise longue	195
chalet	76
chaleur	158, 360
chaleureux/-euse	155
challenge	153
chambre	380
chambre à coucher	268
chambre double	86
chambre individuelle	98
chameau/-x	172
champ	117
champignon	233
champion/-ne	76, 203
champion/-ne du monde	365
championnat	203
championnat du monde	365
chance	76, 142
change	362
changement	14, 20, 334, 361
changer	20, 325, 334, 362
changer de vitesse	264
chanson	195, 286
chant	137
chanter	284
chanteur/-euse	261
chantier	47
chapeau/-x	161
chapelure	228
chapiteau	380
chapitre	173
chaque	169
chaque année	168
chaque fois	169
chaque semaine	371
charbon	180
charcuterie	34
charge	55
charger	55, 188
charger de quelque chose se	287
chargeur (de batterie)	188
chariot	94
charme	252
chasse	168
chasser	168, 313, 348
chasseur/-euse	168
châssis	244
chat	175
château	270
château/-x fort/-s	75
chatouiller	177
chatter	76
chaud/-e	152, 360
chauffage	152
chauffer	152
chaussette	285
chaussure	274
chaussure de gymnastique	316
chef/-fe	76
chef/-fe d'orchestre	85
chemin	362
chemin de fer	45
chemin du retour	151
cheminée	172
chemise	153
chemise de nuit	213
chemisier	71
cher/chère	195, 308
chercher	302
chercheur/-euse	124
chéri/-e	264
cheval/-aux	232
cheval blanc	267
chevalier	255

cheveu/-x	148	citoyen/-ne	75	colonne vertébrale	370	comptes	10
chèvre	379	citron	380	combat	173	concentration	182
chevreuil	250	clair	83	combattre	54, 173	concentrer se	182
chewing-gum	175	clair/-e	92, 152, 153, 177	combien	368	concerner	64
chez	53, 381	clairement	83	combine	314	concert	182
chic	99, 266	clandestin/-e	151	comble	141	concierge	151
chien/-ne	160	clapier	293	comédie	180	conclure	11
chiffre	376, 380	claquement	179	commande	35, 63	conclusion	270
chimie	76	clarifier	177	commander	50, 63	concombre	146
chimique	76	classe	177	comme	18, 78, 368	concours	367
chimpanzé	267	classement	304, 384	comme ça	285	concurrence	181
Chine	76	classer	95, 225, 383	comme d'habitude	322	concurrent/-e	181
Chinois/-e	77	classes inférieures	332	commencement	51	condamner	348
chinois/-e	77	classique	177	commencer	20, 51	condition	49, 352
chiot	365	clavier	176, 305	comment	368	conducteur/-trice	115
chirurgien/-ne	77	clé	270	commentaire	180	conduire	114, 296
choc	272	clé USB	333	commenter	180	conduire se	56
chocolat	273	client/-e	175, 186	commettre	51	conduite	194
chœur	77	climat	178	commissaire	180	conférence	181, 285, 356
choisir	42, 358	clinique	179, 290	commissariat	236	confiance	348
choix	21, 41, 358	cliquer	178	commission	180	confiant/-e	387
chômage	28	cloche	142	commune	135	confirmer	62
choquer	273	clôture	377	communication	180, 346	confiture	181
chorale	77	clou	213	communiqué	88	conflit	36, 181
chose	84, 260	clown	77	communiquer	207	confondre	348
chou/-x	180	club	179, 337	compagnie	138	confortable	57, 135
chouette	113, 310	coca	77	comparaison	339	confus/-e	328, 349
chronométrer	298	cochon	277	comparer	339	confusion	88
chuchoter	122	code postal	236	compartiment	114	congé	333
chute	115, 302	cœur	155	compas	180, 380	congélateur	309
cible	380	coffre	180	compensation	37	congelé/-e	309
ciblé/-e	141	coiffer se	173	compétence	181	connaissance	54, 107, 176
ciboulette	272	coiffeur/-euse	77	compétition	367	connaître	176
cicatriser	151	coiffure	127	complet/-ète	181, 351	connecté/-e	224
ciel/cieux	156	coin	90, 369	compléter	105	connecter	24
cigare	380	col	184, 230	compliqué/-e	181, 325	connu/-e	54
cigarette	380	colère	29, 374, 381	comportement	339	conquérir	109
cil	369	colis	228	comporter	54	conscience	140
cimetière	127	collaboration	385	comporter se	56, 339	consciencieusement	387
cinéma	177	collaborer	386	composer	358, 386	conscient/-e	67
cinglé/-e	55, 344	collant	301	composer de se	386	conseil	57, 245, 309
cinq	129	collant/-e	178	compositeur/-trice	181	conseil communal/-aux	135
cinquante	129	collation	163	composition	386	Conseil fédéral	75
cinquième	129	colle	193	composter	103	conseil municipal/-aux	135
cintre	178	collecte	261	compréhensible	346	Conseil national	215
circonférence	324	collection	250, 261	compréhension	346	conseiller	57, 246
circuit	234	collectionner	261	comprendre	52, 96, 347	conseiller/-ère	57
circuit aérien	258	collectionneur/-euse	261	comprimé	304	conseiller/-s fédéral/-aux	75
circulation	185, 340	collège	146, 280	compris/-e	165	conseillère/-s fédérale/-s	75
circuler	340	collègue	180	compromettre	132	conséquence	42, 123, 182
cire	358	coller	178	compromis	181	conséquent/-e	182
cirer	358	collier	149	comptant	46	conservateur/-trice	182
cirque	380	colline	160	compte	182	conserver	31, 189
ciseaux	266	colonie de vacances	118	compte rendu	58	considérable	48, 106
citer	111	colonne	262, 287	compter	376	considérer	58

consigne	23, 137, 232	coq	148	cousin/-e	77	cuir	192
consoler	315	coquillage	211	coussin	177	cuire	44, 179
consolider	346	coquille	263	coût	183	cuisine	185
consommateur/-trice	182, 336	corbeau	244	couteau/-x	205	cuisinier/-ère	179
		corbeille à papier	229	couteau de poche	305	cuisinière	153
consommation	182	corde	279	coûter	183	cuisse	266
consommer	336	cordial/-e	155	coûteux/-euse	35, 308	cul-de-sac	260
constant/-e	333	corps	183, 193	coutume	72	culpabilité	274
constater	119	correct/-e	115, 183, 254	couturier/-ère	272	cultiver	19, 379, 381
constituer	68	correction	183, 335	couvercle	81	culture	68, 186
construction	46, 182	correspondance	24, 336	couverture	81	culturel/-le	186
construire	47	correspondant/-e	24, 103	couvrir	81	curé	232
consultation	57, 291	corriger	183, 335	craie	184	curieux/-euse	139, 204, 216
contact	24, 59, 182, 336	costaud/-e	255	craindre	51, 129	curiosité	216, 279
conte	112, 201	costume	27, 183	craintif/-ve	22	curriculum (vitae)	191
contempler	64	côte	187, 266, 280	crâne	263	curseur	77
contenir	54, 102	côte à côte	215	cravate	184	CV	191
contenir se	384	côtelette	183	crayon	70, 297	cycle	184
content/-e	127, 382	coton	47, 361	crayon de couleur	116	cycliste	244
contenu	165	cou	149	créatif/-ve	184	cylindre	389
contester	63	couche	266	création	145		
conteur/-euse	112	coucher se	156, 330	créativité	184		
contexte	386	coude	99	crédit	184	**D**	
continent	182	coudre	214	créer	139, 145, 263		
continuellement	293	couler	121, 284	crème	77, 244	d'abord	110, 382
continuer	124, 365	couleur	116	(crème) chantilly	260	d'accord	94, 98
contourner	324	coulisses	186	crêpe	77	d'ailleurs	323
contraceptif	340	couloir	130	creuser	71, 143	d'autre part	20
contracter	288	coup	268, 296	creux/-euse	159	d'envergure	324
contradiction	368	coup d'œil	70	crevasse	287	d'habitude	287
contrainte	387	coup de feu	275	crevé/-e	174	d'où	371
contraire	133	coup de pied	314	crevette	185	d'un côté	92
contrairement à	102	coup de soleil	286	cri	273	d'une manière originale	225
contrarié/-e	262	coupable	275, 306	crier	74, 257, 274	dalle	234
contrat	347	coupe	148, 235, 272	crime	336	dame	78
contre	78, 133	coupe transversale	243	criminel/-le	336	Danemark	79
contrecoup	257	couper	12, 272, 289, 313	crise	185	danger	132
contredire	368	couper en morceaux	378	critère	185	dangereux/-euse	132
contribuer à	54	couple	90, 228	critique	185	Danois/-e	79
contribution	54	coupure	272	critiquer	185	danois/-e	79
contrôle	182, 308	cour	158	crocodile	185	dans	163, 165
contrôler	182, 239	cour (de récréation)	230	croire	142, 203	danse	305
convaincre	320	courage	211	croire quelqu'un capable de	387	danser	305
convenable	25, 225	courageux/-euse	211, 305	croissance	358	danseur/-euse	305
convenir	9, 91, 230	courant	300	croissant	141	date	80
convenir de	12, 337	courir	190, 253	croix	185	date de naissance	131
conversation	139, 331	couronne	185	croustillant/-e	179	date de péremption	338
convertir	325	couronné/-e de succès	105	croûte	255	datte	80
conviction	322	courriel	99	croyance	142	davantage	203
coopération	385	courrier	236	croyant/-e	252	de	6, 36, 352
copain	127	cours	187, 331, 341	cru/-e	255	dé	373
copie	183	course	190, 252	cruel/-le	74, 144	de l'autre côté	169
copier	12	court/-e	187	cueillir	233, 261	de l'État	292
copieux/-euse	250	court de tennis	308	cuillère	197	de là	81
copine	127	courtois/-e	159				

de longue durée	189	défendu/-e	336	depuis longtemps	190
de manière productive	238	défense	336	depuis lors	280
de manière systématique	303	défenseur	347	déranger	298
de même	136	défi	153	déraper	269
de nouveau	368	défilé	326	dérisoire	188
de nuit	213	définir	81, 118	dernier/-ère	195, 383
de plein gré	126	définitif/-ve	81, 100	dernièrement	187
de retour	384	définition	81	déroulement	8, 341
de temps en temps	134, 388	défouler se	310	dérouler	8
de tous les jours	304	défunt/-e	311	dérouler se	8, 342
de toute évidence	223	dégâts	263	derrière	78, 157
de toute façon	223, 319	degré	143	dès	6
de valeur	367	déguiser se	341	dès que	285
déballer	39	dehors	86	des tas de	202
débarrasser	10, 363	déjà	57, 218, 273	désaccord	206
débit	55	déjeuner	207, 209	désagréable	326, 327
débris	315	délai	127	désavantage	213
début	20, 51	délibéré/-e	67	descendre	13, 41, 154, 157
débutant/-e	20	délicieux/-euse	183	descente	7, 13
décapsuleur	121	délit	306	description	60, 267
décédé/-e	311	demain	209	désemparé/-e	155
décembre	83	demande	69, 123, 212	désert	374
déception	103	demander	69, 123, 125, 341	désespéré/-e	158
décevoir	103	démarche	274	désespérer	350
déchaîné/-e	302	démarrer	294	désespoir	350
déchets	7	déménagement	326	déshabiller se	42
déchirer	379	déménager	42, 326	design	82
décidé	63	demi/-e	148	désignation	67
décidé/-e	103	demi-finale	148	désigner	67
décider	60, 102	démission	186, 257	désir	373
décider se	102	démissionner	186, 385	désirer	373
décision	60, 103	démocratie	82	désordonné/-e	328
déclaration	40	démocratique	82	désordre	88
déclencheur	38	démolir	379	désordre	328
décollage	7, 293	démonstration	82, 353	desserré/-e	197
décoller	7, 8, 294	démonté/-e	302	dessert	83
décommander	11	démonter	6	dessin	377
déconnecter se	9	démontrer	66, 82	dessin animé	314
décontracté/-e	190, 197	denrées alimentaires	191	dessinateur/-trice	377
décorer	139	dense	83	dessiner	377
découper	40	dent	376	dessous	80
découverte	101, 107	dentifrice	376	dessus	80
découvrir	101, 104, 153	dentiste	376	destin	266
décrire	60, 267	départ	7, 10, 293	destinataire	100
décrocher	8, 10	dépasser	319, 322	destination	251, 380
déçu/-e	103	dépêcher se	49, 91	destruction	379
dedans	80	dépendant/-e	8, 302	détacher	9
dédouaner	350	dépendre de	8	détail	83, 98
déduire	14, 269	dépenser	37	détaillé/-e	37
déesse	143	dépenses	37	détendre se	103
défaire	33, 39, 197	déplacer	345	détenu/-e	148
défaite	217	déplacer se	359	détergent	241
défaut	201	dépliant	115, 239	déterminer	63, 108
défendre	97, 335, 347	déposer	157, 192	détester	150
défendre se	363	depuis	279, 280	détonation	179

détour	325		
détresse	219		
détruire	343, 379		
dette	274		
dettes	275		
deuil	313		
deux	53, 387		
deux fois	86, 388		
deuxième	388		
dévaloriser	103		
devant	81, 352, 354		
développement	104		
développer	103		
devenir	366		
déviation	324		
deviner	109, 246, 310		
devinette	246		
devise	210		
devoir	32, 211, 233, 286		
devoir quelque chose			
à quelqu'un	275		
devoirs	151		
dévorer	126		
diable	308		
dialecte suisse			
alémanique	277		
dialogue	83		
diamètre	88		
dictée	84		
dictionnaire	372		
dieu/-x	143		
différemment	20		
différence	84, 332		
différences	133		
différent/-e	332, 345		
difficile	277		
difficulté	238, 277		
diffuser	281, 321		
diffusion	321		
digérer	337		
digital/-e	84		
diluer	337		
dimanche	287		
diminuer	10, 384		
diminution	256		
dinde	315		
dindon	315		
dîner	7, 207		
dingue	55		
diplôme	11, 84		
dire	207, 260, 344		
dire au revoir à			
quelqu'un	334		
directement	85		
directeur/-trice	85, 252		

directeur/-trice	85	doucher se	89	éclair	70	élargissement	111
directeur/-trice de l'école	275	douillet/-te	135	éclairage	55	élastique	145
direction	194, 254	douleur	271	éclaircir	177	électeur/-trice	358
directive	254	douloureux/-euse	271	éclaircir la voix s'	246	élection	358
diriger	128, 194	doute	387	éclairer	195	électricité	99, 300
disco	85	douter	68	éclaireur/-euse	231	électrique	99
discours	248	douter de	16, 388	éclater	234	électronique	99
discussion	62, 85, 139	douter de se	16	école	275	élégant/-e	99
discuter	62, 85, 330	doux/douce	205, 261, 303, 363	école enfantine	176	élément	99
disparaître	338, 345			école maternelle	176	élément de phrase	262
disperser	33	douzaine	89	école professionnelle	58	éléphant	99
disponible	106, 338, 353	douze	389	école secondaire	280	élève	275
dispute	36, 184, 300	dramatique	86	écolier/-ère	275	élever	381
disputer se	300	drame	86	écologique	224, 325	elle	112, 186, 283
disque	234, 263	drap	65	économe	288	elle-même	280
disque compact (CD)	77	drapeau/-x	114, 121	économie	370	elles	162
dissertation	34	drogue	87, 246	économies	110	elles-mêmes	280
dissoudre	33	droit	247	économique	288	éloigner s'	101
distance	12, 85, 102, 299	droit/-e	137	économiser	288	emballage	228
distinguer	331	droits de l'enfant	176	écorce	255, 263	emballer	95, 228
distraction	14	drôle	180, 198, 371	écouler s'	8	embarrassant/-e	231
distraire	9	du milieu	208	écouter	23, 159, 382	embarrassé/-e	342
distrait/-e	339, 379	du moins	366	écouteurs	182	embaucher	25
distribuer	347	du nord	218	écran	68, 193	embêtant/-e	29
distributeur	43	du reste	323	écran tactile	311	embêter	29
divertir se	330	du sud	302	écraser s'	13	embouteillage	294
divertissement	331	duper	319	écrire	34, 274	embrasser	187, 323
diviser	307	dur/-e	150, 376	écrit/-e	274	émetteur	281
divorce	265	durable	212	écriture	274	émettre	281
divorcé/-e	138	durée	80	écrivain	274	émission	281
dix	377	durer	81	écurie	293	emménager	98
dixième	377	DVD	89	éducation	112	emmener	207
docteur	29			éducation sexuelle	33	émoussé/-e	301
document	85			effacer	197, 244	empêcher	156, 340
document (officiel)	333	**E**		effaceur	309	empêcher (de)	8
documentation	164			effectif/-ve	90	empereur	172
doigt	120	e-mail	99	effectuer	88	empire	250
domaine	57, 131	eau	361	effet	42, 90, 92, 370	emplacement	188
dominer	53, 85	eau/-x minérale/-s	206	effet secondaire	215	emploi	25, 26, 131, 296
dommage	263	eau potable	314	efficace	90, 370	emploi du temps	301
don	51, 289	ébauche	104	efficacement	90	employé/-e	21, 28, 206
donc	18, 82	écaille	275	effondrement	92	employer	26, 59
données	80	écart	389	effort	26, 210	employeur/-euse	28
donner	7, 131, 289, 338	écarter	363	égal/-e	90	empoisonner	339
donner de ses nouvelles	204	échange scolaire	275	égal/-e/-aux	142	emporter	207
donner suite	247	échanger	41, 306, 325, 362	également	90	emprunter	38, 193
donner un coup de pied	314	échantillon	211, 237	égalisation	37	en	36, 79, 81, 163, 164
dorénavant	187	échapper s'	102	égalité des droits	142	en arrière	257
dormir	268	écharpe	149, 263	égalité hommes-femmes	142	en avant	356
dos	256	écart	389	égarer s'	340	en bas	329
dossier	331	écarter	363	égard	257	en biais	273
douane	381	échec	257	église	177	en bonne santé	139
double	86	échecs	263	égratigner	378	en cachette	151
doubler	129, 319, 337	échelle	194, 202	élan	278	en chemin	332
douche	89	échelle (graduée)	285	élargir	111	en colère	381
		échouer	265, 344				

en commun	135	enfoncer s'	284, 345	enveloppe	73, 187	essentiel/-le	145, 367, 368
en cours	191	enfuir s'	121	envie	198	essentiellement	150
en dehors de	40	engagement	96	environ	112, 258, 327	essieu/-x	14
en dépit de	315	engager quelqu'un	25	environnement	325	essorer	269
en désordre	328	engager s'	101	environs	324	essuyer	14
en direct	196	engrais	88	envisager	47	est	226
en échange	78	énigmatique	246	envoi	281	estimation	238
en effet	18, 214	énigme	246	envoler s'	362	estimer	15, 96, 264
en espèces	46	enlever	14, 42, 61, 102, 363	envoyer	266, 268, 281	estomac	200
en face	133	ennemi/e	117	épais/-se	83	et	67, 326
en fait	91, 214	ennuis	29	épaisseur	293	étable	293
en forme	120	ennuyeux/-euse	190	épargner	288	établir	119
en haut	222	énorme	101, 140, 255	éparpiller	379	étage	297, 298
en ligne	224	enquête	50, 108, 324, 332	épaule	275	étagère	74, 248
en masse	202	enregistrement	33	épave	372	étang	307
en même temps	142	enregistrer	33, 249	épeler	74	Etat	292
en outre	40, 215	enrhumé/-e	107	épice	141	état	387
en particulier	165	enrichissement	140	épicé/-e	264	Etats-Unis	333
en partie	307	enseignant/-e	192	épicer	374	été	286
en passant	215	enseigne	267	épingle	295	éteindre	11, 38, 40, 197
en permanence	191, 293	enseigner	192, 331	épisode (TV)	123	étendre	111
en plus	40	ensemble	135, 206, 385	éplucher	263	etendre sur	12
en principe	91, 145	ensoleillé/-e	287	éponge	276	éternel/-le	113
en réalité	306	ensuite	79, 212	époque	377	éternuer	218
en retard	329	entendre	159, 347	époque actuelle	133	étiquette	267
en revanche	78, 156	entendre sur s'	12	épouse	90, 229	étiquette	
en route	332	enterrement	50	épouser	152	(indiquant le prix)	237
en silence	297	enterrer	49, 52	épouvantable	266	étoffe	298
en tirer s'	12	enthousiasme	51	époux	90, 229	étoile	296
en tout	165	enthousiasmer	51	épreuve	237, 240	étonnant/-e	110
en tout cas	169	enthousiaste	51	éprouver	100	étonné/-e	110, 349
en travers	243	entier/-ère	351	épuisé/-e	41	étonner s'	373
en vain	338	entonnoir	314	équilibre	142	étourneau	293
en vente	106	entrain	278	équipe	201, 306	étrange	204, 280
en vrac	197	entraînement	312	équipement	39	étranger	38
encaisser	95	entraîner	36	équitable	115	étranger/-ère	38, 126
enceinte	276	entraîner s'	312, 318	escalader	296	étrangler	373
enchanté/-e	105	entraîneur/-euse	312	escalator	256	être	279
encore	218	entre	388	escalier	314	être apte à	91
encre	309	entre elles	330	escalier roulant	256	être arrêté/-e	295
endommager	59	entre eux	330	escalope	272	être assis/-e	284
endormir s'	96	entre les deux	81	escargot	271	être au pouvoir	249
endroit	226, 296	entre nous	330	escroc	65	être bon/-ne	270, 297
endurer	108	entre vous	330	escroquer	65	être couché/-e	195
énergie	101	entre-temps	81, 167, 330	espace	246, 366, 389	être d'accord	387
énergie nucléaire	30	entrée	93, 98, 355, 387	Espagne	287	être de	293
énerver	29, 216	entreprendre	331	espagnol/-e	288	être debout	295
énerver s'	34	entrepreneur/-euse	331	Espagnol/-e	288	être déchaîné/-e	310
enfance	176	entreprise	65, 120, 331	espérer	106, 158	être désolé/-e	193
enfant	176	entrer	97, 154, 156	espérons que	158	être écrit/-e	295
enfant unique	98	entrer dans	64	espion/-ne	290	être éliminé/-e	40
enfer	159	entrer en	64	espoir	158	être en fleur	71
enfin	100, 270	entretenir	233	essai	237, 347	être en retard	346
enfler	24	entretien	232, 330	essayer	39, 238	être en suspens	25
enfoncer	96	entretien (d'embauche)	356	essence	57	être en travaux	323

être étonné/-e	295, 373	exemple	54, 352	faire briller	235	faufiler se	269
être exact/-e	297	exercer une activité		(faire) chauffer	106	faute	117, 274
être furieux/-euse	310	professionnelle	58	faire confiance à	347	faute d'orthographe	248
être humain	204	exercer s'	318	faire de la gymnastique	316	fauteuil	281
être juste	297	exercice	323	faire de la luge	255	faux/fausse	115
être originaire de	293	exigence	21, 123	faire de la marche	359	favorable	146
être relégué/-e	13	exiger	123, 341	faire de la planche	303	favori/-te	116
être responsable de	64	existant/-e	353	faire de la publicité	366	favoriser	66
être surpris/-e	373	existence	113	faire de la randonnée	359	félicitations	143, 196
être valable	135	exister	113, 191	faire de la voile	279	féliciter	52, 143, 196
être vivant	192	expéditeur/-trice	12	faire demi-tour	323, 366	fêlure	291
étroit/-e	101, 270	expérience	104, 108, 113, 347	faire des câlins	271	féminin/-e	363
étude	36, 301	expert/-e	113	faire des efforts	26	femme	90, 125
études	301	expirer	8	faire des mamours	271	femme pasteur	232
étudiant/-e	301	explication	33, 107	faire des petits boulots	169	fenêtre	117
étudier	194, 301	explicite	92	faire des recherches	247	fer	98
étui	112	expliquer	107, 108	faire descendre	155	fer à repasser	75
euro	113	exploitation	65	faire disparaître	61	ferme	47, 118, 158, 182
Europe	113	exploser	234	faire don	289	fermé/-e	138
Européen/-ne	113	explosion	113	faire du camping	378	fermer	33, 269, 289, 383
européen/-ne	113	exposition	41	faire du jogging	169	fermer à clé	11
eux	162	exprès	12	faire du mal	263	fermeture éclair	252
eux-mêmes	280	expression	36, 248	faire du patin	270	ferraille	274
évaluation	66	exprimer	36	faire grève	300	ferry-boat	114
évaluer	65	extension	111	faire la bise se	187	festival	118
évanoui/-e	223	extra	237	faire la cuisine	179	fête	117, 118
évanouissement	223	extraordinaire	40	faire la distinction	331	fête d'anniversaire	131
évasion	122	extraterrestre	41	faire la lessive	361	fête nationale	214
événement	104, 353	extrême	113	faire la queue	25	fêter	117
éventuellement	113			faire la vaisselle	14, 292	feu/-x	19, 119
évident/-e	223, 280			faire le plein	305	feu/-x arrière	256
évier	292	**F**		faire les courses	94	feu/-x d'artifice	119
éviter	324, 340, 343			faire les valises	228	feuille	70, 71
évolution	104	fable	114	faire mal	363	février	116
exact/-e	113, 254	fabricant/-e	154	faire partie de	21	fiable	387
exactement	135	fabrication	154	faire peur à	110	fiançailles	342
exagérer	322	fabriquer	154, 238	faire pitié	193	fiancer se	342
examen	240, 332	fâché/-e	29, 335, 381	faire remarquer	32, 157	ficelle	272
examen de fin		fâcheux/-euse	29	faire ressortir	155	fiche	174
d'apprentissage	192	facile	193	faire ses preuves	66	fichier	80, 174
examiner	239, 332	façon	29	faire signe	369	fidèle	314
exaucer	105	facteur	115	faire un effort	56	fidélité	314
excavatrice	45	facteur/-trice	73	faire un pari	367	fier/fière	298
excellent/-e	37, 155	facture	243	faire une chute	13	fierté	298
exception	38	facultatif/-ve	126	fait	306	fièvre	119
exceptionnel/-le	327	faculté	114	falloir	211, 286	figure	139
exceptionnellement	38	faible	276	familier/-ère	348	fil	114
excitation	34	faiblesse	276	famille	21, 116	fil électrique	300
exclure	40	faillir	265	fantastique	116	fil métallique	86
excursion	37, 113, 359	faim	160	fantôme	139	file d'attente	360
excuse	39	fair du commerce	149	farfelu/-e	273	filet	216
excuser	103	faire	38, 51, 193, 200,	farine	203	fille	200, 310
excuser s'	103		267, 279, 316, 335, 381	fatigant/-e	26, 109	film	120
Excusez-moi !	103	faire attention	15, 34	fatigue/-e	210	fils	286
exemplaire	352			fauché/-e	235	fin	11, 100, 270

fin/-e	117	forme	123	fromage	174	genou/-x	179
fin de la journée de travail	117	former	36, 68, 123	fromage blanc	242	genre	138, 297
		formidable	310	front	297	gens	195
fin de semaine	371	formulaire	123	frontière	144	gentil/-le	195, 216
finale	120	formule	123	frotter se	250	géographie	136
finalement	270	formule magique	377	fruit	127	gestion	128
financer	120	formuler	123	fruits	222	gifle	224
fini/-e	118	fort/-e	184, 191, 293	fuir	122	gigantesque	255
finir	49, 100	fortune	250, 343	fuite	122	gigoter	376
fixation	69	fou/folle	344, 359	fumée	246	glace	98, 141, 289
fixe	118	foulard	183, 263	fumer	246	glaçon	99
fixer	50, 63, 118, 282	foule	204	fumeur/-euse	246	Glaris	141
flamme	121	four	44, 223	furieux/-euse	374	glissant/-e	141
flan	240	fourchette	130	fusée	245	glisser	39, 259
flaque (d'eau)	233	fourmi	18	fusillade	267	glisser se	269
flash	70	fournir	195	futur	382	glissière	267
flasque	268	fournisseur d'accès				globalisation	142
flèche	232	(à Internet)	239			globe	142
fléchir	65	fourrure	231	**G**		globe (terrestre)	104
fleur	71	foyer	151			gomme	244
fleurir	71	fragile	276, 378	gagnant/-e	140, 283	gommer	244
fleuve	122, 300	frais	183	gagner	140, 283, 337	gonfler	24, 31
flexible	68, 121	frais/fraîche	127, 186	gagner (contre)	61	gorge	149
flocon de neige	272	fraise	104	gai/-e	152	gorgée	270
flots	122	framboise	156	gain	140	goût	138
flotter	363	franc	125	gamme	285	goûter	183, 238, 387
flou/-e	328	franc/franche	34, 223	gant	150	goutte	315
flûte	122	français	125	gant de toilette	361	gouvernement	249
foehn	123	Français/-e	125	garage	130, 229	gouverner	249
foi	142	français/-e	125	garantir	130	grâce à	79
foin	155	France	125	garçon	170, 179	grade	245
foire	168	franchement	91	garder	31, 52, 66, 93	graine	261
fois	200	franchir	320	gardien/-ne (de but)	311	graisse	119
folie	358	franchise	223	gare	45	grammaire	143
foncé/-e	88	frapper	179, 268	garer	229	gramme	143
foncer	245	frayeur	273	gaspiller	339, 345	grand/-e	144
fonction	129	frein	73	gâteau/-x	185, 311	grand magasin	360
fonctionnel/-le	260	freiner	73	gâter	349	(grande) salle	148
fonctionner	129, 177	fréquemment	150	gauche	196	grand-mère	145
fond	71, 157, 165	fréquence	304	gay	278	grand-père	145
fondamental/-e	145	fréquentations	324	gaz	130	grandeur	144
fondation	145	fréquenter quelqu'un	340	gazeux/-euse	180	grandir	35, 358
fonder	145	frère	74	gazon	245	grands-parents	144
fondre	271, 342	frères et sœurs	138	géant/-e	255	grappe	312
fontaine	74	frétiller	376	geler	127	gras/-se	119
football	129	friandise	303	gène	135	gratter	184
force	184, 293, 373	Fribourg	125	gêné/-e	342	gratuit/-e	143, 325
forcément	387	fric	180	gêner	298	grave	109, 270
forcer	31, 388	frigidaire	186	général/-e	18, 136	grenier	112
forêt	359	frigo	186	généralement	18	grenouille	127
forêt vierge	333	fringues	178	génération	136	grève	300
forfait journalier	304	frisson	265	généreux/-euse	145	griffe	184
formater	123	frites	236	Genève	136	griffer	184, 378
formation	36, 68	froid	172	génial/-e	136, 310	gril	144
formation continue	364	froid/-e	172, 186			grille	256

griller	144	haut-parleur	191	huit	15	impression	87, 92
grimper	25, 178	haute école spécialisée	114	huitième	15	impressionner	49
gringalet	276	hauteur	159	humain/-e	204	imprévu/-e	327
grippe	144	hébergement	331	humanité	204	imprimante	87
gris/-e	143	hélice	239	humeur	191, 297	imprimer	36, 87
Grisons	144	hélicoptère	152	humide	119	improbable	333
gronder	268	herbe	143	humour	160	imprudent/-e	333
gros/-se	83, 144	hérisson	162	hurler	74, 274	impuissance	223
(gros) titre	321	héroïne	152	hypothèse	23	impuissant/-e	223
gros titres	269	héros	152			inattendu/-e	320, 327
grossesse	276	hésiter	381			inattentif/-ve	326
grossier/-ère	144	heure	301, 323			inauguration	109
grossir	339, 383	heure de fermeture	117	**I**		incapable	327
grotte	159	heure locale	226			incendie	72
groupe	46, 145	heures d'ouverture	223	ici	155	incertain/-e	329
groupe de travail	28	heures de travail	28	idéal/-e	162	inchangé/-e	333
guêpe	367	heureusement	143	idée	16, 132, 162, 356	incident	353
guérir	151, 340	heureux/-euse	143	identifier	107, 108, 153	incliné/-e	267, 273
guerre	185	heurter se	34	identité	162	inclus/-e	164, 165
guerre mondiale	365	hibernation	370	idiot/-e	70, 162	inconfortable	326
gueule	202, 271	hibou/-x	113	igloo	162	inconnu/-e	326
guichet	264	hier	139	il	104, 112	inconscient/-e	326
guide (touristique)	251	histoire	138	il semble que	24	inconvénient	213
guidon	194	historique	158	il te plaît s'	69	incroyable	328
guitare	141	hiver	370	il vous plaît s'	69	Inde	164
gymnase	146	hobby	158	il y a	352	indécent/-e	326
		hocher	217	île	165	indécis/-e	327
		hockey sur glace	99	illégal/-e	163	indéfini/-e	326
		hold-up	318	illusion	163, 306	indépendance	326
H		Hollandais/-e	159	illustration	6	indépendant/-e	280, 326
		hollandais/-e	159	ils	283	index	377
habile	138	Hollande	159	image	6, 68	indicatif	356
habiller s'	27	home pour personnes		imaginaire	93	indication	67, 157
habitant/-e	67, 98	âgées	18	imagination	116	indice	157
habiter	371	homme	201, 204	imaginer	36	Indien/-ne	164
habits	178	homme au foyer	151	imaginer s'	355	indigène	93
habitude	140	homogène	93	imiter	212	indiquer	21, 26, 67, 157, 377
habituel/-le	140, 322	homosexuel/-le	278	immédiatement	286	indirect/-e	164
habituer à s'	140	Hongrie	327	immense	255	indiscutable	92
haine	150	hongrois/-e	327	immeuble	371	individu	204
haïr	150	honnête	25, 34, 91	immeuble récent	216	individuel/-le	164
hall	148	honneur	91	immigré/-e	98	indulgent/-e	205
halte	149	hôpital	290	impartial/-e	217	industrie	164
Halte !	149	hôpital/-aux	184	impasse	260	inévitablement	387
hamburger	149	horaire	115, 301	impatient/-e	327	inexact/-e	327
hamster	149	horizon	160	impératrice	172	infection	164
handicap	53	horizontal/-e	358	imperméable	249	inférieur/-e	331
handicapé/-e	53	horloge	323	impoli/-e	328	infidèle	332
harceler	242	horrible	273	importance	48	infini/-e	327
hardware	150	hôte	130	important/-e	48, 106,	infinitif	164
haricot	71	hôte/-esse	130		252, 324, 368	infirmier/-ère	184, 232
hasard	382	hôtel	160	importer	163	influence	92
hausse	106	hôtel de ville	246	imposer	89	influencer	49
haut/-e	158	housse	67	impossible	328	information	37, 164,
haut-de-forme	389	huile	224	imprécis/-e	327		204, 207, 225

informations	80	intérieur	165	japonais/-e	169	jusqu'ici	69
informatique	164	international/-e	166	jardin	130	jusque	69
informer	56, 58, 207, 225	internaute	57, 220	jardin d'enfants	176	juste	115, 137, 179, 254, 285
informer s'	164	Internet	166	jaune	134		
infusion	307	interprétation	166	jaune d'œuf	91	justement	37, 90
ingénieur	164	interpréter	166, 356	jazz	169	justice	137
ingrat/-e	326	interrogation	50	je	162	justification	52
ingrédients	387	interroger	7, 50	jean	169	justifier	52
inhabituel/-le	327	interrompre	6, 329	jet	298	justifier se	248
inhumain/-e	328	interrupteur	264	jeter	363, 366		
initial/-e	333	intervenir	93	jeter un coup d'œil	325		
initiation	93	intervention	93	jeu	289		
initiative	165	interview	166	jeu/-x de rôle	256	**K**	
initier	93	introduction	93, 94	jeu de questions-			
injuste	327	introduire	93	réponses	243	kangourou	173
injustice	329	intuition	133	jeudi	85, 86	ketchup	176
innocence	329	inutile	220, 284, 318, 326, 328	jeune	170	kidnapper	102
innocent/-e	329			jeunesse	170	kilogramme	176
innovation	216	invariable	333	Jeux olympiques	224	kilomètre	176
inoffensif/-ve	150	inventer	105	job	169	kilomètre-heure	301
inondation	321	invention	105	joie	126	kiosque	177
inquiet/-ète	62, 65	inverse	324	joindre	22		
inquiétant/-e	328	inverser	306	joint	135		
inquiétude	287, 329	investir s'	97	joker	170	**L**	
inscrire	23, 97	investissement	35	joli/-e	160		
inscrire à s'	74	invisible	329	joue	44, 360	l'	162
inscrire s'	96	invitation	94	jouer	289	l'un l'autre	92
insecte	165, 172	invité/-e	130	jouet	290	la	80, 82, 84, 112, 283
insérer	92, 93	inviter	69, 94	joueur/-euse	289	là	78
insignifiant/-e	137	involontaire	326	jour	304	là-bas	86
insister	53, 63, 86	invraisemblable	333	jour de la semaine	371	labyrinthe	188
insister (sur)	64	irlandais/-e	167	jour férié	117	lac	278
inspecteur/-trice	165	Irlande	167	jour ouvrable	367	lâche	117, 197, 268
installer	35, 92, 165	irradier	299	journal	378	lâcher	198, 212
instant	35	irrégulier/-ère	329	journal (intime)	304	lacune	198
instaurer	154	irréprochable	304	(journal) quotidien	304	laid/-e	150
instituteur/-trice	192	isolé/-e	95	journaliste	170	laine	372
instruction	68, 355	issue	37, 42	journée	304	laisse	160
instrument	165	Italie	167	joyeux/-euse	127	laisser	157, 190, 319
insuffisant/-e	327	italien/-ne	167	judicieux/-euse	284	laisser entendre	
insulte	55	Italien/-ne	167	juge	254	quelque chose	20
insupportable	327	itinéraire	251, 256, 299	jugement	66, 333	laisser partir	362
intégration	166	ivre	65	juger	96	laisser tomber	362
intégrer	92			juillet	170	lait	205
intégrer s'	166			juin	170	lampe	189
intelligence	346	**J**		jumeau	388	lancer	269, 366
intelligent/-e	166, 179			jumelle	388	langage familier	324
intensif/-ve	166			jupe	170, 255	langer	368
intention	12, 369	jaloux/-ouse	91, 215	Jura	170	langue	291, 383
interdiction	336	jamais	169, 217, 218	jurer	122, 278	langue écrite	274
interdire	335	jambe	54	jury	170	langue étrangère	126
interdit/-e	336	jambon	268	jus	260	langue maternelle	211
intéressant/-e	166	janvier	168	jus de fruits	127	lanterne	190
intéresser	166	Japon	169	jusqu'à	69	lapin	173
intérêt	166, 380	Japonais/-e	169	jusqu'à présent	69		

lapin de Pâques	226	limité/-e	179	lutter	173	manifestation	82, 335
laque	148, 188	limiter	60, 96	lutter contre	54	manifestation sportive	291
laquelle	365	linge	361	luxe	198	manifestement	223
lard	288	linguistique	291	lycée	146	manifester	82
large	73, 364	lion/-ne	198			mannequin	208
largeur	73	liquide	122			manque	201
larme	312	liquider	33	**M**		manque d'assurance	329
lavabo	191	lire	194			manquer	117, 338, 343
lave-linge	361	lire (à haute voix)	354			manteau/-x	201
lave-vaisselle	14, 138	lisse	141	ma	203	manteau/-x de pluie	249
laver	361	liste	196	mâcher	175	maquiller se	271
laver se	361	lit	65	machine	201	marchand/-e	149
le	80, 82, 84, 112, 162	litre	196	machine à laver	361	marchandise	360
leçon	194	littéral/-e	372	mâchoire	176	marché	201
lecteur/-trice	195	littérature	196	Madame	125	marche	301, 314
lecteur CD	76	littoral	187	magasin	137, 188	marché aux puces	122
lecteur DVD	89	livraison	195	magazine	200, 378	marcher	133, 177, 190
lecture	194	livre	74, 233	magicien/-ne	377	mardi	84
légal/-e	192	livre sterling	233	magnifique	154, 236, 373	marée basse	90
léger/-ère	193	livrer	195	mai	200	marée haute	122
léguer	157	local	197	maigre	200	marelle	156
légume	135	local/-e	93	maigrir	10	marge	290
lent/-e	189	locataire	205	maillot de bain	44	mari	90, 201
lequel	365	location	356	main	149	mariage	90, 158
les	84, 283	locomotive	197	maintenant	169, 220	marié	72
lesbien/-ne	194	logement	242	maintenir	93	marié/-e	340
lessive	361	loger	33, 371	mairie	246	mariée	72
lettre	73, 74	logiciel	239, 286	mais	7, 18, 85, 286	marier se	152
leur	162, 163	logique	197	maïs	200	marin	278
lever	151	loi	138, 247	maison	151	marque	201
lever se	35	loin	364	maison de retraite	18	marquer	201, 267
lever la main	204	loisirs	126	maison individuelle	92	marqueur	201
lèvre	196	long/longue	189, 364	maître	203	marraine	143, 230
liaison	340	long de	102	maîtriser	53	marrant/-e	371
libérer	50, 102	longtemps	189	majorité	203	marron	72
liberté	126	longueur	189	mal	72, 269	mars	201
librairie	74	lors	53	mal/maux de gorge	149	marteau/-x	149
libre	125	lotissement	283	mal comprendre	206	masculin/-e	201
libre-service	280	louer	205, 343	mal de dent	376	masque	201
licenciement	186	loup	372	mal de ventre	46	masse	202
licencier	102, 186	loupe	198	malade	184	massepain	201
lien	67, 196	lourd/-e	277	maladie	184	massif/-ve	202
liens	69	loyer	205, 380	maladroit/-e	327	match	202
lier	69	Lucerne	198	malchance	230, 328	match nul	327
lieu	226	lueur	265	malentendu	206	matelas	202
lieu/-x de travail	28	luge	270	malgré	315	matelas pneumatique	198
lieu de rencontre	313	luger	255	malheur	328	matelot	202
(lieu de) rendez-vous	313	lui	104, 162, 163	malheureusement	193	matériel	202
lieu de résidence	372	lui-même	280	malheureux/-euse	328	matériel d'information	164
lieu du crime	306	lumière	195	maman	211	matériel informatique	77, 150
ligne	196, 377	lundi	209	mammifère	262		
ligne d'arrivée	380	lune	209	manche	29	mathématiques	202
llgue	106	lunettes	73	manger	112, 126	maths	202
lila	196	lunettes de soleil	286	manger bruyamment	270	matière	114, 298, 331
limite	144	lutte	173	manière	29		

matière facultative/ à option	358	mesurer	204	mode d'emploi	23, 131	mousse synthétique	265
matière plastique	187	métal/-aux	205	modèle	208, 211, 352, 354	moustache	271, 272
matière première	255	météo	367	modéré/-e	218	moustique	210
matin	209, 354	méthode	205, 338	moderne	208	moutarde	281
matinée	354	méticuleux/-euse	231	modeste	59	mouton	263
maudit/-e	338	métier	58	modification	20	mouvement	66
mauvais/-e	269, 270	mètre	205	modifier	20, 325, 334	moyen	155, 207
mauve	196	mètre carré	242	moelleux/-euse	363	moyen/-ne	208
mauviette	276	métro	318	moi	162	Moyen Age	207
maux de tête	183	métropole	145	moi-même	280	moyen de transport	341
maximal/-e	202	metteur/-euse en scène	249	moins	206, 366	moyenne	89, 272
me	205, 206	mettre	94, 95, 97, 157, 192, 296	mois	208	mu(e)sli	210
mécanicien/-ne	202			moisissure	267	muet/-te	301
méchant/-e	72, 135	mettre en danger	132	moitié	148	multicolore	75
mécontent/-e	333	mettre en doute	68	moment	208, 378	multiculturel/-le	210
médecin	29	mettre en lien	342	mon	203	multiplication	210
médias	202	mettre en marche (en route)	294	monde	365	municipal/-e	292
médicament	203, 207	mettre en pratique	325	mondial/-e	366	mur	202, 359
Méditerranée	207	mettre en scène	166	mondialisation	142	mûr/-e	250
méduse	242	mettre la main dans	144	moniteur/-trice	194	muscle	211
meilleur/-e	62	mettre le feu	27	monnaie	178, 359	museau/-x	271
mélange	206	meuble	208	Monsieur	154	musée	211
mélanger	206	meurtre	209	monstrueux/-euse	328	musicien/-ne	211
mélodie	204	meurtrier/-ère	209	montagne	57	musique	211
membre	206	micro clandestin	360	montant	64	mutuel/-le	133
même	286	micro-ondes	205	monter	25, 31, 92, 97, 296	mutuellement	330
mémoire	132	midi	207	monter à cheval	252	myrtille	151
mémoriser	288	miel	159	monter sur	64	mystère	133, 246
menacer	49, 87	mieux	62	montgolfière	152		
ménage	151	mignon/-ne	155, 218, 303	montre	323		
ménagement	257	milieu	207, 266, 303, 324	montrer	354, 377	**N**	
ménagère	151	militaire	205	monture	116		
mendiant/-e	65	mille	306	monument	82, 279	n'est-ce pas	222
mener	128, 313	milliard	205	moquer de se	38, 291	n'importe comment	167
mensonge	198	millimètre	205	morale	209	n'importe où	167
mensualité	246	million	206	morceau	301	n'importe quand	167
mensuel/-le	209	mince	88, 269, 270	mordre	54	n'importe quel	56
mensurations	202	mine	205	morne	315	n'importe quel/-le	167
menthe	232	minimum	206	mort	310	nager	44, 278
mentionner	111	minorité	206	mort/-e	311	nageur/-euse	278
mentir	198	minuit	208	mortel/-le	310	nain/-e	388
menton	176	minuscule	370	mot	372	naissance	131
menu	204, 289	minute	206	moteur	209	naître	131
menu du jour	304	miracle	373	motif	38, 145, 209, 211	nappe	310
menuisier/-ère	274	miroir	289	motivation	209	narrateur/-trice	112
mer	203	miroiter se	289	motiver	209	natel	150
merci	79	mise	96	moto	209	nation	214
mercredi	208	mise à la retraite	231	mou/molle	268, 363	national/-e	214, 292
Merde !	265	misère	219	mouche	121	nationalité	215, 292
mère	211	Mme	125	mouchoir	305	natte	381
mériter	337	mobile	208	mouillé/-e	214	nature	215
merveilleux/-euse	373	mobilier	95	moulant/-e	101	naturel/-le	90, 215
message	40, 72, 207, 213	moche	150	moule	211	naturellement	215
mesure	202, 304	mode	208	mourir	296	nausée	318
				mousse	265		

ne … pas	217	nostalgie	279	obstiner s'	53	ordinateur à tablette	
ne … pas de	175	notamment	165	Obwald	222	graphique	304
ne … que	220	note	219	occasion	134	ordinateur portable	190
ne pas trouver	343	noter	34, 219	occupation	59	ordonnance	254
ne pas voir	321	notion	52	occupé/-e	61	ordonné/-e	225
ne plus avoir faim	262	notre	329	occuper	95	ordre	35, 50, 225, 251
nécessaire	219	nôtre	329	occuper de quelque		ordures	7
négatif/-ve	215	nouer	69	chose s'	287	oreille	223
négliger	343	nouilles	219	occuper de s'	59, 64, 186	oreiller	177
négocier	340	nourrir	129	océan	226	organe	225
neige	272	nourrisson	262	octobre	224	organisateur/-trice	225, 335
neiger	272	nourriture	109, 112, 214	odeur	87, 137	organisation	225
Néo-Zélandais/-e	217	nous	92, 329, 370	œil	35	organiser	88, 139, 225, 335
nerf	216	nous-mêmes	280	œuf	91	orgue	225
nerveux/-euse	216	nouveau	216	œuf au plat	289	orgue électronique	176
nervosité	216	nouvel/-le	216	œuvre	366	oriental/-e	226
net/-te	264	nouvel an	217	œuvre d'art	187	orientation	225
netbook	216	nouvelle	204, 213	offense	55	orientation	
nettement	83	nouvelle construction	216	offenser	55	professionnelle	58
nettoyer	241, 251	Nouvelle-Zélande	217	office du tourisme	311	orienter s'	225
Neuchâtel	216	novembre	219	officiel/-le	223	original	225
neuf	217	noyau	296	offre	21	original/-e	225
neuf/neuve	216	noyeau/-x	176	offre d'emploi	296	origine	154, 333
neutre	217, 260	noyer se	110	offre spéciale	16, 286	orteil	377
neuvième	217	nu/-e	213	offrir	19, 68, 266	orthographe	248
neveu	215	nuage	372	oie	130	os	179
nez	214	nuageux/-euse	67	oignon	388	oser	312, 358
ni … ni	362	nuire	263	oiseau	351	ôter	363
nid	216	nuire à	132	olive	224	ou	67, 222
nid (d'oiseau)	351	nuit	213	ombre	264	où	371
Nidwald	217	nuitée	320	omelette	224	ou (bien) … ou (bien)	103
nièce	217	nulle part	218	on	200	ouate	361
nier	63, 195	numérique	84	oncle	224	oublier	339
niveau/-x	90, 218, 293, 301	numéro	219	onde	365	ouest	367
noces	158	numéro de téléphone	308	ongle	120, 213	oui	168
Noël	364	numéroter	219	onze	99	ours	46
nœud	179	nuque	213	opéra	224	outil	137, 367
noir/-e	276			opération	224	outil de travail	156
noix	220			opérer	224	ouvert/-e	223
nom	214, 218			opinion	203	ouverture	109, 223
nom de famille	116	**O**		opportun/-e	134	ouvre-boîte	74
nom (de famille)	213			opprimer	330	ouvre-bouteille	121
nombre	26, 376	oasis	222	optimiste	224	ouvrier/-ère	28
nombreux/-euse	376	obéir	123, 134	option	224	ouvrier/-ère du bâtiment	46
nommer	216	objectif	194, 222, 380	optique	224	ouvrir	33, 34, 223
non	216	objectif/-ve	222, 260	or	143	oval/-e	226
non valable	328	objet	133, 222	orage	140		
non-sens	329	obligation	233, 344	orageux/-euse	302		
nord	218	obligatoire	222	oral/-e	210		
normal/-e	218	obliger	388	oralement	210		
normalement	218	obscur/-e	88	orange	224		
norme	293	obscurité	88	orateur/-trice	248		
Norvège	219	observation	57	orchestre	46, 225		
Norvégien/-ne	219	observer	57	ordinaire	140		
norvégien/-ne	219	obstacle	156	ordinateur	77		

P

Pacifique	230
pacifique	127
page	280
page d'accueil	159
page Web	361
paiement	67, 376
paille	300
pain	73
pain d'épice	192
pain de mie	310
pair/-e	137
paire	228
paire de ciseaux	266
paisible	127
paix	127
palais	228
pâle	70
palmier	228
paner	228
panier	183
panique	228
panne	228
panneau/-x	267
panneau de circulation	341
pansement	232, 335
panser	336
pantalon	160
panure	228
papa	334
papeterie	228
papier	229
papier d'emballage	228
papier hygiénique	310
papier peint	305
papiers	42
papillon	271
papoter	276
paprika	229
Pâques	226
paquet	228, 263
par	36, 88, 237
par cœur	42
par contre	78, 156
par écrit	274
par exemple	54
par hasard	350, 382
par mois	209
par moments	378
par oral	210
paradis	229
paragraphe	11, 12
paraître	110, 265
parallèle	229
parapluie	249, 268
parasol	268, 287
paratonnerre	70
parc	229
parce que	82, 364
parcmètre	229
parcomètre	229
pardonner	338, 349
pareil/-le	142, 286
pareillement	90
parent/-e	348
parents	99
paresseux/-euse	116
parfait/-e	231
parfois	200
parfum	229
parier	310, 367
parking	229
parlement	229
parler	248, 291
parmi	329
paroi	359
parquer	229
parrain	143, 230
part	26, 301, 307
partager	307
partenaire	229
parti	229
participant/-e	307
participation	307
participe	229
participer	64, 307
particularité	62
particulier/-ère	62, 91, 289
partie	12, 229, 307
partiellement	307
partir	7, 10, 124, 362
partir (en voyage)	344
partout	318
pas	130, 274, 314
pas fiable	333
passage	12, 88
passager/-ère	115, 230, 356
passe	230
passé	338
passé composé	231
passe-temps	126, 158
passeport	230
passer	9, 12, 108, 230, 250, 264, 336, 338, 342, 352, 365, 377
passer l'aspirateur	294
passer la nuit	319
passer se	138, 230
passerelle (d'embarquement)	295
passif/-ve	230
passion	51, 193
passionnant/-e	288
pasteur	232
patate	174
pâte	307
pâté	230
pâte d'amandes	201
pâtes	219, 307
patience	132
patient/-e	230
patin (à glace)	270
patiner	270
patinoire	98
pâtisseries	130
patron/-ne	76, 370
patte	233
pause	230
pause de midi	207
pause-café	380
pauvre	29
payer	67, 197, 376
payer se	194
pays	189
pays d'origine	151
pays en voie de développement	104
pays natal	151
Pays-Bas	218
paysage	189
paysan/-ne	47
PC	230
peau/-x	151
pêche	120, 232
pêcher	120
pédagogique	228
pédale	231
peigne	173
peigner se	173
peindre	200, 299
peine	210, 271, 298
peintre	200
peinture	116, 135
peinture à l'eau	361
pelage	231
pêle-mêle	88
pelle	265
pellicules	275
pelouse	245
pelure	263
penché/-e	267
pencher	65, 215
pendant	359
pendant ce temps	330
pendant des années	168
pendre	150
pendulaire	231
pénible	26, 190, 210
pensée	132
penser	203
penser à	82
pensif/-ve	212
pension	231
pension alimentaire	330
pente	150
Pentecôte	232
pépin	176
percer	71
percevoir	359
percussions	269
perdant/-e	342
perdre	342
perdre se	338, 340
père	334
perforer	196
performance	194
performant/-e	90
périmé/-e	7
période	378
période de jeu	290
perle	231
permanent/-e	231, 293
permettre	108, 383
permettre se	194
permis (de conduire)	128
permission	108
perplexe	246
perroquet	228
perruque	231
persécuter	338
persil	231
persister	53
personnage	119
personnalité	231
personne	204, 218, 231
personnel	231
personnel/-le	91, 231
perspective	231
persuadé/-e	322
persuader	322
perte	343
pertinent/-e	252
perturber	298
peser	55, 369
petit/-e	137, 178
petit pain	73
petit pois	104
petit portable	216

petit-déjeuner	128, 209	pipe	232	pluriel	203, 235	pommes frites	236
petit-fils	101	pique-nique	233	plus	203, 235	pompe	240, 262
petite-fille	101	piquer	295	plus jeune	170	pompiers	119
peu	69, 366	piqûre	291, 296	plus possible	208	ponctualité	240
peu à peu	190	piscine	277	plus récent/-e	170	ponctuel/-le	240
peu aimable	327	piscine couverte	149	plus tard	288	pont	73
peu apprécié/-e	326	piste	234, 292	plus tôt	128	populaire	56
peu clair/-e	328	piste de luge	255	plusieurs	203	population	66
peu importe	90	pistolet	234	plusieurs fois	203	porc	277
peu pratique	328	pizza	234	plutôt	91	porcherie	293
peu sûr/-e	329	placard	273	pluvieux/-euse	250	port	148
peuple	351	place	234, 293	pneu	235, 250	portable	150, 214
peur	22, 273	place assise	284	poche	66, 160, 260	portail	311
peureux/-euse	22, 273	place de parc	229	podium	235, 283	porte	311, 316
peut-être	208, 350	placer	35, 97	poêle	223, 232	porte d'entrée	151
phare	195, 265	plafond	81	poème	132	porte-clés	270
pharmacie	27	plage	299	poète	83	porte-monnaie	236
pharmacien/-ne	27	plaie	373	poétesse	83	porte-parole	291
phase	233	plaindre de se	61	poids	55, 140	porter	312
phénomène	233	plaindre se	55	poignée	144	porter plainte	26
philosophe	233	plaine	90, 120	poil	148	portion	236
philosophie	233	plainte	177	poing	116	Portugal	236
photo	33, 124	plaire	132, 385	point	240, 296	poser	13, 157, 192, 282, 296
photo d'identité	230	plaisanter	266	point culminant	159	poser des questions	50
photocopieuse	124	plaisanterie	266, 288	point de vue	97	poser sa candidature	67
photographe	124	plaisir	136, 198, 288, 339	point fort	293	poser une question	125
photographier	124	plan	234	pointe	290	positif/-ve	236
phrase	262	plan de ville	292	pointer	254	position	188, 236
physicien/-ne	233	planche	73	pointu/-e	264, 290	posséder	62
physique	183, 233	planche à roulettes	285	pointure	144, 274	possession	61
physiquement	183	planète	234	poire	69	possibilité	208
pianiste	233	planification	234	poireau/-x	190	possible	208
piano	178	planifier	234	poirier	69	poste	236
piano à queue	122	planning	234	poison	141	poster	236
pièce	119, 246, 265, 301, 380	plante	232	poisse	230	pot	311
pièce de monnaie	210	planter	232, 282	poisson	120	pot d'échappement	39
pièce de rechange	109	planter se	13	poitrine	74	potentiel	236
pièce de théâtre	309	plaque	234, 267	poivre	232	poubelle	7, 210
pièce jointe	22	plastique	187, 234	poivron	229, 231	pouce	81, 381
pied	129	plat	137, 275	polar	185	poudre	240
piège	115	plat/-e	90, 120	pôle	235	poulailler	293
pierre	296	plate-forme	234, 245	poli/-e	159	poule	160
piéton/-ne	129	plateau	304	police	236	poulet	236
pigeon	306	plateau/-x	234	policier/-ère	236	poumon	198
piger	264, 347	plein/-e	351	polir	235	poupée	240
pile	46, 293	plein/-e d'assurance	280	politicien/-ne	235	pour	78, 129, 323, 381
pilote	233	plein/-e d'humour	160	politique	235	pour autant que	285, 286
piloter	296	pleurer	364	polluer	55	pour ça	78, 81
piment	231	pleuvoir	250	pollution (de l'environne-		pour cela	82
pince	266, 376	plier	68, 115	ment)	326	pour cent	239
pince à linge	361	plombs	282	Pologne	235	pour l'instant	352, 354, 383
pinceau	233	plonger	306	polonais/-e	236	pour la dernière fois	383
pioche	233	pluie	249	pommade	261	pour quoi	371
pion	290	plume	116	pomme	27	pour rien	325
		plupart du temps	203	pomme de terre	174	pourboire	314

P–Q

pourquoi	360, 367, 369	presse	237	professionnel	238	pub(-licité)	252
poursuivre	124, 338	pressé/-e	91	professionnel/-le	58, 238	puberté	240
poursuivre son chemin	365	pressentiment	16	professionnellement	58	public	223, 240
pourtant	78, 169	pressentir	16	profil	238	public/publique	223
pourvu que	158	presser	39, 237	profit	220	publicité	366
pousser	86, 266, 298, 358	pression	87	profiter	238	publier	344
poussière	294	prestidigitateur/-trice	377	profiter de	136, 220	puce	77, 121
poussiéreux/-euse	294	présumer	343	profond/-e	309	pudding	240
pouvoir	89, 140, 181, 200	prêt/-e	57	profondeur	309	puer	297
prairie	369	prétendre	53	programme	239	puis	79, 80
pratique	236	prétentieux/-euse	93	progrès	124	puisque	364
pré	369	prêter	38, 193	proie	66	puissance	200
précaire	329	prêter à se	91	projecteur	47, 265	puissant/-e	200
précaution	355	prétexte	39	projet	104, 239	puits	74
précieux/-euse	183, 367	preuve	66	projeter	234, 353	pull	240
précipiter se	302	prévision	238	prolonger	341	pull-over	240
précis/-e	113, 135, 177, 237	prévoir (de)	354	promenade	288	punaise	252, 360
prédateur	246	prévoir quelque chose	353	promener se	288	punir	63
préface	94	prier	64, 69	promesse	346	punition	298
préférer	66, 356	prière	131	promettre	346, 385	pupitre	240
préfixe	355	primaire	237	pronom	239	pur/-e	241, 251
préjugé	356	primitif/-ve	237, 333	prononcer	41	purée (de pommes	
premier/-ère	110, 333, 382	prince/-esse	237	prononciation	41	de terre)	174
premier plan	352	principe	237	pronostic	238, 309	puzzle	241
premier rôle	150	printemps	128	proposer	19	pyjama	241
première	237	priorité	352, 356	proposer (de)	355	pyramide	241
prendre	95, 116, 215	prise	66, 295	proposition	355		
prendre congé		prise (de courant)	86	propre	91, 262		
de quelqu'un	334	prison	132	propreté	262	**Q**	
prendre de l'essence	305	prisonnier/-ère	132, 148	propriétaire	62, 165, 343		
prendre en charge	64	privé/-e	237	propriété	61, 91	qu'est-ce que	360
prendre l'habitude de	140	prix	237	prospectus	239	qu'est-ce qui	360
prendre rendez-vous	9	pro	238	protection	276	quai	45
prendre rendez-vous		probabilité	359	protection de		qualification	242
avec quelqu'un	334	probable	343, 359	l'environnement	325	qualifié/-e	242
prendre une douche	89	probablement	343, 352,	protéger	60, 276	qualifier se	242
prendre une photo	124		359, 371	protéger de/contre	8	qualité	91, 242
prénom	354	problème	238	protéine	99	quand	18, 360
préoccuper	59	procéder	353	protestation	239	quand même	315
préparation	352, 381	procédure	239	protester (contre)	239	quantité	204, 242
préparer	352, 381	procès	239	prouver	66, 213	quarante	350
près	214	procès-verbal (PV)	239	province	239	quart	350
près de	53	processus	353	provisions	355	quart d'heure	350
présence	26	prochain/-e	213	provisoire	239	quartier	242, 283, 292
présent	133, 236	proche	214	provisoirement	354	quasiment	242
présent/-e	26	proche parent/-e	21	provoquer	252	quatre	350
présentateur/-trice	291	procurer	62	proximité	214	quatrième	350
présentation	237, 353	productif/-ve	238	prudemment	355	que	18, 80, 82, 84, 222
présenter	237, 353, 355	production	154, 238	prudence	355	quel/-le	365
présenter se	355	produire	238	prudent/-e	355	quelqu'un/-e	92, 169, 380
présenter ses excuses	103	produire se	230	prune	232	quelque chose	112
président/-e	237	produit	238, 360	pruneau	388	quelque part	167
présomption	343	produit d'entretien	241	psychique	240	quelques	94, 228
présomptueux/-euse	319	professeur/-e	192, 238	psychologique	240	question	125
presque	54, 116, 242	profession	58	psychologue	240		

questionnaire	125	ramper	185	réclamer	252, 341	rein	218
quetsche	388	randonnée	359	récolte	109	reine	181
queue	276	rang	245, 250	récolter	109	rejoindre	313
qui	80, 84, 366	rangé/-e	225	recommandation	100	réjoui/-e	105
qui convient	132	rangée	250	recommander	100	réjouir se	127
qui n'est pas ponctuel/-le	329	ranger	9, 34, 95, 383	récompense	56, 197	réjouissant/-e	105
qui prend beaucoup de temps	35	râper	250	reconnaissant/-e	79	relatif/-ve	252
		rapetisser	341	reconnaître	20, 107	relation	67
qui reste	323	rapide	245, 272	reconstruire	31	relations	324
quinze	129	rapidité	272	recopier	12	relativement	252, 340
quittance	243	rappeler	107	record	252	relaxer	11
quitter	341	rappeler se	107	récréation	230	relaxer se	11, 103
quitter se	313	rappeler quelqu'un	384	rectangle	247, 248, 350	relayer	9
quiz	243	rappeur/-euse	245	rectangulaire	350	relégation	13
quoi	360	rapport	67, 340, 386	rectification	183	relever	282
quoique	222	rapporter	384	reçu	243	relier	336
quotidien	18, 304	rapprocher se	214	recul	12, 256	religieux/-euse	252
quotidien/-ne	18, 304	rare	280	reculer	384, 385	religion	252
		rarement	280	récupérer	8, 106	remanier	318
		raser se	245	recycler	248	remarquable	37, 155
		rasoir	245	rédaction	34, 248	remarque	56
R		rassasié/-e	261	rédiger	274	remarquer	32, 56, 204, 249
		rassembler	386	réduction	108	rembourser	385
rabais	244	rassembler se	344	réduire	6, 341	remerciement	79
raccordement	24	rat	246	réduit/-e	248	remercier	48, 79
raccorder	24	rater	338, 344	réel/-le	91, 370	remettre	7, 318, 320, 345
raccourci	8	rattraper	32, 94	réellement	306	remise	244
raccrocher	33	ravi/-e	51	réfléchir	212, 319	remorquer	269
race	245	ravitaillement	344	refléter se	289	remplacer	41, 110, 348
racine	293, 374	rayé/-e	139	réflexion	319	remplir	37, 105, 128
raciste	245	rayer	299	réfrigérateur	186	remuer	257, 324
racler la gorge se	246	rayon	13, 244, 298	refroidissement	107	renard	128
raconter	58, 111	rayonnement	299	refuge	161	rencontre	51
radar	244	rayonner de joie	299	réfugié/-e	122	rencontrer	313
radiation	299	rayure	299	refus	11	rencontrer se	51
radical/-e	86, 244	réaction	247	refuser	349	rendez-vous	252, 308, 313, 334
radio	244	réagir	247	refuser (de)	9, 364		
radioactif/-ve	244	réaliser	88, 247, 349	régal	136	rendre	7, 153, 200, 384, 385
radis	244	réaliser se	97	regard	70	rendre se	105
rafraîchissant/-e	105	réaliste	247	regarder	24, 25, 64, 264, 325, 387	rendre visite	63
raide	296	réalité	247, 370			renforcement	346
raie	299	rebord	245	regarder la télé	118	renforcer	302, 346
rail	267	récapituler	386	région	131, 133, 249	renne	253
raisin	312	récemment	187, 217	régional/-e	249	renoncer	349
raison	38, 145, 209, 343, 346	récent/-e	216	réglage	97	renoncer à	362
raisonnable	343	réception	33, 99	règle	196, 202, 248	rénover	253
rajouter	93	recette	254	règle du jeu	290	renseignement	37
ralenti	378	recevoir	55, 106	règlement	355	renseigner se	107
rallonge	341	recherche	247, 302	réglementation	249	rentrée	256, 274
rallonger	341	recherche (scientifique)	124	régler	67, 97, 249, 296, 376	rentrer	98
ramasser	32	récif	255	régner	154, 249	renverser	302, 325, 345
rame	257	réciproque	133	regretter	48, 72	réparation	253
ramener	384	récit	112	régulier/-ère	248	réparer	121, 253
ramer	257	réciter	356	régulièrement	248	repas	112, 200
rampe	245	réclame	252	rehausser	106	repasser	75

répéter	368	résumer	386	riz	251	**S**	
répétition	237, 368	retard	257, 346	robe	178		
répondeur	24	retarder	349	robinet	148, 361	sa	163, 279
répondre	26, 48, 384	retenir	118, 204	robuste	255	sable	261
réponse	26	retenir se	384	rocher	117	sac	66, 260, 305
réponse négative	11	retirer	8, 153	rock	255	sac (en papier/plastique)	316
réponse positive	385	retirer se	385	rognon	218	sac à dos	256
reportage	58, 253	retoucher	318	roi	181	sac à main	150
reporter	253, 345	retour	256	rôle	255	sac de couchage	268
reposer se	39, 106	retourner	323, 366, 384	rôle principal	150	sac de voyage	251
reprendre	320	retraite	231, 253, 257	roman	256	sachet	66
représentant/-e	296	retraité/-e	253	roman policier	185	sachet de thé	307
représentation	32, 80, 356	retransmission	321	romantique	256	sacré/-e	151
représenter	80, 348	retravailler	318	rompre	72	sage	72
réprimer	330	rétroviseur	257	rond/-e	258	saigner	71
reproche	356	réunion	62, 285, 344	ronfler	271	sain/-e	139
reprocher	356	réunir se	344	ronger	214	saint/-e	151
reptile	253	réussi	105	rongeur	214	Saint-Sylvestre	283
république	253	réussir	63, 135, 263	rose	256	saisir	106, 116, 144, 228, 359
réputation	257	rêve	313	roter	258	saison	168, 260, 290
réputé/-e	59	réveil	362	rôti	72	salade	261
requérant/-e d'asile	30	réveillé/-e	358	rôtir	72	saladier	275
requête	139	réveiller	35, 362	roue	244	salaire	197
requin	148	réveiller se	35, 111	rouge	256	salarié/-e	28
réseau/-x	216	revendication	123	rouge à lèvres	196	sale	271
réservation	253	revendiquer	123, 252	rouille	256	salé/-e	261
réserver	74, 253	revenir	369, 384	rouleau	255	saleté	271
réserves	355	revenu	94	rouler	256	salle	260
résidu	257	rêver	313	roulette	244	salle à manger	112
résistance	368	réverbère	190	roulotte	372	salle d'attente	360
résistant/-e	376	réviser	368	rouquin/-e	256	salle de bains	45
résolu/-e	103	révision	368	rouspéter	268	salle de classe	177
résolution	33	revoir	369	route	256, 299	salle de gymnastique	316
résoudre	197	révolution	254	roux/rousse	256	salle de séjour	372
respect	253	revue	378	royaume	181, 250	salle de sport	291
respecter	15, 47, 93, 253	rez-de-chaussée	104, 229	ruban	45	salon	372
respectivement	67	Rhin	254	rude	246, 255	saluer	52, 145
respirer	30	rhume	107, 272	rue	299	Salut !	149
responsabilité	335	ricaner	144	rugir	74	salutation	52
responsable	65, 274, 335, 387	riche	250	rugueux/-euse	246	salutations	145
ressembler à	142	richesse	250	ruiner	258	samedi	261
ressentir	100, 292	rideau/-x	353	ruines	315	sandwich	261
ressort	116	ridicule	188	ruisseau/-x	44	sang	71
ressource	207, 253	rien	217	rumeur	137	sang-froid	116
restant/-e	323	rigoler	188	rural/-e	189	sanglier	369
restaurant	197, 254, 370	rigolo/-te	198	Russe	258	sans	223
restaurer	254	rime	251	russe	258	sans aucun doute	388
reste	253	rincer	292	Russie	258	sans connaissance	223
rester	70	ring	255	rythme	254, 304	sans défense	155
restituer	153	rire	188			sans doute	371
rires	134					sans espoir	158
restoroute	245	risque	255			sans fin	327
restreindre	96	risquer	358			sans importance	333
résultat	90, 106, 194, 254	rive	323				
résumé	386	rivière	122				

sans le vouloir	326	secret/-ète	133	sexe	138	soit … soit	103
sans scrupules	172	secrétaire	280	sexualité	282	soixante	278
sans travail	28	secteur	57, 72, 280	shampo(o)ing	282	soixante-dix	283
sans-abri	222	sécurité	282	short	282	sol	71
santé	139	séduisant/-e	30, 338	show	282	soldat/-e	286
sapin	305	sein	74	si	85, 115, 222, 273, 285, 366	soldes	41
satellite	261	seize	278			soleil	286
satisfaire	105	séjour	32	siècle	168	solidaire	286
satisfait/-e	382	sel	261	siège	284	solide	118, 292
sauce	262	self-service	280	siffler	232	soliste	286
saucisse	373	selle	262	sifflet	232	solitaire	95
saucisson	373	semaine	371	signal	283	solution	33, 198, 270
sauf	40	semaine de projet	239	signaler	26, 203	sombre	88, 89, 315
saumon	188	semaine verte	189	signature	332	sombrer	330, 345
saut	291	semblable	16	signe	296, 377	somme	64, 302
sauter	161, 291	semelle	286	signe de ponctuation	262	sommeil	268
sauter à la corde	279	semer	260	signer	332	sommet	141
sauterelle	155	semestre	281	signifier	48	somnolent/-e	268
sauvage	369	sens	48, 284, 387	silence	257, 297	son	163, 177, 279, 310
sauvegarder	282, 288	sensation	133	silencieux/-euse	193, 297	sondage	50, 324
sauver	254	sensé/-e	284	silhouette	119	songeur/-euse	212
sauver se	102	sensible	100	simple	92, 269, 328	sonner	179, 191
sauvetage	254	sentiment	133	simplifier	337	sonnette	178, 334
savoir	181, 370	sentir	255, 292	simultané/-e	142	sorte	287
savon	279	sentir se	128	sincère	34, 91	sortie	37
savourer	136	séparation	314	singe	15	sortir	37, 153, 156, 341
scandale	285	séparé/-e	140	singulier	284	sottise	242
scarabée	172	séparer	313	sinistre	89, 263	souci	287
scène	75, 303	séparer se	313	sinon	287	soucier de se	186
scie	260	sept	283	sirop	284	soudain/-e	235
science	370	septante	283	site	293	souffle	30
scientifique	370, 371	septembre	281	site Internet	166	souffler	70, 363
scier	260	septième	283	situation	188, 284	souffrance	193
scolaire	275	séré	242	situé/-e	134	souffrir	193
scooter	210, 256	série	281	six	278	souhait	373
scout/-e	231	sérieusement	109	sixième	278	souhaiter	373
sculpture	285	sérieux/-euse	109	skate (board)	285	soulever	151
se	92, 282	seringue	291	ski	285	soulier	274
se donner de la peine	56	serpent	269	slip	285, 331	souligner	64, 332
se donner du mal	26, 56	serré/-e	83	SMS	285	soupçon	337
se faire remarquer	32	serrer	27	sobre	219, 269	soupe	302
se ficher de quelqu'un	335	serrer dans ses bras	323	social/-e	287	souper	7
se mettre en route	31	serrure	270	société	138	soupirer	282
se réveiller trop tard	345	serveur	281	sœur	277	souple	68, 121
séance	353	serveur/-euse	175	soi-disant	21	source	243
seau/-x	91, 185	service	49, 84, 281, 294	soi-même	280	sourd/-e	134, 306
sec/sèche	314	serviette	150, 281	soie	279	sourire	188
sèche-cheveux	123	servir	34, 48, 84, 281	soif	89	souris	202
sécher	14, 276, 314	servir de se	26, 220	soigner	233	sous	329
sécher se	315	servir se	49	soigneusement	287	sous-marin	322
second cycle	280	set	262	soigneux/-euse	287	sous-sol	330
seconde	280	seul/-e	17, 95, 98	soin	232, 287	sous-vêtements	332
secouer	259, 276	seulement	110, 220	soir	6, 7	soustraction	302
secours	155, 254	sève	260	soi-disant	21	soutenir	97, 302, 337
secret	133	sévère	300	soirée	6, 230	soutien	332

soutien-gorge	75	sucre	382	suspect/-e	337	taxi	306
souvenir	107	sucré/-e	303	suspendre	289	te	83, 85
souvenir se	107	sucre en morceaux	373	syllabe	283	technicien/-ne	306
souvent	150, 223	sucrerie	303	symbole	303	technique	205, 306
soviétique	287	sud	302	symbolique	303	tee-shirt	315
spaghetti	287	Suède	277	sympathique	303	tel/-le	286
spécial/-e	289	suédois/-e	277	symptôme	303	télécharger	155
spécialiste	114, 289	suer	278	syntaxe	262	téléphone	307
spécialité	289	sueur	277	systématique	303	téléphoner	24, 307
spectacle	335	suffire	136, 250	système	303	télévision	118
spectateur/-trice	386	suffisamment	136	système d'exploitation	65	témoignage	40
sperme	261	suffisant/-e	136			témoin	379
sponsor	290	suicide	280			température	308
spontané/-e	290	Suisse	277			tempête	301
spontanément	290	suisse	277	**T**		tempo	308
sport	290	Suisse romande	367			temporaire	239, 356
sportif/-ve	291	suisse-allemand	277	ta	81	temps	367, 377
sports d'hiver	370	Suissesse	277	tabac	304	temps de travail	28
sports nautiques	361	suite	124	table	310	temps libre	126
spot publicitaire	366	suivre	47, 123	tableau	304	tendance	313
spray pour cheveux	148	sujet	298, 309	tableau (noir)	360	tendre	288, 376, 377
squelette	285	super	237	tableau/-x	68, 135	tenir	149
stable	292	super	302	tablette numérique	304	tenir compte de	47, 58
stade	292	superbe	154, 236, 373	tabou	304	tennis	308, 316
stage	236	superficie	120	tache	121	tension	288
stagiaire	236	superficiel/-le	222	tâche	32	tentative	347
stand	293	superflu/-e	318	tact	304	tente	378
star	293	supérieur/-e	222, 319	taille	144, 178, 183, 272	tenter	252
station	294	supermarché	302	taillé/-e	290	terme	52
station-service	305	suppléant/-e	296	taille-crayon	290	terminé/-e	118
stationner	229	supplémentaire	386	tailler	272, 290	terminer	11, 49, 269
statistique	294	supporter	22, 37, 110,	tailleur/-euse	272	terminer se	100
statue	294		321, 341, 347	taire se	277	terminus	100
steak	295	supposer	23, 343	talent	51, 305	terrain	134, 145, 234
stock	188	supposition	23, 343	talon	11, 118	terrain (de camping)	76
stocker	189	supprimer	32, 61	tambour	315	terrain de football	129
stopper	22, 149, 298	sur	31	tampon	296, 305	terrain de sport	291
stratégie	299	sûr/-e	282	tant que	286	terrasse	308
stratégique	299	sûr/-e de soi	280	tante	305	terre	104
stress	300	sur le plan de		taper	310	terreur	308
structure	300	l'organisation	225	tapis	308	terrible	129, 270,
structurer	301	surface	120, 222	taquiner	215		273, 328, 359
studieux/-euse	121	surfer	302	tard	288	territoire	131
studio	301	surgelé/-e	309	tardif/-ve	288	terrorisme	308
stupéfiant	246	surmonter	321, 322	tarif	131	terroriste	308
stupide	70, 88	surpasser	322	tarte	185	test	240, 308
style	297	surprenant/-e	110, 320	tarte aux fruits	222	testament	308
stylo	186	surprendre	320	tartine	75	tester	239, 308
suave	303	surprise	320	tas	150, 293	tête	182, 263, 290
subir	108	surtout	165, 352	tasse	305	téter	262
subjectif/-ve	302	surveiller	48, 66, 322	tatouage	306	texte	309
substantiel/-le	106	survivre	319	taureau/-x	297	texto	285
succès	105	survivre à	321	taux	246	thé	307
successeur	212	susceptible	100	taux d'ozone	226	théâtre	309
succursale	119	susciter	362	taxe	131	thème	210, 309

théorème	262	tour de magie	377	transformation	323	tunnel	316
théorie	309	tourisme	311	transformer	348	turc	316
théorique	309	touriste	311	transmettre	321, 365	Turquie	316
théoriquement	309	touristique	311	transpiration	277	tuyau/-x	255, 269, 309
thérapeute	309	tourné/-e	262	transpirer	278	type	316
thérapie	309	tourne-disque	234	transport	312	typique	316
thermomètre	309	tournée	312	transporter	312		
thon	309	tourner	6, 86, 366	travail/-aux	28, 169		
ticket	309	tournevis	273	travail/-aux manuel/-s	46,	**U**	
tiède	191	tournoi	316		149		
tiers	87	tous	17	travailler	28, 48, 169, 318		
tigre	309	tousser	161	travailler ensemble	386	UE	113
timbre	73, 201	tout	18	travailleur/-euse	28, 121	un	92
timide	274	tout/-e	130	traverser	320	un/-e	95
tinter	179	tout/-e seul/-e	280	trébucher	298	un/-e sur l'autre	32
tique	377	tout à coup	235	treize	87	un à côté de l'autre	215
tir	275	tout à l'heure	354	tremblement de terre	104	un à un	98
tirer	251, 267, 379	tout au plus	158	trembler	380	unanime	97
tireur/-euse	276	tout aussi	136	trempé/-e	214	une	92, 269
tiroir	274	tout bas	193	trente	87	une fois	94
tissu	298	tout d'abord	383	très	279	uniforme	93, 328
titre	310	tout de même	163, 315	trésor	264	unique	94, 98
tituber	298	tout de suite	286	tresse	381	univers	17, 328
titulaire	165	tout droit	137	triangle	86	universel/-le	366
toboggan	259	tout le temps	81	tribu	293	université	328
toi	87	toutefois	18	tribunal/-aux	137	urbain/-e	292
toi-même	280	toutes	17	tricher	65, 115, 275	urgence	219
toile d'araignée	290	toutes les semaines	371	tricheur/-euse	65	urgent/-e	87
toilettes	310, 361	toux	161	tricoter	300	USA	333
toit	78	toxique	141	trier	313	usage	72, 131
tolérant/-e	310	trace	292	trimestre	242	usager/-ère	57
tomate	310	tracer	379	triompher	283	usé/-e	8, 301
tombe	143	tracteur	312	triste	313	usine	114, 366
tomber	115, 284, 302, 324	tradition	312	trois	86	ustensile	137
tomber amoureux/		traducteur/-trice	321	troisième	87	utile	220
-euse de	342	traduction	321	trompe	258	utilisateur/-trice	57, 220
ton	81, 310	traduire	321	tromper	319	utilisation	26
tonne	311	tragique	312	tromper se	167, 306	utiliser	26, 56, 220, 349
tonneau	311	trahir	344	tromperie	306		
tonnerre	85	train	45, 99, 382	trompette	315		
tordre	68	(train) régional	262	tronc	293		
torse	222	train de banlieue	262	trop	381		
tort	329	traîneau	270	trottoir	315		
tortue	267	traîner	154, 269, 315	trou	196, 198		
torturer	242	trait	300	trouble	298, 315		
tôt	127	(trait de) caractère	91	troupeau/-x	153		
total/-e	12, 311, 351	traitement	53	trouver	120, 153		
totalement	351	traitement des données	80	trouver se	50, 195		
touche	306	traiter	48, 52	truc	84, 314		
toucher	21, 59, 313	trajet	115, 299	truite	123		
toujours	163	tram	312	tu	87		
tour	250, 258, 290, 316, 324	tranchant/-e	264	tube	158, 268, 315		
tour à tour	14	tranche	265	tuer	311, 323		
tour d'adresse	187	trancher	272	tuile	379		
tour de force	187	tranquille	257	tulipe	316		

V

vacances	118
vacances d'été	286
vacances scolaires	275
vacancier/-ère	333
vacciner	163
vache	135, 186
vague	327, 365
vain/-e	338
vaincre	61, 322
vainqueur	140, 283
vaisselle	138
valable	145
valeur	367
valise	180
vallée	304
valoir la peine	197
vanille	334
vanter se	21
vapeur	79
variante	334
varié/-e	14
vase	334
veau/-x	172
vedette	293
végétarien/-ne	334
véhicule	115
veiller à quelque chose	287
vélo	244, 334
vélomoteur	209, 310
vendange	312, 364
vendeur/-euse	340
vendre	340
vendredi	126
vengeance	244
venger se	244
venimeux/-euse	141
venin	141
venir	180
venir à l'esprit	92
venir chercher	8
venir de	293
vent	369
vente	340
venteux/-euse	369
ventre	46
ver	373
verbe	335
verglas	142
vérifier	239, 320
véritable	90, 91
vérité	359
vernis	188
vernis à ongles	213
verre	141
verrouiller	289
vers	102, 212
verser	96, 141
version	116, 346
vert/-e	145
vertical/-e	281
vertigineux/-euse	278
vessie	70
veste	168
vestiaire	130
vêtements	178
veuf/veuve	371
viande	121
viande de bœuf	255
viande de porc	277
viande de veau	172
victime	224
victoire	283
vide	192
vidéo	350
vider	38, 192
vie	191
Viège	351
vieillard	144
vieille femme	144
vieillesse	18
vieux/vieil/vieille	18
vif/-ve	151, 192
villa	351
village	86
ville	292
vin	364
vin rouge	256
vinaigre	112
vingt	387
violence	140
violent/-e	74, 151, 369
violet/-te	351
violon	134, 351
virage	187
virelangue	383
virer	322
virgule	180
viril/-e	201
virtuel/-le	351
virus	351
vis	273
vis-à-vis	133
visa	351
visage	138
viser	380
visibilité	282
visible	107, 283
visiblement	223
visite	61, 63
visite guidée	128
visiter	61, 63
visiteur/-euse	63
visuel/-le	224
vitamine	351
vite	272
vitesse	130, 138, 272, 308
vitesse maximale	158
vitre	118, 265
vitrine	265
vivant/-e	191
vivre	108, 191
vocabulaire	372
vœu	373
voie	142, 292
voile	269, 278
voir	279
voir quelque chose	25
voisin/-e	212
voiture	42, 358
voix	297
vol	84, 122
vol-au-vent	230
volaille	132
volant	194
voler	121, 295
volet	117
voleur/-euse	84, 246
volley-ball	351
volontaire	126
volonté	369
volontiers	137
voltage	288
volume	351
vomir	104, 318
vote	13
voter	13, 358
votre	113
vouloir	208, 372
vouloir dire	48, 152, 203
vous	92, 113, 162, 163, 283
vous-mêmes	280
voyage	251
voyager	251
voyageur/-euse	251
vrai/-e	359
vrai/-e	90
vraiment	273, 306, 370
vraisemblable	359
vraisemblance	359
vue	25, 41, 282
vue d'ensemble	318

W

W.-C.	361
wagon	358
wagon-lit	268
webcam	361
week-end	371

Y

y	79, 81
y (être)	78
yaourt	170
yeux	35
yogourt	170

Z

zéro	219
zone	381
zoo	381

INDEX ENGLISH

A

a	92	action	16, 150, 306	aggressive	16	and	326
a couple	228	active	16, 192	agitation	34	angel	101
a few	228	activity	16, 59, 306	agree	9, 12, 337, 385, 387	anger	29, 374
a little	69	actor	265	agreed	98	angle	369
a lot	350	actress	265	agreement	94	angry	72, 262, 335, 374
a short while ago	285, 354	actually	91	agriculture	189	animal	309
Aargau	6	acute	290	ahead	354	animated	192
abbreviation	8	adapt	23	aid	156	animated cartoon	314
abide by	93	add	22, 93, 158, 382	aim	380	announce	23
ability	114	add up	386	aim at	380	announcement	88, 204
about	112, 327	addicted	302	air	198	annoy	29, 216
about it	80	addition	15	air mattress	198	annoyance	29
above	222, 318	additional	386	aircraft	122	annoyed	335
above all	165, 352	address	15	airport	122	annoying	29, 190
above it/them	80	adequate	136	alarm	17	annual	168
abroad	38	adjective	15	alarm clock	362	answer	10, 26, 48
absence	14	adjust	23, 97	album	17	answering machine	24
absent	14	adjustment	97	alcohol	17	ant	18
absent-minded	379	admire	67	alert	33	anxiety	22
absolute	12	admission	33, 98, 387	alien	41	anxious	22
absolutely	326	admit	33, 95, 139, 382, 383	alive	191	any	56, 167
abstain	102	admittance	382	all	17, 18	any time	167
abundant	250	adolescent	170	all the time	81	anyhow	167
academic	275	adult	111	allow	108	anywhere	167
accelerate	60	advance	355	allowance	305	apartment	372
accent	17	advance sale	356	almost	54, 116, 179	apartment block	70
accept	17, 23, 157, 320, 385	advantage	356	alone	17	ape	15
acceptance	385	Advent	15	along	102	apologise	103
access	382, 387	adventure	7	alongside	79	apparatus	27
accident	327, 328	adverb	15	alphabet	18	apparent	223
accommodate	330	adversary	133	Alps	18	apparently	24, 223, 265
accommodation	242, 320, 331	advertise	366	already	57, 273	appeal	252
accompany	51	advertisement	165, 252	also	31, 90	appeal to or suit someone	385
accomplish	108	advertising	366	alteration	323	appear	40, 110, 265, 370
according to	212	advice	57, 245	alternately	14	appearance	265
accordion	16	advise	57, 246	alternative	18	Appenzell Ausserrhoden	27
account	10, 182	adviser	57, 65	although	78, 222, 387	Appenzell Innerrhoden	27
accumulate	20	advocate	347	altitude	159	appetite	27
accurate	135, 254	affectionate	377	aluminium	18	appetizer	355
accusation	356	affix	50	aluminum	18	applaud	28, 178
accuse	60, 356	afford	194	always	163	applause	28
achieve	109, 193, 349	afraid	22	amazed	110	apple	27
achievement	194	Africa	15	amazing	110	appliance	27, 137
acid	262	African	15	ambience	297	applicant	67
acidic	262	after	212	ambulance	18, 184, 254	application	26, 67
acknowledge	20	after all	163, 270	America	19	apply	26, 135
acquaintance	54	afternoon	213	American	19	apply for	67
acquaintanceship	54	afternoon break	387	amid	208	apply to	67
acrobat	16	afterwards	79, 80, 212	among	208, 329	appointment	291, 308, 334
across	243	again	368	among each other	330	appreciate	264
across from	133	against	102, 133	amount	64	apprentice	192, 297
act	149	against it	78	ample	250	apprenticeship	192
		age	10	amusing	198	approach	214
		agenda	16	an	92	appropriate	132
		agent	16	anchor	23		

approximate	144, 258	assert	89	August	36	bank note	134
approximately	112, 327	assess	65	aunt	305	bankrupt	235
apricot	28	assessment	66	Australia	41	bar	46, 197
April	28	asset	207	Austria	226	barbecue	144
arch	71	assets	343	Austrian	226	bare	213
architect	29	assign	338	authentic	90	bark	56, 255
area	57, 120, 131, 133	assignment	32	author	43	barn	293
area code	356	assist	152	authorisation	108	Basel	46
argue	300	assistant	152	automatic	43	basement	175, 330
argument	29, 300	associate	336	autonomous	280	basic	92, 145
arm	29	association	335, 337	autumn	153	basically	91
armament	258	assume	23, 320	available	106, 338, 353	basis	145
armchair	281	assumption	23, 343	avenge	244	basket	183
armed	66	assurance	345	average	89, 208, 272	bath	44
armour	258	astronaut	30	avoid	324, 340, 343	bath tub	45
army	29	asylum seeker	30	awake	358	bathroom	45
around	112, 323, 327	at	19, 31, 53, 323, 381	awaken	362	battery	46
arrange	12, 95, 254, 337	at all	319	aware	67	battery charger	188
arrange a date or		at any time	169	awful	129	battle	268
an appointment		at last	100, 270	axel	14	be	53, 279
with someone	334	at least	206, 366	axis	14	be (a member of)	21
arrange to meet		at midday	207			be able	181
(with) someone	334	at most	158			be adequate	136
arrangement	94	at night	213			be afraid	129
arrears	257	at noon	207	**B**		be allowed	89
arrest	119, 339	at noontime	207			be amazed	295
arrive	23, 97	at that time	78	baby	44, 262	be ashamed	264
arrogant	319	at the back	157	babysitter	44	be born	131
arrow	232	at the bottom	329	back	256, 384	be called	152
art	187	at the latest	288	back light	256	be careful	34
article	29, 54	at the same time	142	back up	346	be committed	97
artificial	187	at the time	169	background	157	be composed of	386
artist	187	at times	378	backpack	256	be correct	297
artistic	187	atelier	30	backwards	257	be enough	250
artwork	187	athletic	291	bacon	288	be fast	353
as	18	Atlantic	30	bad	72, 269, 270	be friends	50
as long as	286	atmosphere	297	bad dream	17	be furious	310
as of	6	atom	30	bad luck	230	be happy	127
as possible	208	atom bomb	30	bag	66, 260, 305, 316	be in command of	53
as soon as	285	atomic energy	30	baguette	45	be late	346
as well	90	atrocious	266	bake	44	be located	50
ascent	35	attach	22, 50, 69	baked goods	130	be missing (or absent)	117
ascertain	119	attachment	22, 69	baker	44	be mistaken	167, 306
ash	29	attack	22, 24	bakery	44	be on fire	73
Asia	30	attempt	347	balance	37, 142	be pleased	127
Asian	30	attention	33	balcony	45	be quiet	277
ask	69, 107, 125	attentive	33	ball	45, 185	be responsible	274
ask for	123	attic	112	balloon	45	be sick	318
ask questions	7	attitude	97	ballpoint pen	186	be situated	195
aspect	280	attorney-at-law	248	ban	336	be sorry	193
assassin	209	attract	27, 197	banana	45	be suitable	91
assassinate	109	attract attention	32	band	46	be surprised	373
assassination	209	attraction	30	bandage	232, 335, 336	be to blame	274
assault	318	attractive	30	bang	179	be valid	135
assemble	31, 344	audience	240, 382	bank	46, 323	be worth it	197

be wrong	167	better	62	bookshop	74	bring along	206
beach	299	between	388	bookstore	74	bring back	384
beak	271	beyond	40, 169	boot	180, 297	British	73
beam	299	bible	68	border	144	broad	73
beamer	47	bicycle	115, 244, 334	boring	190	broadcast	281, 321
bean	71	big	144, 364	borrow	38, 193	brochure	115
bear	37, 46, 341	bike	115, 224, 334	boss	76	broke	235
beard	46	bikini	68	both	53	broken	174
beast	309	bilingual	388	both … and …	287	brook	44
beat	268, 322	bill	247, 265	bother	298	broom	61
beat up	240	billion	205	bottle	121	brother	74
beautiful	273, 373	bind	69	bottle opener	121	brother-in-law	276
beauty	273	binding	69	boundary	144	brothers and sisters	138
because	82, 364	biological	69	bouquet	71	brown	72
because of	362	biology	69	boutique	188	brush	75, 233
become	366	bird	351	bow	65, 71	brutal	74
bed	65	bird's nest	351	bowl	263, 275	bubble	70
bed sheet	65	birth	131	box	114, 177, 263	bucket	91, 185
bedbug	360	birthday	131	boy	170, 179	buffet	75
bedroom	268	birthday party	131	boyfriend	127	bug	360
bee	68	bite	54, 295, 296	bra	75	build	47
beef	255	bitter	70	bracelet	29	build (up)	31
beer	68	black	276	braid	381	building	46, 131
beetle	172	black ice	142	brain	134	building site	47
before	66, 81, 352, 354	black-haired	276	brake	73	bulb	69
before noon	354	blackboard	360	branch	30, 119, 388	bull	297
beg	69	bladder	70	brand	201	bullet	185
beggar	65	blame	274	brassiere	75	bump	65
begin	20, 51	bleed	71	brave	211, 305	burden	55
beginner	20	blind	70	bravery	211	burglar	92, 246
beginning	20, 51	blindfold	336	brawl	268	burn	73, 336
beginning of term	274	block	289	Brazil	72	burp	258
behave	56, 339	blonde	70	bread	73, 228	burst	234
behaviour	339	blood	71	bread for toasting	310	bury	49, 52
behind	78, 157	blossom	71	bread roll	73	bus	75
belch	258	blouse	71	breadcrumbs	228	bush	75
Belgian	55, 56	blow	70, 268, 363	break	72, 174, 230, 378	business	21, 137
Belgium	55	blow up	31	break (in)	96	business card	351
belief	142	blue	70	break off	6	business person	331
believe	142, 203	blueberry	151	break open	31	busy	59
believe someone is capable of something	387	blunt	301	break up	33	busy oneself with	59
bell	142, 178, 334	blurred	328	break-in	92	but	7, 40, 78, 85, 156, 286
belong	21, 134	board	73, 97, 304	breakdown	228	butcher	205
below	329	boast	21	breakfast	128, 209	butter	75
belt	146	boat	71, 267	breast	74	buttered bread	75
bench	46	bobsled	71	breath	30	butterfly	271
bend	65, 68	body	183, 193	breathe	30	button	179
bendable	68	bold	119	breed	245, 381	buy	94, 175
benefit	140, 220, 238, 356	bomb	71	brick	379	buyer	175
Bern	58	bond	69	bride	72	by	88, 164
beside	215	bone	179	bridge	73	by chance	382
besides	215	book	74, 253	bridegroom	72	by comparison	78
bet	310, 367	bookbag	275	briefs	285	by heart	42
betray	344	booking	253	brilliant	136, 141	by the way	323
		bookshelf	74	bring	73	by way of exception	38

C

cabbage	180	carer	65	champion	76, 203	chorus	77
cabin	161, 172	care for	64, 233	championship	203	Christmas	364
cable	172, 279	career advice	58	chance	14, 20, 76, 382	church	177
café	76	careful	287, 355	change	14, 20, 306, 325, 334, 361, 362	cigar	380
cage	172	careless	333			cigarette	380
cake	185, 311	caress	299	change a diaper	368	cigarette lighter	119
calculate	39, 57, 247	carpenter	274	change a nappy	368	cinema	177
calculation	247	carpet	308	change gear	264	circle	184
calculator	305	carriage	358	channel	173	circulation	185
calendar	172	carrot	174	chapter	173	circumference	324
calf	172	carry	312	character	76, 119	circus	380
call	24, 257, 307	carry out	88	characteristic	204	circus tent	380
call (up)	24	carton	263, 316	charge	55, 188	citizen	75
call back	384	case	112, 115	charm	252	city	145, 292
caller	24	cash	46, 180	chase	168, 338	city centre	165
calm	257, 297	cash register	174	chase off or away	348	city map	292
calm (down)	58, 59	casual	190	chat	235, 276	claim	53
camel	172	castle	75, 270	chat online	76	clap	28, 178
camera	124, 172	cat	175	chat with	330	clarification	33
camomille	172	catalogue	174	chauffeur	115	clarify	177
camp	188	catastrophe	174	cheap	69, 146, 237	class	177, 266, 331
camp site	76	catch	111, 116	cheat	65, 115, 275	classic	177
camping	76	catch up	32, 94	check	182, 239, 240, 247, 320	classical	177
camp	378	categoric	103			classification	384
can	86, 181, 182	cathedral	174	cheek	44, 360	classify	95, 383
can opener	74	cattle	255	cheerful	127, 152	classroom	177
Canada	173	catwalk	295	cheese	174	clause	262
Canadian	173	cause	24, 38, 333, 348	chef	179	claw	184, 266
cancel	6, 11, 32, 103	caution	355	chemical	76	clay	310
cancellation	11	cautious	355	chemist	27	clean	241, 251, 262
candid	34	cave	159	chemistry	76	clean (up)	34
candidate	173	CD player	76	cherry	177	cleaning agent	241
candle	176	CD-ROM (CD)	76	chess	263	cleanliness	262
candy	71	ceiling	81	chest	74	clear	10, 92, 177
cane	297	celebrate	117	chew	175, 214	clear one's throat	246
cannon	173	celebration	117, 118	chewing gum	175	clear out	33
canteen	173	cell	378	chic	266	clear something away	363
canton	173	cell phone	150, 214	chicken	160, 236	clearance sale	41
cap	211	cellar	175	child/children	176	clearly	83
capable	114	cemetery	127	childhood	176	clever	179
capable of something	387	censor	330	children's rights	176	click	178
capital	150	cent	76, 245	chimney	172	client	186
capsicum	229	centimetre	378	chimp	267	cliff	117
captain	173	central	378	chimpanzee	267	climate	178
capture	109	centre	207, 208, 378	chin	176	climax	159
car	42, 358	century	168	China	76	climb	25, 178, 296
car park	229	cereal	139	Chinese	77	clinic	179
caravan	372	certain	92, 282	chip	77	cloakroom	130
carbon	180	certainly	18, 63	chips	236	clock	323
carbonated	180	chain	176	chive	272	close	33, 101, 214, 269, 289, 383
cardboard	174	chair	301	chocolate	273		
care	232, 287	chaise longue	195	choice	41, 358	closed	138
		chalet	76	choir	77	closing time	117
		chalk	184	choose	41, 42, 358	clothes	178
		challenge	153	chop	378	clothes hanger	178

clothes iron	75	comic	77	conductor	85	contribution	54
clothes peg	361	comma	180	conference	181	control	182
clothespin	361	command	50	confidence	348	convenient	57
clothing	178	comment	56, 180	confident	387	conversation	139
cloud	372	comment (on)	180	confirm	62	conviction	322
cloudy	67, 315	commercial	366	conflict	36, 181	convince	320
clown	77	commission	180	confuse	348	convinced	322
club	179, 337	commissioner	180	confused	349	cook	179
clumsy	327	commit	51, 101	confusing	328	cooker	153
coal	180	common	140	confusion	88	cool	186, 310
coarse	144	communicate	207	congratulate	52, 143	cooperate	386
coast	187	communication	180, 207, 346	congratulations	143	cooperation	385
coat	201	commuter	231	conjuring trick	377	coordinate	13
coat hanger	178	compact disc (CD)	77	conjuror	377	cope with	341
coat in breadcrumbs	228	companion	52	connect	24, 336	copy	183, 212
cockerel	148	company	65, 120, 138, 331	connection	24, 336, 386	copy (down)	12
cocoa	172	compare	339	conquer	109	cordial	155
coerce	388	comparison	339	conscience	140	core	176
coercion	387	compartment	114	conscious	67	cork	183, 376
coffee	172	compass	180, 380	consent	385	corn	200
coffee machine	172	compensation	37	consequence	123, 182	corner	90, 369
coffee with milk	205	competence	181	conservative	182	corporation	331
coffin	261	competition	181, 367	consider	58, 64, 319	corpse	193
cog	244	competitor	181	considerable	106, 367	correct	183, 254, 335
coin	210	compile	386	consideration	257, 319	correction	183, 335
coins	178	complain	55, 61, 252, 268	consignment	180	corresponding	103
cola	77	complaint	177	consistent	182	corridor	130
cold	107, 127, 172, 272	complete	37, 88, 105, 181, 351	console	315	cost	35, 183
cold cuts	34	completed	118	constant	293, 333	costly	35
cold-blooded	172	complex	35	constitute	68	costs	37, 183
coldness	172	complicated	181, 325	construct	31	costume	183
collar	184	comply	212	construction	46, 182	cotton	47, 361
colleague	180	composer	181	construction site	47	cotton wool	361
collect	8, 261	composition	386	construction worker	46	cough	161
collection	261	composure	116	consultant	57	count	376
collector	261	comprehend	52	consultation	57, 291	counter	264
college	146	comprehension	346	consumer	182, 336	country	189
colloquial language	324	comprehensive	37, 324	consumption	182	countryside	189
colour	116	compromise	181	contact	59, 182, 204, 336	couple	90, 228
coloured pencil	116	compulsory	222	contain	54, 102	courage	211
colourful	75	computer	77	contemplative	212	courageous	211
column	262, 287	computer equipment	77	content	165, 382	course	187, 341
comb	173	conceited	93	contest	63, 367	court	137
combat	54	concentrate	182	context	386	cousin	77
combination	336	concentration	182	continent	182	cover	67, 81
come	180	concept	52	continuation	124	covered car park	229
come back	369, 384	concern	59, 64, 287	continue	124, 365	cow	186
come by	352	concern oneself with	59	continuos	191	cowardly	117
come down	154	concerned	62	continuous	293	crack	291
come from	293	concert	182	contraceptive	340	cradle	369
come in	97, 154	conclude	11	contract	347	craftsman	150
come out	153	conclusion	11, 270	contradict	368	crash	13
comedy	180	condemn	348	contradiction	368	crawl	185, 269
comfort	315	condition	49, 352, 387	contrary	102	crayon	297
comfortable	57, 135			contribute	54	crazy	55, 344, 359

cream	77, 244, 260	cursed	338	deadly	310	departure	7, 10, 293
create	263	cursor	77	deaf	134, 306	depend on	8
creative	184	curtain	353	deal with	149	dependent	8
creativity	184	curve	187	dealer	149	depict	80
credit	184	cushion	177	dealings	324	depiction	80
credit card	184	custom	72	dear	132	deposit	192, 232
creepy	328	customer	175, 186	death	310	depth	309
crêpe	77	customs	381	debate	85	deputy	296
crevice	287	cut	272	debt	274	descend	154, 157
crime	306, 336	cut (off)	12	debts	275	descent	7, 13
crime scene	306	cut classes	276	deceased	311	describe	60, 108, 267
crime thriller	185	cut off	313	December	83	description	60, 267
criminal	336	cut out	40	deception	306	desert	374
crisis	185	cute	155, 218, 303	decide	60, 63, 102	deserve	337
crispy	179	cutlet	183	decided	103	design	82, 139
criteria	185	CV	191	decision	60, 103	designate	67
criterion	185	cycle	185	deckchair	195	designation	67
critical	185	cyclist	244	declare	350	desire	198, 373
criticise	185	cylinder	389	decline	256	desk	240, 274
criticism	185			decrease	10, 256	despair	350
crocodile	185			deduce	269	desperation	350
croissant	141	**D**		deduct	14	despite	315
crooked	267, 273			deed	306, 333	dessert	83
cross	185	daily	304	deep	309	destination	251
cross (over)	320	daily newspaper	304	deep-frozen	309	destroy	72, 343, 379
cross out	89	daily routine	18	deer	250	destruction	379
cross-section	243	damage	59, 174, 258, 263	defeat	61, 217	detail	83, 98
crowd	204	damned	338	defect	201	detailed	37
crown	185	damp	119	defend	347, 363	detective story	185
cruel	144	dance	305	defender	347	detergent	241, 361
crunchy	179	dancer	305	define	81	determine	63, 108
crush	378	dandruff	275	definitely	63	detour	324, 325
crust	255	Dane	79	definition	81	develop	103
cry	273, 274, 364	danger	132	definitive	81, 100	developing country	104
cube	373	dangerous	132	degree	143, 202	development	104
cucumber	146	Danish	79	delay	346, 349	deviation	324
cuddle	271	dare	312, 358	delete	197, 299	device	27, 137
cuisine	185	dark	88, 89	deliberate	67	devil	308
cul-de-sac	260	darkness	88	delicious	183	diagonal	273
cultivate	19, 379, 381	darling	264	deliver	195	dial	358
cultural	186	data	80	delivery	195	dialling code	356
culture	68, 186	data processing	80	demand	123, 212, 341	dialogue	83
cup	235, 305	date	80, 252, 308, 334	democracy	82	diameter	88
cupboard	273	date of birth	131	democratic	82	diary	16, 304
curd	242	daughter	310	demonstrate	66, 82, 213, 353, 354	dice	373
curd cheese	242	dawdle	315	demonstration	82, 353	dictation	84
cure	151	day	304	Denmark	79	dictionary	372
curiosity	216	day after tomorrow	319	dense	83	die	296
curious	139, 204, 216	day before yesterday	353	dent	65	diet	109
curl	197	day ticket	304	dentist	376	difference	84, 332
currency	359	dead	311	deny	63, 195, 349	different	20, 332, 345
current	16, 191, 300	dead person	311	depart	7, 10, 362	difficult	26, 210, 277
currently	385	dead-end	260	department	13	difficulty	277
curriculum vitae	191	deadline	127, 308	department store	360	dig	143
curse	122					digest	337

digit	376, 380	do	108, 200, 316, 331	dry	14, 314, 315	effective	90, 370
digital	84	do arithmetic	247	duck	101	efficient	90
diligence	287	do gymnastics	316	dull	301	effort	26, 35, 96, 210
dilute	337	do well/poorly	12	dumb	70	egg	91
dining room	112	doctor	29	duration	80	egg white	99
dinner	7	document	85	during	359	egg yolk	91
diploma	11, 84	documentation	164, 331	dust	294	eight	15
direct	85, 254	dog	160	dustbin	210	eighth	15
direction	254	doll	240	dusty	294	either … or	103
director	85, 249	dominate	85	Dutch	159	elbow	99
directory	307	donate	289	Dutch woman	159	elect	358
dirt	271	donation	289	Dutchman	159	election	358
dirty	271	done	108	duty	233	election campaign	358
disability	53	donkey	112	DVD	89	elective course	358
disabled	53	door	316	DVD player	89	electric	99
disabled person	53	doorbell	178	dwarf	388	electricity	99, 300
disadvantage	213	dope	246			electronic	99
disappear	345	double	86, 337			elegant	99
disappoint	103	double room	86	**E**		element	99
disappointed	103	doubt	68, 387, 388			elephant	99
disappointment	103	dough	307			elevator	35, 196
disaster	174	download	155	e-mail	99	eleven	99
discard	363	downstairs	329	e-mail address	99	eliminate	40, 61, 363
disco	85	dozen	89	each	169	elsewhere	20
disconnect	8	draft	104	each other	282	embarrassed	342
discount	244	drag	269	each time	169	embarrassing	231
discover	101, 153	drain	8	eagle	15	embassy	72
discovery	101	drain (away, off)	8	ear	223	embrace	323
discuss	62, 85, 330	drama	86	earlier	91, 128, 354	emergency	219
discussion	62, 85, 139, 331	dramatic	86	early	127	emperor	172
disguise oneself	341	drastic	86	earn	95, 337	emphasise	64, 155
dish	137	draughtsman	377	earring	224	empire	250
dishes	138	draw	157, 377, 379	earth	104	employ	25, 59
dishwasher	14, 138	drawer	274	earthquake	104	employed	58
disliked	326	drawing	377	ease	384	employee	21, 28, 206
disorder	88, 328	dream	313	east	226	employer	28
disorderly	328	dress	178	Easter	226	employment	25, 59
display window	265	dress up	341	Easter bunny	226	empress	172
dispute	36, 63	drift	313	eastern	226	empty	192
dissolution	33	drill	71	easy	193	empty (out)	38
dissolve	33	drink	139, 314	eat	112, 126	en route	332
distance	12, 85, 102, 299	drinking straw	300	eat noisily	270	encounter	51
distinguish (between)	331	drinking water	314	ebb	90	end	11, 49, 100, 270
distract	9	drive	114, 296	eccentric	273	end of work day	117
distress	219	driver	42, 115	ecological	224, 325	endanger	132
distribute	347	driver's license	128	economical	237, 288	endure	108
district	292	driving licence	128	economy	370	enemy	117
disturb	298	drop	315	edge	245	energy	101
disturbance	298, 329	drown	110	edit	48, 334	enforce	89
dive	306	drug	87, 207, 246	editorial staff	248	engage	101
diversion	14	druggist	27	educate	36	engagement	342
divide	307	drugstore	27	education	33, 36, 68, 112	engine	209
divorce	265	drum	315	educational	228	engineer	164
divorced	138	drums	269	educational objective	194	England	101
dizzy	278	drunk	65	effect	42, 90, 92, 370	English	101

English woman	101	evening meal	7	expiry date	338	fashion model	208
Englishman	101	event	104, 335	explain	107, 108, 248	fast	245, 272
enigma	246	ever	169	explanation	33, 107	fat	83, 119
enigmatic	246	ever since	280	explicit	92	fatal	310
enjoy	136	every	169	explode	234	fate	266
enjoy oneself	19	everyday	18	explosion	113, 179	father	334
enjoyment	136, 339	everyday life	18	express	36	fatty	119
enlarge	111, 339	everything	18	expression	36, 205, 248	faucet	361
enormous	101, 140, 255	everytime	169	extend	111	fault	117, 274
enough	136	everywhere	318	extension	111	favour	66
enquire	107	evidence	66	extension cord	341	favourable	146
enquiry	108	evidently	223	extent	324	favourite	56, 116
enter	64, 97, 156	evil	72	extinguish	197	fear	22, 51, 273
entertain	330	exact	113, 135	extraordinary	40	feat	187
entertainment	331	exactly	90	extraterrestrial	41	feather	116
enthusiasm	51	exaggerate	322	extreme	113	feature	204
enthusiastic	51	examination	36, 240, 332	eye	35	February	116
entire	130, 351	examine	239, 332	eyelash	369	Federal Council	75
entrance	93, 382	example	54, 352			Federal Councillor	75
entrepreneur	331	excavator	45			fee	131
entry	387	exceed	322			feed	129
envelope	73, 187	excellent	37, 155	**F**		feel	100, 128, 292
envious	215	except	40			feeling	133
environment	324, 325	exception	38	fable	114	female	363
environment-friendly	325	exceptional	327	fabric	298	feminine	363
environmental pollution	326	exchange	41, 306, 325, 362	face	139, 205	fence	377
episode	123	excitement	34	fact	306	ferry	114
epoque	377	exciting	288	factor	115	fertiliser	88
equal	142	exclude	40	factory	114	festival	118
equal rights	142	excursion	37, 113	factual	260	festivities	117
equality	142	excuse	39, 103	fade	338	fetch	159
equipment	39, 95	Excuse me!	103	fail	265, 344	fever	119
era	377	exemplary	352	fair	25, 115, 137, 168	few	366
erase	244	exercise	66, 323	fairytale	201	field	117
eraser	244	exercise book	151	faith	142	fifteen	129
error	117	exertion	26	faithful	314	fifth	129
escalator	256	exhaust	39	faithfulness	314	fifty	129
escape	102, 121, 122	exhausted	174	fall	13, 115, 153, 284, 302	fight	36, 173, 240, 268, 300
escort	52	exhibition	41	fall (down, over)	324	fight (against)	54
especially	165	exist	113, 191	fall asleep	96	figure	119
essay	34	existance	113	fall in love	342	figure out	39
essential	145	existing	353	fallen	284	file	9, 80, 95, 174
establish	119, 154	exit	37	false	115	file card	174
establishment	145	expand	111	familiar	348	fill	128, 338
estimate	96, 264	expansion	111	family	116	fill in	37
eternal	113	expect	111	family member	21	fill out	37
EU	113	expect something from	106	famous	59	fill up	305
euro	113	expenses	37, 183	fantastic	116	filling station	305
Europe	113	expensive	308	fantasy	116	film	120
European	113	experience	104, 108	far	364	final	100
evaluate	65	experiment	113, 347	farewell	11	final apprenticeship	
evaluation	66	expert	113	farm	47, 158	exam	192
even	137, 286	expiration date	338	farmer	47	final exam	192
even so	315	expire	8	fascinating	288	final station	100
evening	6, 117	expired	7	fashion	208	finale	120

finally	100, 270, 383	foggy	215	France	125	**G**	
finance	120	fold	115	free	50, 125, 143		
find	101, 120	follow	123	free time	126	gain	140, 383
find out	104, 153	food	109, 112, 191, 214, 344	freedom	126	game	202, 289
finding	107	foodstuff	214	freeze	127	game piece	290
fine	75, 117, 152	foodstuffs	191	freezer	309	gang	46
finger	120	foot	129	French	125	gap	198
fingernail	120, 213	football	129	french fries	236	garage	130
finish	11, 49, 100, 108, 269	football field	129	French woman	125	garbage	7
finish line	380	footstep	314	French-speaking Switzerland	367	garbage can	210
finished	118	for	129, 381			garden	130
finishing line	380	for example	54	Frenchman	125	garlic	179
fir tree	305	for free	325	frequency	304	gas	130
fire	72, 102, 119, 186	for instance	54	frequent	340	gasoline	57
fire brigade	119	for it/them	78	frequently	150	gate	311
fire department	119	for the time being	352, 354, 383	fresh	127	gay	278
fireplace	172			Fribourg	125	gear	130
fireworks	119	for years	168	Friday	126	gender	138
firm	118, 120, 182, 331	forbid	335	fridge	186	gene	135
first	110, 382	forbidden	336	fried egg	289	general	18, 136
first course	355	force	184, 373, 387, 388	friendly	50, 127	generation	136
first name	354	forecast	238	friendship	127	generous	145
first of all	382	foreground	352	fright	273	Geneva	136
fish	120	forehead	297	frighten	110	gentle	261
fishing	120	foreign	38, 126	frightful	273	genuine	90
fist	116	foreign country	38	frog	127	geography	136
fit	92, 120, 230, 284	foreign language	126	from	6, 352	German	83
five	129	foreign national	38	from memory	42	Germany	83
fix	118, 253	foreigner	38, 126	from time to time	134, 378	get	55, 62, 159
fixed	118	forest	359	from where	371	get dressed	27
fizzy	180	forever	113	front door	151	get engaged	342
flag	114, 121	forget	339	fruit	127, 222	get excited	34
flame	121	forgetful	339	fruit juice	127	get in	97
flan	240	forgive	338, 349	fruit pie	222	get in touch	204
flannel	361	forgo	349	fulfil	105	get information	164
flash	70	fork	130	full	262, 351	get lost	338, 340
flat	90, 120	form	68, 123	full stop	240	get off	13, 41
flea	121	format	123	fun	288, 339	get out	41, 341
flea market	122	formula	123	function	129, 177	get to know	176
flee	121, 122	formulate	123	fundamental	145	get up	35
flexible	68, 121	fortress	75	funeral	50	get upset	34
flight	122	fortunately	143	funnel	314	get used to	140
flood	122, 321	fortune	343	funny	160, 180, 198, 371	ghost	139
floor	71, 297	forty	350	fur	231	giant	255
flour	203	forward	365	furious	381	gift	138, 289
flow	121	forwards	356	furnish	95	gigantic	255
flower	71	found	145	furnishings	95	gingerbread	192
flu	144	foundation	145	furniture	208	girl	200
flute	122	fountain	74	further	364	girlfriend	127
fly	121, 296	four	350	further education	364	give	68, 131, 289, 320, 338
fly away	362	fourth	350	furthermore	40	give (as a gift)	266
flyer	115, 239	fox	128	fury	381	give back	384
foam	265	fragile	276, 378	fuse	282	give change	153
foam rubber	265	frame	116, 244	future	187, 382	give in	212
fog	215	franc	125				

give notice	186	grape harvest	312, 364	**H**		headache	183
give up	32, 319	grasp	106, 116			headlight	265
gladly	137	grass	143, 245	habit	140	headline	269, 321
glance	70	grasshopper	155	hair	148	headphones	182
Glarus	141	grate	250, 256	hair spray	148	headscarf	183
glass	141	grave	143	hairbrush	148	heal	151, 340
glasses	73	grease	119	haircut	148	health	139
global	366	great	237, 310	hairdresser	77	healthcare assistant	184
globalisation	142	greatness	144	hairdryer	123	healthcare specialist	232
globe	104, 142	green	145	hairstyle	127	healthy	120, 139
gloomy	89, 315	greet	52, 145	half	148	heap	150
glossy	141	greeting	52	hall	148, 260	hear	104, 159
glove	150	greetings	145	ham	268	heart	155
glue	178, 193	grey	143	hamburger	149	heat	152, 158
gnaw	214	grief	313	hammer	96, 149	heat up	106
go	133, 342	grill	144	hamster	149	heating	152
go (on a journey)	344	grin	144	hand	149, 250, 377	heaven	156
go (on a trip)	331	grip	144	hand in	7	heavy	277
go away	362	Grisons	144	hand over	318, 320	hedgehog	162
go back	384	groceries	191	handbag	150	heel	11, 118
go camping	378	groom	72	handicap	53	height	159
go down	157	ground	71	handicapped	53	helicopter	152
go in	156	ground floor	104, 229	handicraft	46, 149	hell	159
go on	365	group	46, 145	handkerchief	305	Hello!	149
go out	37, 156	grow	19, 358	handle	52, 144	helmet	153
go sledding	255	grow up	35	handlebar	194	help	152, 155
go sledging	255	growth	358	hang	33, 150	helper	152
goal	194, 311, 380	guarantee	130	hang up	32, 33	helpless	155
goal scorer	311	guard	66	happen	97, 138, 230, 354	hen	160
goalkeeper	311	guess	16, 109, 246, 310	happiness	126, 142	henhouse	293
goat	379	guest	130	happy	127, 143, 382	her	163, 283
god	143	guided tour	128	hard	150, 210	herd	153, 313
goddess	143	guideline	254	hard-working	121	here	155
godfather	143, 230	guilt	274	hardly	175	hero	152
godmother	143, 230	guilty	275	hardship	219	heroine	152
gold	143	guitar	141	hardware	150	herself	280, 282
good	146	gym	316	harm	263	hesitate	381
goods	360	gym clothes	316	harmless	150	Hi!	149
goose/geese	130	gym equipment	316	harvest	109	hibernation	370
govern	249	gym kit	316	hat	161	hide	231, 346, 347
government	249	gym shoe	316	hate	150	hideous	266
governmental	292	gymnasium	316	hatred	150	high	158
grab	116, 228			have	108, 148	high school	146
grade	219			have a cold	107	highlight	155
gradual	190			have a meal	112	highway	42
grain	139			have confidence in	347	hike	359
gram	143			have fun	19	hill	160
grammar	143			have off	125	him	162
grand piano	122			have to	211	himself	280, 282
grandchild/ grandchildren	101			hay	155	hire	25
grandfather	145			he	104	his	279
grandmother	145			he (she, those) who	82	historic	158
grandparents	144			head	182, 275	historical	158
grape	312			head start	355	history	138
						hit	34, 158, 268, 313

hobby	158	humorous	160	imply	20	included	164, 165
hold	118, 149	humour	160	impolite	328	income	94
hold-up	318	hundred	160	import	163	incorrect	115
hole	196	Hungarian	327	importance	48	increase	106, 383
holiday	333	Hungary	327	important	48, 368	indecent	326
holiday camp	118	hunger	160	impossible	328	indefinite	326
holiday(s)	118	hunt	168	impractical	328	independence	326
holidaymaker	333	hunt for	302	imprecise	327	independent	280, 326
Holland	159	hunter	168	impress	49	index finger	377
hollow	159	hurl	269	impression	92	India	164
holy	151	hurry	49, 91	improbable	333	Indian	164
home	151, 380	hurt	342, 363	improper	326	indicate	21, 26, 157
home page	159	husband	90, 201	improve	335	indication	157
homeland	151	hut	161	improvement	335	indigenous	93
homeless	222	hutch	293	imprudent	333	indirect	164
homework	151	hyphenation	314	in	31, 163, 165	individual	98, 164, 204
homogeneous	93			in a hurry	91	indoor swimming pool	149
homosexual	278			in addition	40, 81, 215	industry	72, 164
honest	25, 34, 91			in agreement	94, 98	inevitable	387
honey	159	**I**		in any case	169, 223	infection	164
honour	91			in command of	53	inferior	331
hop	161	I	162	in between	81, 388	infinite	326
hope	158	ice	98	in fact	306	infinitive	164
hope for	106	ice cream	98, 141	in focus	264	inflate	31
hopefully	158	ice cube	99	in front	354	influence	49, 92
hopeless	158	ice hockey	99	in front of	81, 352	influenza	144
hopscotch	156	ice rink	98	in good shape	120	inform	207, 225
horizon	160	ice skate	270	in it/them	80	inform oneself	164
horizontal	358	ID	42	in large quantity	202	information	37, 157, 164, 207, 225
horrible	266, 273	idea	16, 162, 356	in love	342		
horse	232	ideal	162	in order to	323	information material	164
hose	269	identification papers	42	in particular	165	information technology	164
hospital	184, 290	identify	63, 107, 108	in passing	215	ingenious	136
host	130, 370	identity	162	in place of	25	ingredients	387
hostess	130	identity card	162	in return	78	inhabitant	67, 98
hot	152	idiot	162	in succession	32	inhuman	328
hot air balloon	152	idiotic	70	in the centre	208	initially	382
hotel	160, 231	if	115, 222, 286, 366	in the evening	7	initiate	93
hour	301	if possible	208	in the meantime	167, 330	initiation	93
house	151, 330, 371	igloo	162	in the middle of	208	initiative	165
house husband	151	ignite	27	in the morning	209, 354	injection	291
household	151	ill	184	in the past	128	injure	342
housewife	151	illegal	163	in total	165	injured	342
housing development	283	illness	184	in turns	14	injury	342
how	368	illusion	163, 306	in vain	325, 338	injustice	329
how come	369	illustration	6, 68	in writing	274	ink	309
how much	368	imagination	116	in-laws	277	ink eraser	309
however	18, 156, 169	imagine	355	inaccurate	327	inner tube	269
howl	74	imagined	93	inattentive	326	innocence	329
hug	323	imitate	212	inauguration	109	innocent	329
huge	140, 255	immediately	286	incapable	327	innovation	216
human	204	immigrant	98	inch	381	insane	344
human being	204	impact	42, 90, 370	incident	104, 353	insect	165
humanity	204	impatient	327	incidentally	215	insert	93, 94, 97
humid	119	implement	88, 325	inclined	267	inside	165

insignificant	137	invention	105	journalist	170, 253	knight	255
insist	53, 63	investigate	332	journey	115, 251	knit	300
inspector	165	investigation	108, 332	joy	126	knock	179
inspire	51	investment	35	judge	65, 96, 254	knock over	325
inspite of	315	invisible	329	judgement	66, 333	knot	179
install	35, 92, 165	invitation	94	juice	260	know	176, 370
installation	95	invite	69, 94	July	170	knowledge	176, 370
instalment	246	invoice	247	jump	291	known	54
instead	78	involve (oneself)	101	jump rope	279		
instead of	25, 294	Ireland	167	June	170		
instruction	355	Irish	167	jungle	333		
instructions	23	Irish man	167	junk	274	**L**	
instructions for use	131	Irish woman	167	Jura	170		
instructor	192	iron	75, 98	jury	170	label	267
instrument	137, 165	irregular	329	just	110, 137, 179	labourer	28
in succession	32	irritate	216, 252	just as	136	labyrinth	188
insufficient	327	irritating	190	just now	285, 354	lack	117, 201
insult	55	island	165	just once	38	ladder	194
insurance	345	isolated	95	just this minute	285	lady	78
integrate	92, 166	issue	153	justice	137	lake	278
integration	166	it	80, 112	justification	52	lamb	189
intellect	346	IT	164	justify	52, 248	lamp	189
intelligent	166, 179	Italian	167			land	189
intend	47, 353, 354	Italy	167			landlord	343, 370
intense	151	item	222			landscape	189
intensive	166	itinerary	251	**K**		lane	292
intention	12, 369	itself	282			language	291
intentional	12			kangaroo	173	lantern	190
interest	166, 380			keep	31, 52, 93, 189	laptop	190
interesting	166			keep from	8	large	144
interference	298	**J**		keep going	365	last	81, 195, 383
interior	165			keep one's distance	384	last name	116, 213
intermission	230	jacket	168	keep quiet	277	lasting	212
intern	236	jam	181	ketchup	176	late	288, 329
international	166	janitor	151	key	270, 306	later	212, 288
Internet	166	January	168	keyboard	176, 305	latest	170
Internet site	166	Japan	169	keyring	270	laugh	188
internship	236	Japanese	169	kick	314	laugh at	38
interpret	166	jaw	44, 176	kid	266	laughter	134
interpretation	166	jazz	169	kidnap	102	launder	361
interrogate	50	jealous	91, 215	kidney	218	laundry	361
interrogation	50	jeans	169	kill	311, 323	law	138, 247
interrupt	6, 313, 329	jellyfish	242	kilogram	176	lawn	245
intersection	185	jet	298	kilometre	176	lawyer	248
interval	389	jetty	295	kilometres per hour	301	layer	266
intervene	93	jewellery	271	kind	195, 216	lazy	116
intervention	93	job	25, 28, 32,	kindergarten	176	lead	128, 160, 194, 355
interview	166, 356		35, 169, 296	king	181	leader	194
intolerable	327	job offer	296	kingdom	181, 250	leading role	150
intoxicated	65	jog	169	kiosk	177	leaf	70
introduce	93, 355	joint	135	kiss	187, 271	leaflet	115, 239
introduce oneself	355	jointly	135, 286	kitchen	185	league	196
introduction	93, 94	joke	266, 288, 371	knee	179	lean	200
invalid	328	joker	170	knickers	285	leap	262, 291
invent	105	journal	378	knife/knives	205	learn	104, 194

learning target	194
leash	160
leather	192
leave	7, 10, 31, 101, 124, 157, 190, 341, 362
leave out	362
leave something to someone	319
lecture	356
leek	190
left	196, 323
left luggage	137
leg	54
legal	192
leisure time	126
leisure time activity	126
lemon	380
lend	38, 193
length	189
lengthen	341
lenient	205
lesbian	194
less	206, 366
lesson	194, 331
let	190
let down	155
let go	102, 198
letter	73
letter (of the alphabet)	74
letterbox	73
level	90, 218, 293, 301
library	68
licence plate	267
lid	81
lie	195, 198
lie around	154
lie down	156
life	191
lift	35, 151, 196
light	119, 153, 190, 193, 195
light (up)	27
lighthouse	195
lighting	55
lightning	70
lightning conductor	70
lightning rod	70
like	132, 137, 208, 264, 368
like this	285
likeable	303
likelihood	359
likely	359
likewise	90
lilac	196
limit	60, 96, 144
limp	268

line	129, 196, 250, 300, 360, 377
line of business	72
line up	25
linguistically	291
link	196, 342
lion	198
lioness	198
lip	196
lipstick	196
liquid	122
list	196
listen	23, 159, 382
listener	382
literally	372
literature	196
litre	196
little	137, 366
live	191, 196, 371
liveliness	278
lively	192
livestock	350
living	191
living being	192
living room	372
living thing	192
load	55, 188
loading ramp	245
loaf	73
local	93
local time	226
location	188, 293
lock	270
lock (up)	11
locomotive	197
locust	155
logical	197
lonely	95
long	189, 364
long since	190
long time	189
long-term	189, 212
longing	279
look	40, 70, 205
look (at)	264
look after	64
look around	325
look at	24, 25, 64, 264
look for	302
look up to	67
loose	197, 268, 364
loosen	197
loot	66
lorry	190
los one's way	338

lose	342
lose weight	10
loser	342
loss	343
lost and found	128
lost property office	128
loud	191
loudspeaker	191
love	195
low	137, 193, 218
low tide	90
low-fat	200
lower	155, 281
lower grade	332
lower level	332
lowland	120
loyal	314
loyalty	314
Lucerne	198
luck	142
luckily	143
lucky	143
luggage	136
lukewarm	191
lunch	207
lunch break	207
lung	198
luxury	198

M

machine	27, 43, 201
mad	359
madness	358
magazine	200, 378
magic spell	377
magic trick	377
magic wand	377
magician	377
magnet	200
magnificent	154, 236
magnify	339
magnifying glass	198
mail	236, 281
mailbox	73
mainly	150
maintenance	330
maize	200
majority	203
mak an effort	26
make	9, 116, 154, 200, 238
make a bet	367

make a fool out of someone	335
make an effort	26, 56
make fun of	38, 291
make smaller	341
make sure	287
make things	46
maker	154
mammal	262
man	201, 204
manage	128, 194
management	128, 194
manager	194
mandatory	222
mankind	204
manner	29
manufacture	154, 238
manufacturer	154
many	350
map	174, 189, 234
marble	210
March	201
margin	290
mark	201
marker	201
market	201
marriage	90
married	340
marry	152
marvel	295
marzipan	201
masculine	201
mashed potato	174
mask	201
mass	202
massive	202
master	203
match	202, 383
matchstick	299, 383
match time	290
material	202, 260, 298
math	202
mathematics	202
matter	21, 38, 260
mattress	202
mature	250
maximal	202
maximum	158, 202
maximum speed	158
May	200
maybe	350
me	205, 206
meadow	369
meal	112, 200
meals	344

mean	48, 72, 135, 152, 203, 208	minister	232	motivation	209	**N**	
		minority	206	motive	209		
meaning	48, 284	minus	206	motor	209	nail	213
meaningful	284	minute	206	motor scooter	210	naked	213
means	207	minutes	239	motorcycle	209	name	67, 214, 216
means of transport	341	miracle	373	motorway	42	name is/are	152
meanwhile	167	mirror	289	motorway service area	245	namely	214
measure	202, 204, 304	misery	219	motto	210	napkin	281
measurements	202	misfortune	328	mould	267	narcotic	246
meat	121	miss	117, 338, 343, 344	mountain	57	narrator	112
mechanic	202	missile	245	mountain pass	230	narrow	101, 270
media	202	mistake	117	mouse	202	nasty	135
medicament	203	misunderstand	206	mouse button	202	nation	214
medicine	203	misunderstanding	206	moustache	271, 272	national	214, 292
Mediterranean	207	mix	206	mouth	202, 210	National Council	215
meet	51, 105, 313, 344	mix up	348	move	66, 257, 326, 345	national holiday	214
meet again	369	mixed up	349	move ahead	356	nationality	215, 292
meeting	51, 62, 252, 285, 334, 344	mixture	206	move in	98	native language	211
		mobile	208	move out	42	natural	215
meeting place	313	mobile home	372	movement	66	naturally	280
melody	204	mobile phone	150, 214	movie	120	nature	215
melt	271, 342	mock	38, 291	Mr	154	naughty	72
member	206	model	208, 211, 352, 354	Mrs	125	nausea	318
memory	107, 132	modern	208	much	350	near	53, 214
mend	121	modest	59	mud	269	nearly	54
mental	240	modification	20	muesli	210	neat	225
mention	111	modify	23, 334	multicultural	210	necessary	219
menu	204, 289	mom	211	multiplication	210	neck	149, 213
menu of the day	304	moment	35, 208, 378	municipal	292	necklace	149
merchandise	360	momentum	278	municipal council	135	need	49, 56, 72
mess	88, 328	Monday	209	municipality	135	needle	213
message	40, 72, 204, 207, 213	money	134	murder	109, 209	negative	215
		monitor	322	murder mystery	185	neglect	343
messy	328	monkey	15	murderer	209	negotiate	340
metal	205	monstrous	328	muscle	211	neighbour	212
method	205, 338	month	208	museum	211	neighbourhood	242
metre	205	monthly	209	mushroom	233	neither ... nor	362
microwave	205	monument	82	music	211	nephew	215
mid-morning	354	mood	191, 297	musician	211	nerve	216
midday	207	moon	209	mussel	211	nervous	216
middle	207, 208	moped	209, 310	must	211	nervousness	216
Middle Ages	207	morality	209	mustard	281	nest	216
midnight	208	morals	209	mute	301	net	216
migration	359	more	203	mutual	133	netbook	216
mild	205	more likely	91	my	203	Netherlands	218
milieu	324	more or less	242	myself	280	network	216
military	205	morning	209, 354	mysterious	246	Neuchâtel	216
milk	205	mornings	354	mystery	133, 246	neuter	260
milk coffee	205	mosquito	210			neutral	217
millimetre	205	most recent	170			never	217, 218
million	206	mostly	203			neverending	326
mimic	212	mother	211			nevertheless	163
mind	346	mother tongue	211			new	216
mineral water	206	motif	209			new building	216
minimum	206	motivate	209				

New Year	217	November	219	ointment	261	optimistic	224, 387
New Year's Eve	283	now	169, 220	old	18	option	224, 334
New Zealand	217	nowhere	218	old man	144	optional	56, 126
New Zealander	217	nuclear power plant	176	old people's home	18	optional subject	358
news	204	nude	213	old woman	144	or	222
newspaper	378	number	26, 219,	olive	224	oral	210
newstand	177		308, 376, 380	Olympic Games	224	orange	224
next	213	numeric	84	omelette	224	orchestra	225
next to	215	numerous	202, 376	omit	362	order	35, 50, 63,
nice	195, 216	nurse	184, 232	on	19, 31, 53, 80		95, 225, 251
Nidwalden	217	nurse's assistant	184	on an empty stomach	219	ordinary	18, 140
niece	217	nursing home	18	on Fridays	126	organ	225
night	213	nut	220	on Mondays	209	organic	69
nightgown	213	nutrition	109	on the left	196	organisation	225
nightmare	17			on the one hand	92	organisational	225
nine	217			on the other hand	20, 78, 156	organise	88, 139, 225, 335
ninth	217			on the other side	169	organiser	225, 335
no	175, 216	**O**		on the right	248	orient	225
no one	175, 218			on the way	332	orientation	225
nobody	175, 218	oar	257	on Thursdays	86	origin	154, 333
nod	217	oasis	222	on time	240, 248	original	225, 333
noise	137, 184, 190	obey	123, 134	on top of	222	originate	293
noisy	190, 191	object	84, 133, 222	on top of each other	32	other	20, 364
none	175	objective	222, 260, 380	on top of it/them	80	other way round	324
nonetheless	315	obligation	233, 344	on Tuesdays	84	otherwise	20, 287
nonsense	242, 329	obligatory	222	on Wednesdays	208	Ouch!	43
noodles	219	oblique	267	once	94, 218	our	329
noon	207	observation	57	one	92, 95, 200	ourselves	280
noontime	207	observe	47, 57, 93	one another	92	out	36
normal	218, 322	obstacle	156	one below the other	330	out of work	28
normally	218	obtain	62	one-eighth	15	outcome	37
north	218	obvious	223	one-third	87	outer space	17
northern	218	Obwalden	222	one-way	92	outlook	41, 238
Norway	219	occasionally	134	oneself	282	outside	40, 86
Norwegian	219	occupied	61	onion	388	outsmart	319
nose	214	occupy	59, 95	online	224	outstanding	37, 155
not	130, 217	occur	138, 354	online shop	224	outwit	319
not allow	335	occurrence	353	only	98, 110, 220	oval	226
not allowed	336	ocean	203, 226	only child	98	oven	44, 223
not any	175	October	224	open	33, 34, 223	overall	165
not anything	217	odd	280	opening	109, 223	overcast	67, 315
not as good as	331	odour	137	opening hours	223	overcome	321, 322
note	204, 219, 265	of	352	openness	223	overlook	321
note (down)	34	of course	280	opera	224	overseas	38
note book	219	of it/them	81	operate	224	oversleep	345
note pad	219	of which	81	operating system	65	overtake	319
notebook	151	off	352	operation	65, 224	overview	318
nothing	217	offence	55	opinion	25, 203	owe	275
notice	24, 32, 56, 92, 119,	offend	55	opponent	133	owl	113
	186, 204, 249, 359	offer	19, 21, 68	opportune	134	own	62, 91
notification	207	offering	289	opportunity	76, 134	owner	62, 165
notify	56, 207	office	75	opposite	133	ownership	61
noun	218	official	223	oppress	330	ozone level	226
nourishment	214	often	150, 223	optic	224		
novel	256	oil	224	optical	224		

P

pace	308	pass on	365	perfect tense	231	piece	119, 301
Pacific	230	pass out	347	perforate	196	pig	277
pack	95	pass time	336	perform	12, 193, 356	pigeon	306
package	228	passage	88	performance	32, 194, 353, 356	pile	150, 293
packaging	228	passenger	115, 230			pillow	177
packet	228, 263	passion	193	perfume	229	pilot	233
packing paper	228	passive	230	perhaps	208, 350	pimple	233
pad of paper	70	passport (ID)	230	period	240, 378	pin	295
page	280	passport photo	230	perish	330	pineapple	19
pain	271	past	338	permanent	118, 231, 293	pink	256
painful	271	pasta	307	permanently	81	pip	176
paint	116, 200, 299	pastor	232	permission	108	pipe	194, 232, 255
painter	200	pastries	130	permit	108, 383	pistol	234
painting	135	pastry	307	perpetrator	306	pit	176, 296
pair	228	pâté	230	perplexed	246	pity	263
palace	228	patience	132	persecute	338	pizza	234
pale	70	patient	184, 230	person	204, 231	place	157, 192, 197, 226, 234, 245, 296
palm tree	228	pattern	211, 354	personal	91, 231		
pan	232	pause	230	personal computer	230	place in	94
pane	265	pavement	315	personality	231	place of interest	279
panic	228	paw	233	personnel	231	place of residence	372
panties	285	pay	67, 376	perspective	231	plain	90, 120, 269
pants	160	pay attention	15, 34	perspire	278	plait	381
pantyhose	301	pay back	385	persuade	322	plaited loaf	381
paper	229	pay duty on	350	pertinent	252	plan	234, 353, 354
paprika	229	pay off	197	pet	151, 299	plane	90, 122
paradise	229	payment	67, 376	PET bottle	231	planet	234
paragraph	11, 12	PC	230	petrol	57	planning	234
parallel	229	pea	104	pharmacist	27	plant	232, 260, 282
parasol	287	peace	127, 257	pharmacy	27	plaster	232
parcel	228	peaceful	127, 257	phase	233	plastic	187, 234
parents	99	peach	232	phenomenon	233	plate	308
parents-in-law	277	peak	141, 159, 290	philosopher	233	platform	45, 142, 234, 245
park	229	pear	69	philosophy	233	platter	234
parking meter	229	pear tree	69	phone	307	play	12, 265, 289, 301, 309, 356
parliament	229	pearl	231	phone (up)	24		
parrot	228	pedal	231	phone book	307	play the pipe	232
parsley	231	pedestrian	129	phone call	24	play truant	276
part	12, 26, 307	peel	263	phone number	308	player	289
part of a sentence	262	pen	297	photocopier	124	playground	230
part of speech	372	penalty	75	photograph	33, 124	playing cards	290
partially	307	pencil	70, 297	photographer	124	pleasant	21, 135
participant	307	pencil sharpener	290	phrase	248	please	69
participate	64, 307	pension	231, 253	physical	183	pleased	105
participation	307	pensioner	253	physician	29	pleasing	105
participle	229	pensive	212	physicist	233	pleasure	126, 136, 198, 339
particular	91, 289	Pentecost	232	physics	233	plentiful	202
partly	307	people	195, 351	pianist	233	pliers	376
partner	229	peperoni	231	piano	178	plot of land	145
party	117, 118, 229, 230	pepper	229, 231, 232	pick	42, 233, 261	plug	295
pass	63, 230, 250, 338, 365	peppermint	232	pick up	8, 32	plug in	97
		per	237	pickaxe	233	plum	232, 388
pass by	352	perceive	359	picnic	233	plural	203, 235
		percent	239	picture	6, 68, 124	plus	235
		perfect	231, 304	pie	185, 230, 311	pocket	160, 260, 305

pocket knife	305	powder	240	pro	238	pub	197
pocket money	305	power	140, 200	probability	359	puberty	240
podium	235, 283	power cable	300	probably	343, 352, 359, 371	public	223, 240
poem	132	powerful	200	problem	238	public holiday	117
poet	83	powerless	223	proboscis	258	publicity	366
point	240, 254, 377	powerlessness	223	procedure	8, 239, 338	publish	153, 344
point of view	282	practical	236	proceed	8, 353	pudding	240
pointed	264, 290	practice	237, 323	process	48, 239, 338, 353	puddle	233
points	364	practise	318	procession	326	pull	379
poison	141, 339	praise	196	produce	238	pullover	240
poisonous	141	pray	64	product	238	pump	240, 262
Poland	235	prayer	131	production	154, 238	punch holes	196
pole	235	precious	183, 367	productive	238	punctual	240, 248
police	236	precise	113, 135, 237	profession	58	punctuality	240
police officer	236	precisely	37	professional	58, 238	punctuation mark	262
police station	236	predator	246	professor	238	punish	63
polish	213, 235, 358	preface	94	profile	238	punishment	298
Polish	236	prefer	66, 356	profit	140, 238	pupil	275
polite	25, 159	prefix	355	prognosis	238	puppy	365
political	235	pregnancy	276	program	239	purchase	94, 175
politician	235	pregnant	276	programme	239	pure	241, 251
politics	235	prejudice	356	progress	124, 341, 356	purple	196
pollute	55	première	237	prohibition	336	purpose	387
pollution	55	premonition	16	project	239	purse	236
pond	307	preparation	352, 381	project week	239	pursue	338
poor	29, 269	prepare	352, 381	prolong	341	push	86, 87, 266, 298
popular	56	prerequisite	352	promise	346, 385	put	157, 192, 282, 296
population	66	prescription	254	pronoun	239	put at risk	132
pork	277	presence	26, 236	pronounce	41	put away	95
port	148	present	26, 133, 138, 237, 320	pronunciation	41	put down	157
portion	236, 307			proof	66	put in	94, 97
Portugal	236	presentation	237, 353, 356	propeller	239	put in order	225
position	188, 236	president	237	property	61, 91, 145	put into practice	325
positive	236	press	75, 237	proposal	355	put on	166
positive response	385	pressure	87, 387, 388	propose	355	put on a list	97
possession	61	pretty	160, 273	prospectus	239	put on make-up	271
possessions	91	prevent	8, 156, 340	protect	60, 276, 347	put something away	363
possibility	208	previously	69, 354	protection	276	put something down	13
possible	208	prey	66	protection of the environment	325	put together	386
possibly	113, 208, 350	price	237			put up	35
post	236	price label	237	protein	99	puzzle	241, 246
post office	236	pride	298	protest	82, 239, 252	puzzling	246
postage stamp	73, 201	priest	232	proud	298	pyjamas	241
postcard	236	primitive	237	prove	66, 213	pyramid	241
postcode	236	prince	237	prove to be	66		
poster	234, 236	princess	237	provide	19		
postman	73	principal	252, 275	provide for	287		
postpone	345	principle	237	provided	285		
pot	311	print	87	provider	239		
potato/potatoes	174	print (out)	36	province	239		
potential	236	printer	87	provisional	239		
pouch	66	prison	132	provoke	252		
poultry	132	prisoner	132, 148	proximity	714		
pound	233	private	237	psychological	240		
pour	96, 141	prize	140, 237	psychologist	240		

Q

qualification	242
qualified	242
qualify	242
quality	91, 242
quantity	26, 204, 242
quark	242
quarrel	184
quarter	242, 350
quarter of an hour	350
quarterly period	242
quasi	242
queen	181
question	50, 125
questioning	50
questionnaire	125
queue	25, 360
quick	245, 272
quiet	193, 257, 297
quit	32, 186
quite	380
quiz	243

R

rabbit	173
race	190, 245, 252, 245
race track	234
racist	245
radar	244
radiate	299
radiation	299
radical	244
radio	244
radioactive	244
radish	244
radius	244
rage	310
rail	267
railroad	45, 99
railway	45, 99
railway station	45
rain	249, 250
rainbow	249
raincoat	249
rainy	250
raise	106, 151
raise your hand	204
ramp	245
range	21
rank	245
rapid	245, 272
rapper	245
rare	280
raspberry	156
rat	246
rate	246
rather	91, 286
rather than	25
rattle	259
raven	244
raw	255
raw material	255
ray	298
rays	299
razor	245
reach	109, 144
react	247
reaction	247
read	194
read out loud	354
reader	195
reading	194
reading material	194
ready	57
real	90
realisation	107
realise	92, 96, 247, 349
realistic	247
reality	247, 370
really	91, 273, 306, 370
realm	250
rear light	256
rearrange	325
rearview mirror	257
reason	145, 209, 343, 346
reasonable	343
rebate	244
recall	107
receipt	243
receive	55, 100, 106
recent	187, 216
recently	217
reception	33, 99
recess	230
recipe	254
recipient	100
reciprocal	133
recite	356
recognisable	107
recognise	20, 107
recommend	100
recommendation	100
record	33, 234, 249, 252, 263
record player	234
recording	33
recover	106
recreation area	230
rectangle	247
rectangular	248
rector	252
recuperate	106
recycle	248
red	256
red wine	256
redheaded	256
reduce	6, 281, 341
reduced	248
reduction	108, 256
reef	255
referee	266
reference	67
reflect	289
reflect on	212
refrain from	349, 384
refreshing	105
refrigerator	186
refuel	305
refugee	122
refusal	11
refuse	9, 11, 349, 364
regard	257
region	131, 133, 249
regional	249
register	23, 96, 97, 249
regret	48, 57
regular	248
regulate	249
regulation	249, 355
rehearsal	237
reign (over)	154
reimburse	385
reindeer	253
reinforce	346
reinforcement	346
reject	9
rejection	11
related	348
relationship	67, 340
relative	21, 252, 348
relatively	340
relax	11, 39, 103
relaxed	197
release	50
relegated	13
relegation	13
relevant	252
reliable	387
religion	252
religious	252
relocation	326
remain	70
remainder	253
remaining	323
remark	56
remember	92, 107, 204
remind	107
reminder	107
remove	9, 61, 363
rendezvous	252, 308
renovate	253
renovation	323
rent	205, 380
rent (out)	343
renter	205
repair	121, 253
repeat	368
repeatedly	203
repetition	368
replace	41, 110
replacement	109
reply	26, 384
reply (to)	26, 48
report	26, 58, 203, 204, 253
report card	379
reportage	253
reporter	253
represent	80, 348
representation	80
representative	296
reptile	253
republic	253
reputation	257
request	69, 139, 341
require	56, 123
requirement	21, 49, 123
rescue	254
rescue service	254
research	124, 247
researcher	124
resemble	142
reservation	253
reserve	74, 253
reserves	355
reside	371
resident	67
residue	257
resign	385
resignation	257
resistance	368
resolute	103
resolution	33, 60
resource	207, 253
respect	15, 253
respectively	67

respond	247	roof	78	**S**		scientific	371	
responsibility	335	room	197, 246, 260,			scientist	370	
responsible	335, 387		290, 380	sacred	151	scissors	266	
rest	39, 253, 257	rooster	148	sacrifice	349	scold	268	
rest stop	245	root	293, 374	sad	313	scooter	256	
restaurant	197, 254, 370	rope	279	saddle	262	scope	290	
restore	254	rose	256	safety	282	scout	231	
restrict	60, 96	rough	144, 246, 255	sail	278, 279	scrap	274	
result	106, 194, 254	roughly	112, 327	sailor	202, 278	scratch	184, 378	
résumé	191	round	258	salad	261	scream	74, 273, 274	
retire	385	round trip	156, 258	salary	197	screen	68, 193	
retiree	253	route	251, 256, 299	sale	41, 340	screening	353	
retirement	231, 257	routine	18	salesperson	340	screw	273	
retirement home	18	row	250, 257	salmon	188	screwdriver	273	
retract	98	rowboat	257	salt	261	sculpture	285	
return	256, 384	rowing boat	257	salty	261	sea	203	
return journey	256	rub	250	sample	211, 237	sea shell	211	
revenge	244	rubber	244	sand	261	search	247, 302	
review	368	rubber band	145	sandwich	261	season	168, 260, 290, 374	
revise	318, 368	rubber dinghy	269	sap	260	seat	234, 284	
revision	368	rubbish	7, 329	satchel	275	second	280, 388	
revolution	254	rubbish bin	210	satellite	261	secondary school	280	
reward	56, 197	rucksack	256	satisfied	262	secret	133, 151	
Rhine	254	rudder	257	Saturday	261	secretary	280	
rhyme	251	rude	326	sauce	262	section	12	
rhythm	254, 304	rug	308	saucepan	311	sector	72, 280	
ribbon	45	ruin	258, 379	sausage	373	secure	282	
rice	251	ruins	315	save	254, 282, 288	security	282	
rich	250	rule	154, 248, 249, 355	savings	110	seductive	338	
riches	250	rule out	40	savour	136	see	279	
ride	114, 252	ruler	196, 202	saw	260	see again	369	
ridiculous	188	rules of the game	290	say	260, 295	seed	176, 261	
right	247, 248, 254	ruling	333	say goodbye	313, 334	seem	110, 265, 370	
right of way	352, 356	rumour	137	say hello	145	select	42	
ring	179, 191, 255, 307	run	190, 253, 340, 342	scale	202, 275, 285, 358	selection	41	
rinse	292	run away	122	scandal	285	self-assured	280	
ripe	250	run smoothly	177	scare	110	self-service	280	
rise	25, 35, 296	runway	234	scarf	149, 263	sell	340	
risk	132, 255, 358	rural	189	scatter	379	semen	261	
river	122	rush	86	scene	303	semester	281	
road	299	rushed	91	scenery	186	semifinal	148	
road accident	341	Russia	258	scenic flight	258	send	266, 281	
roam	359	Russian	258	scent	87, 137	sender	12	
roar	74	rust	256	schedule	115, 301	sense	284, 292	
roast	72			scheme	314	senseless	284	
robber	246			schnitzel	272	sensible	284	
robust	255			school	275	sensitive	100	
rock	255			school camp	189	sentence	262, 298, 348	
rocket	245			school holidays	275	separate	313	
rod	292			school report	379	separated	140	
rodent	214			school vacation	275	separation	314	
role	255			school year	275	September	281	
role-playing	256			school-leaving party	11	series	250, 281	
roll	255, 256			schooling	36	serious	109, 270	
romantic	256			science	370	serve	34, 48, 84, 281	

serve (oneself)	49	shore	323	sit	282, 284	smoke	246
server	281	short	187	situated	134	smoker	246
service	49, 84, 281	short-term	187	situation	188, 284	smooch	271
serviette	281	shortage	201	six	278	smooth	141
set	97, 262, 282, 330	shortcut	8	sixteen	278	sms	285
set up	35, 95	shorts	282	sixth	278	snack	163
setback	257	shot	275	sixty	278	snack time	387
setting	97	should	286	size	144, 178, 183, 324	snail	271
settle	249	shoulder	275	skate	270	snake	269
settlement	10	shovel	265	skateboard	285	sneak (up on)	269
seven	283	show	26, 66, 282,	skeleton	285	sneaker	316
seventh	283		321, 353, 354, 377	ski	285	sneeze	218
seventy	283	shower	89, 265	ski slope	234	snore	271
several	203	shrimp	185	skid	269	snout	271
several times	203	shrub	299	skill	114	snow	272
severe	151	shutter	38, 117	skillful	138	snowflake	272
sew	214	shy	274	skills	180	so	18, 285
sex	138	siblings	138	skin	151	so that	78
sexuality	282	sick	184	skinny	200	soap	279
shade	264	sickness	184	skip	161, 362	sober	219
shadow	264	side	266, 280	skirt	170, 255	soccer	129
shady	89	side by side	215	skull	263	soccer field	129
shake	259, 276	side effect	215	sky	156	social	287
shampoo	282	sidewalk	315	slack	268	society	138
shape	123	sigh	282	slang	324	sock	285
share	26, 307	sight	279	slanted	267	socket	86, 295
shark	148	sight-seeing flight	258	slap in the face	224	sofa	285
sharp	264, 290	sightseeing trip	258	sled	270	soft	261, 363
sharpen	290	sign	267, 332, 377	sledge	270	software	286
shave	245	sign off	9	sleep	268	sold out	41
shaver	245	signal	283	sleeping bag	268	soldier	286
shawl	263	signature	332	sleeping car	268	sole	286
she	283	significant	48, 367	sleepy	268	solid	118
sheep	263	silence	297	sleeve	29	solitary	95
sheet	70, 71	silent	193, 297	sleigh	270	soloist	286
shelf	248	silk	279	slice	265, 272	solution	198
shell	211, 263	silver	283	sliced cold meat	34	solve	197
shelter	276	similar	16	slide	259	some	94, 167
shepherd	158	simple	92, 269	slim	269	somehow	167
shine	141, 195,	simplify	337	slip	39, 259	someone	169
	235, 265, 299	simultaneously	142	slip of paper	379	someone's attention to	157
shiny	141	since	78, 279, 280, 364	slippery	141	something	112
ship	267	since then	330	slogan	210	sometime	167
shirt	153	sincere	34, 91	slope	150	sometimes	200
Shit!	265	sing	284	sloping	273	somewhere	167
shiver	265, 380	singer	261	slow	190	somewhere else	20
shock	272, 273	singing	137	slow motion	378	son	286
shoe	274	single	98, 192	sluggish	268	song	137, 195, 286
shoe size	274	single room	98	smack one's lips	270	soon	45
shoot	267	single-family dwelling	92	small	137, 178	sore throat	149
shooter	276	singular	284	small change	178	sorrow	271
shootout	267	sink	191, 284, 292, 345, 330	small wheel	244	Sorry!	103
shop	94, 137, 188	sip	270	smart	179	sort	225, 287
shopping cart	94	sister	277	smell	137, 255	soul	278
shopping centre	94	sister-in-law	276	smile	188	sound	137, 177, 179, 310

soup	302	sportswoman	291	stink	297	style	297
sour	262	spot	121, 296	stir	257, 324	subject	114, 309, 331
source	243	spotlight	265	stitch	296	subjective	302
south	302	spring	116, 128, 243	stock	188, 189	submarine	322
southern	302	spy	290	stockings	301	subscription	10
souvenir	107	square	242, 350	stomach	46, 200	subsidiary	119
Soviet	287	square metre	242	stomach ache	46	substance	298
sow	260	squeeze	39, 237	stone	176, 296	substantial	106
space	246, 366, 389	stab	296	stop	11, 13, 22, 33, 149, 295, 298	substitute	41, 296
spaghetti	287	stable	292, 293			substitute for	348
Spain	287	stack	293	stop!	149	subtraction	302
Spaniard	288	stadium	292	storage capacity	288	suburb	292, 354
Spanish	288	stage	75, 166	store	31, 188, 189	suburban railway	262
spare part	109	stain	121	storey/storeys	298	suburban train	262
speak	248, 291	stair	314	storm	140, 301	subway	318
speaker	248, 291	stairs	314	stormy	302	succeed	135, 263
special	62, 289	stairway	314	story	112, 138	success	105
special offer	16, 286	stakes	96	stove	153	successful	105
specialist	114, 289	stamp	296	straight	137	successor	212
speciality	62, 289	stand	110, 293, 295	straight ahead	137	such	286
specialty	62, 289	stand up	35	strange	126, 180, 204, 280	suck	262
specify	118	standard	293	stranger	126, 326	suckle	262
spectator	386	star	293, 296	strangle	373	sudden	235
spectators	240	star sign	296	strategic	299	suds	265
speech	248	starling	293	strategy	299	suffer	108
speech bubble	291	start	20, 51, 293, 294	straw	300	suffer	193
speed	138, 245, 272, 308	start of school	274	strawberry	104	suffering	193, 219, 328
spell	74	starter	355	streak	299	suffice	136
spelling	248	state	292	stream	44	sufficient	136
spelling mistake	248	statement	40	street	299	sugar	382
spend	37	station	281, 294	street sign	341	sugar cube	373
spend time	336	stationers	228	strength	184, 293	suggest	355
sphere	185	statistics	294	strengthen	346	suggestion	355
spice	141, 374	statue	294	stress	64, 300	suicide	280
spicy	264	status	387	stretch	299	suit	27, 230
spider	290	stay	32, 70	strict	300	suitable	132
spider's web	290	stay the night	319	strike	300	suitcase	180
spill	325, 345	steak	295	string	272	sum	64, 302
spin	269	steal	295	strip	299	summarise	386
spine	370	steam	79	stripe	299	summary	386
splendid	154, 236	steep	296	striped	139	summer	286
splint	267	steer	296	stroke	299	summer camp	189
split up	313	steering wheel	194	strong	151, 184, 293	summer holidays	286
spoil	258, 349	step	202, 274, 301, 314	structure	300, 301	summer vacation	286
spokesperson	291	step (on)	314	struggle	173	summit	141
sponge	276	step back	385	student	275, 301	sun	286
sponsor	290	step on/onto	64	student exchange	275	sunburn	286
spontaneous	290	stepfather	297	student ID	275	Sunday	287
spoon	197	stepmother	297	studies	301	sunglasses	286
sport	290	steps	314	studio	30, 301, 367	sunny	287
sporting event	291	stereo	234	study	194, 301, 332	sunshade	268
sports field	291	stick	178, 295, 297	stumble	298	super	302
sports hall	291	sticky	178	stupid	70, 88	superb	154, 236
sports shoe	316	still	218	stupidity	88	superficial	222
sportsman	291	sting	295, 296	sty	293	superfluous	318

superior	319	**T**		tear (up)	379	theft	84
supermarket	302			tease	215	their	163
supervise	48	T-shirt	315	technical	306	them	162, 283
supplies	355	table	304, 310	technician	306	theme	209, 309
supply	195	table cloth	310	technique	205	themselves	280, 282
support	302, 332	tablet	304	technology	306	then	78, 79
supporter	22	taboo	304	tedious	210	theorem	262
suppose	343	tack	252	teenager	170	theoretical	309
supposedly	21	tact	304	telephone	307	theory	309
suppress	330	tail	276	television	118	therapist	309
sure	273, 282, 322	tail light	256	tell	58, 111, 207, 260, 344	therapy	309
surf	303	tailor	272	temperature	308	there	78, 86
surface	120, 222	take	6, 9, 95, 106, 215, 267, 359	tempo	308	therefore	18, 82
surgeon	77			temporary	239, 354, 356	thermometer	309
surname	116, 213	take (along)	207	tempt	252	they	283
surprise	320	take a bath	44	ten	377	thick	83
surprised	110, 349	take a picture	124	tenacious	376	thickness	293
surprising	110, 320	take away	207, 363	tenant	205	thief	84, 246
surrender	105	take care of	186	tend	233	thigh	266
surroundings	324	take down	6, 8	tend to	215	thin	88, 269, 270, 337
survey	50, 324	take effect	370	tender	376, 377	thing	84, 260
survive	319, 321	take hold of	116	tennis	308	think	82, 142, 203, 343
suspend	289	take into consideration	47, 58	tennis court	308	think (about)	212
suspicion	337	take off	7, 8, 42, 294, 363	tense	139, 288	think up	36
suspicious	337	take out	153, 207	tension	216, 288	third	87
sustainable	212	take over	9, 320	tent	378	thirst	89
swallow	270	take part	307	tenth	377	thirsty	89
swear	122, 278	take place	138, 230, 294	term	52	thirteen	87
sweat	277, 278	take-off	7, 293	terminal	100	thirty	87
Sweden	277	talent	51, 305	terminate	100	this	84
Swedish	277	talk	76, 248, 276	termination	186	this once	84
sweet	71, 303	talk (about)	85	terrace	308	this time	84
swell (up)	24	talk about	62	terrain	134	thought	132
swim	44, 278	talk with	330	terrible	129, 270, 273, 328, 359	thoughtful	212
swimmer	278	tame	376			thousand	306
swimming pool	277	tampon	305	terrific	310	thread	114
swimming trunks	44	tanned	131	terror	308	threaten	49, 87
swimsuit	44	tap	148, 361	terrorism	308	three	86
swing	265	tape	45	terrorist	308	throat	149
Swiss	277	target	380	test	39, 237, 239, 240, 308	through	88
Swiss German	277	targeted	141	testimony	40	throw	366
switch	264, 364	tariff	131	text	309	throw a tantrum	310
switch off	40	task	32	text (message)	285	throw away	363
switch on	96, 294	taste	138, 183, 238, 270	than	18, 82	throw up	104, 318
Switzerland	277	tattoo	306	thank	48, 79	thumb	81
syllable	283	taxi	306	thank you	79	thumbtack	252
symbol	303	tea	7, 307	thankful	79	thunder	85
symbolic	303	tea (coffee) break	380	thanks	79	Thursday	85
symptom	303	teabag	307	thanks to	79	thus	18
syntax	262	teach	53, 192, 331	that	80, 82, 84, 169	tick	377
syringe	291	teacher	192	that (those) which	82	ticket	68, 98, 309
syrup	284	team	201, 306	that one	169	tickle	177
system	303	tear	251, 312	the	80, 82, 84	tide	122
systematic	303	tear (down, away)	11	the same	90, 142	tidiness	225
				theatre	309	tidy	225

tidy (up)	34	tonne	311	transfer	321, 322	turn	6, 86, 250, 366
tie	69, 184	too	31, 90	transform	348	turn around	323, 366
tied	327	too much	381	translate	321	turn off	11, 13, 38,
tiger	309	tool	137, 156, 367	translation	321		40, 197, 289
tight	101	tooth/teeth	376	translator	321	turn on	25, 27
tighten	27, 288	toothache	376	transmission	321	turn over	302, 323
tights	301	toothbrush	376	transmit	281, 321	turn something into	
tile	234, 379	toothpaste	376	transmitter	281	something else	348
till	69	top	290	transport	312	turntable	234
tilt	215	top hat	389	trap	115	turtle	267
timber	159	topic	309	trash	7	TV	118
time	200, 323, 377	torment	242	trash can	210	TV set	118
time-consuming	35	torso	222	travel	251, 344, 359	twelve	389
timetable	115, 301	tortoise	267	travel agent	251	twenty	387
tin	86, 182	torture	242	travel bag	251	twice	86, 388
tin opener	74	total	12, 302, 311, 351	travel guide	251	twin	388
tink about	319	touch	21, 59	traveller	251	two	387
tiny	370	touchscreen	311	tray	304	type	29, 287, 310, 316
tip	290, 309, 314	tough	376	treasure	264	typical	316
tired	210	tour	61, 258, 312	treat	52	tyre	235, 250
tiresome	190	tourism	311	treatment	53		
tiring	26, 109	tourism office	311	tree	47		
title	310, 321	tourist	311	tremble	380	**U**	
to	19, 31, 163,	tourist attraction	279	trend	313		
	212, 352, 381	touristic	311	trial	237, 239	ugly	150
to be eliminated	40	tournament	316	triangle	86	umbrella	249, 268, 287
to be of use	220	tow	269	tribe	293	umpire	266
to be pending	25	towards	102	trick	65, 187, 299, 314	unanimous	97
to be relegated	13	towel	150	trigger	38	unavoidable	387
to be seated	284	tower	316	trim	272	unaware	326
to begin with	383	town	135, 292	trip	115, 251	unbelievable	328
to date	69	town centre	292	trophy	235	uncertain	326, 329
to it/them	79	town council	135	trouble	55, 210, 298	uncertainty	329
to the east (of)	226	town hall	246	trousers	160	unchangeable	333
to the left	196	toxic	141	trout	123	unchanged	333
to the north	218	toy	290	truck	190	uncle	224
to the right	248	track	45, 142, 292	true	359	unclear	328
to the west	367	tractor	312	truly	306, 370	uncomfortable	326
tobacco	304	trade	149, 306	trump	315	uncomplicated	328
toboggan run	255	tradition	72, 312	trumpet	315	unconditionally	326
today	155	traffic	340	trunk	180, 258, 293	unconscious	223
toe	377	traffic accident	341	trust	347, 348	unconsciousness	223
toenail	213	traffic jam	294	truth	359	undecided	327
together	135, 206, 385	traffic light	19	try	238, 347	under	329
toilet	361	traffic sign	341	try hard	26	under it/them	80
toilet paper	310	tragic	312	try out	39	under way	332
toilets	310	trail	292	tube	255, 315	underground	316
tolerant	310	train	36, 45, 312, 382	Tuesday	84	underline	332
tolerate	17, 37, 110, 347	train station	45	tulip	316	underneath	329
tomato	310	trainee	236	tuna	309	underpants	331
tomorrow	209	traineeship	236	tune	297	underscore	65, 332
ton	311	trainer	312	tunnel	316	understand	52, 96, 264, 347
tone	177, 310	training	30, 312	turkey	315	understandable	346
tongue	383	trait	91	Turkey	316		
tongue twister	383	tram	312	Turkish	316	understanding	346

undertake	331	useful	220	violent	369	washing machine	361
underwear	285, 332	useless	220, 284, 326	violet	351	wasp	367
undoubtedly	388	user	57, 220	violin	134, 351	waste	7, 339, 345
undress	42	usual	140, 322	virtual	351	waste bin	7
unemployed	28	usually	203, 218	virus	351	wastepaper basket	229
unemployment	28	utilise	220	visa	351	watch	24, 25, 57, 66, 323, 387
unending	327			visibility	282		
unexpected	320, 327			visible	107, 283	watch (over)	48
unfair	327	**V**		visit	61, 63, 340	watch out	34
unfaithful	332			visitor	63	Watch out!	15
unfortunately	193			Visp	351	watch television	118
unfriendly	327	vacation	118, 333	vitamin	351	water	141, 361
ungrateful	326	vacationer	333	vocabulary	372	watercolour	361
unhappy	328, 333	vaccinate	163	vocation	58	watering can	141
uniform	93, 328	vacuum	294	vocational	58	watersport	361
unimportant	90, 333	vacuum cleaner	294	vocational school	58	watertight	83
unintentional	326	vague	327	voice	297	wave	363, 365, 369
unique	94, 98	valid	145	vol-au-vent	230	wax	358
United States of America	333	validate	103	volleyball	351	way	29, 362
		valley	304	voltage	288	way home	151
universal	366	valuable	183, 367	volume	351	way out	42
universe	328	value	367	voluntary	126	we	370
university	328	vanilla	334	volunteer	126	weak	276
university of applied sciences	114	varied	14	vomit	104, 318	weakling	276
		variety	14	vote	13, 297, 358	weakness	276
unjust	327	varnish	188, 213	voter	358	wealth	250, 343
unknown	326	vase	334	voyage	251	weapon	358
unlikely	333	veal	172			wear make-up	271
unlucky	328	vegetable	135			wear off	338
unmarried	192	vegetarian	334			weather	367
unnecessary	328	vehicle	115	**W**		weather report	367
unpack	39	veil	269			web page	361
unpleasant	326, 327	venom	141	wait	14, 360	webcam	361
unpopular	326	venomous	141	waiter	175	website	166
unreliable	333	verb	335	waiting room	360	wedding	158
unrest	329	verbal	210	waitress	175	Wednesday	208
unsafe	329	verbatim	372	wake up	35, 111, 362	week	371
untidy	328	verify	320	walk	133, 190, 288, 359	weekday	367, 371
until	69	version	116, 334, 346	walk on/onto	64	weekend	371
unusable	326	vertical	281	wall	202, 359	weekly	371
unusual	40, 327	very	279	wallet	236	weigh	369
unwrap	39	via	318	wallpaper	305	weight	140
up to date	16	vicar	232	wander	359	weightlessness	277
upper	222	vice versa	324	want	208, 372, 373	weird	328
upset	29, 298	vicinity	214, 324	war	185	welcome	52, 100, 369
upsetting	29	victim	224	wardrobe	130	well	74, 146
urban	292	victory	283	warm	155, 191, 360	well-behaved	72
urgent	87, 91	video	350	warm wind	123	well-known	59
us	329	view	25, 41	warmth	360	well-liked	56
US	333	viewpoint	97	warn	360	west	367
USA	333	vigilant	33	warning	360	west of	367
usage	131	villa	351	wash	292, 361	wet	214
USB stick	333	village	86	wash (up)	14	what	360
use	26, 56, 220, 336, 349	vinegar	112	wash basin	191	what for	371, 372
used to	140	violence	140	washcloth	361	wheel	244

when	18, 360, 366	word	372	**Y**	
where	371	work	28, 48, 129, 169, 366		
where possible	208	work for something	97	yard	158
where to	371	work of art	187	year	168
whether	222	work out	177	yearly	168
which	365	work place	28	yellow	134
while	164, 359	work together	386	yes	85, 168, 273
whipped cream	260	workday	367	yesterday	139
whisper	122	worker	28	yet	218
whistle	232	workgroup	28	yoghurt	170
white	364	working	58	yolk	91
white horse	267	working day	367	you	83, 85, 87, 113,
Whitsun	232	working hours	28		162, 163, 283
who	366	working time	28	young	170
whole	130, 351	works	366	young person	170
why	360, 367, 369, 371	workshop	367	youngest	170
wide	73, 364	world	365	your	81, 113
widen	111	world champion	365	yourself	280
widow	371	world championship	365	youth	170
widower	371	world war	365	youth hostel	170
width	73	worldwide	366		
wife	90, 125	worm	373		
wig	231	worn out	8		
wild	369	worried	62, 65	**Z**	
wild boar	369	worry	287, 329		
will	308, 369	worry about	186	zero	219
win	140, 283	worth	367	zip	252
wind	368, 369	wound	373	zip code	236
window	117	wounded	349	zipper	252
window pane	118	wrap	95, 228, 368	zodiac sign	296
windy	369	wreck	372	zone	381
wine	364	wreckage	315	zoo	381
wing	122	wriggle	376		
winner	140, 283	wristband	29		
winter	370	write	274		
winter sport	370	write down	34		
wire	86	writer	274		
wish	373, 369	writing	274		
with	53, 78, 206	written	274		
with it/them	78	written language	274		
with pleasure	137	wrong	115		
with which	372				
withdraw	8, 385				
within	165				
without	223				
witness	379				
witty	371				
wizard	377				
wolf	372				
woman	125				
wonder	373				
wonderful	373				
wood	159				
woods	359				
wool	372